漢阿波多語料文獻整理與研究第一輯2

勸善故事

——中國化漢阿波多語料文獻轉寫、翻譯與校注

馬　強　Ma Qiang

楊　敘　Yang Xu

蘭臺出版社

▶目　錄

凡例

1.本次整理只轉寫手稿的讀本（即講本），不轉寫寫本。即只按照閱讀或講授手稿時的口氣、語言、順序、譯文、詞意等轉寫，不逐字逐詞用漢語轉寫抄本讀音，以便化繁就簡，以利閱讀。寫本和讀本相結合的整理樣本，可參閱馬強、郭景芳整理的《心靈的明燈》，（臺灣）蘭臺出版社 2020 年版。

2.手稿中使用的同音字表示另外意義的情況，整理時做頁下註腳，說明「某字表示某字的音」。

3.對手稿冗字、脫字做頁下註腳，並說明「此處衍某字，未錄」，或「此處脫某字，未補」，無特殊情況不錄入文本，以便手稿文字同轉寫文字一一對應。

4.對手稿中使用的簡略表達，按照講授習慣，轉寫時根據文意寫出，主要包括提及各位先知的名字時，文本標注了「عم」，其意為「聖人爾來伊黑賽倆目」（願真主賜予其平安）。

5.手稿中指示代詞「〔این〕印（這）」和「〔آن〕昂（那）」一詞，轉寫時根據後文名詞疊加不同的量詞。手稿中的人稱代詞「〔وی〕維（他）」指代所有第三人稱，轉寫時根據內容分別寫作「他」、「她」或「它」，以便讀者理解文意。

6.對手稿中引用的《古蘭經》文通過查閱予以校對或訂正，並在原文後括注章節目錄，以便查閱。無特殊情況，對手稿中引用的經訓贊詞等不轉寫漢字讀音。

7.手稿中的個別河南方言用中文拼音予以注音。如：深坑（讀音：chén kēng）。

8.根據文本本來標點，對轉寫文字進行了標點和分段，個別地方根據內容加注了標點。如「哎！一些穆民！」原文本只有「哎一些穆民」，並無感嘆號。

9.手稿邊注中增加的內容，整理時用（）括注置於相應的句子中。

10.手稿沒有章節目錄，整理時根據手稿編號做了目錄，章節標題為整理者根據文本內容，以符合手稿講本的口氣所加。

中文拼音與消經拼音發音對照表

　　說明：《勸善的故事》共使用了 29 個消經字母，按照音序排列如下：[ﻲ]、[ﻱ]、[ﺏ]、[ﭖ]、[ﺕ]、[ﺝ]、[ﺥ]、[ﭺ]、[ﺩ]、[ﮊ]、[ﺯ]、[ﺱ]、[ﺵ]、[ﺹ]、[ﻁ]、[ﻉ]、[ﻍ]、[ﻑ]、[ﻕ]、[ﻙ]、[ﮒ]、[ﭗ]、[ﻝ]、[ﻡ]、[ﻥ]、[ﻭ]、[ﻯ]、[ﺀ]、[ﻩ]或[ﻫ]。此外，還使用了漢字「七」做拼音。

項目	項目						
聲母	b ب	p پ	m م	f ف	d د	t ت ط	n ن	l ل
	g ق	k ك	h خ	j ز پ	q ك 七	x س ه	zh ج	ch چ
	sh ش	r ژ	z ز	c ژ	s ص س	y ى	w و	
單韻母	a ا ء	o ۆ	e غ غ	i ى	u ۇ	ü ۋ	
複韻母	[ai]=[ﺋﻰ][ﻏﻰ][ﺋﻰ]				[ei]=[ﻮ]			
	[ui]=[ﻮ]				[ao]=[ﺯﻏﻮ][ﻮ]			
	[ou]=[ﻮ]				[iu]=[ﻴﻮ]			
	[ie]=[ﻰ]				[üe]=[ﻰ]			
	[er]=[ﻉ][ﻍ][ﻋﺎ]				[an]=[ﻍ][ﺀ][ﺍ]			
	[en]=[ﺃ]				[in]=[ﻲ][ﻮ]			
	[un][ün]=[ﻮ]				[ang]=[ﺁﻥ]			
	[eng]=[ﻍ][ﻮ]				[ing]=[ﻮ][ﻲ][ﻰ]			
	[ong]=[ﻮ]							
整體認讀音節	[zhi]=[ﺝ]				[chi]=[ﭺ]			
	[shi]=[ﺵ]				[zi]=[ﮊ]			
	[ci]=[ﮊ][ﮊ]				[si]=[ﺱ]			
	[yi]=[ﺀ]				[wu]=[ﺀ]			
	[yu]=[ﻮ]				[ye]=[ﻰ]			
	[yue]=[ﻴﻮ]				[yuan]=[ﻴﻮﺍ]			
	[yin]=[ﺀ]				[yun]=[ﻴﻮ]			
	[ying]=[ﺀ]							

導讀漢阿波多語料文獻與《勸善故事》構詞研究

一、有關漢阿波多語料文獻

（一）消經文字和多語料文獻

　　回族中存在一種多語料文獻，學界通常稱之為小兒錦、消經或小經（文獻）。這種稱謂有一定的道理，但也有很多值得討論之處。尤為以往忽略不論之點是消經文字和消經文本不一樣。簡單來說，消經文字是注解阿拉伯文和波斯文的拼音文字，這種文字是以阿拉伯文字母為基礎，同時借用了波斯文、維吾爾文字母，並自創了形似阿拉伯文的字母轉寫漢語的拼音文字；而消經文本是用這種文字，結合阿拉伯語、波斯語等詞彙撰寫、著譯、注釋的資料典籍。不同民族創作的消經文本中，除了用消經文字轉寫的漢語詞彙外，還有阿拉伯語、波斯語、東鄉語、撒拉語、維吾爾語等詞彙，不一而足。這些文獻可以簡單分為宗教文本和世俗文本，其中宗教文本主要包括經訓、教義、教法、女學典籍、勸善故事、蒙學雜學等。世俗文本主要有信函、記事、藥方、日記、賬務、打油詩、大字報、海報、密函、請帖，以及記錄吹「杜哇」和治療疑難雜症的方法等。

　　關於消經字母，學界有 36 個、40 個左右等說法，最新的研究認為共有 43 個[①]。拋開字母數量的區域差異不論，消經文字就是指以這些字母拼寫的漢語詞彙。根據以上解釋，本文認為消經文字不包括阿拉伯語和波斯語詞匯，但作為消經文本，其中又夾雜了大量阿拉伯語和波斯語詞匯。這一將文字與文本分開來看的視角，同虎隆近年來對中國現存伊斯蘭手稿的研究觀點一致。他認為當前中國的伊斯蘭手稿有阿拉伯文與波斯文雙語，波斯文、阿拉伯文雙語，阿拉伯文與消經雙語，波斯文、阿拉伯文與消經三語，阿拉伯文、波斯文、消經與漢語四語的手稿。正是基於以上認識，筆者覺得將上述文獻稱作漢阿波多語料文獻有助於更

[①]　阿·伊布·拉黑麥，陳元龍：《新發現的回族「消經」文字母及拼寫形式》，《西北民族研究》2018 年第 3 期。

好地理解這種文獻，也就是虎隆提及的四語手稿，其中的消經文字和漢語都是漢語，但一個是拼音文字，一個是象形文字。

（二）國內外有關多語料文獻的研究情況

學界對於多語料文獻語言和構詞的研究已有較多著述，韓中義、楊占武、劉迎勝、丁旭、陳元龍、敏春芳、馬君花等都有過研究①。對單個文本做過深入閱讀和語言學方面研究的當屬劉迎勝、韓中義、敏春芳、閆進芳等人，他們對《中阿雙解字典》、《胡門家傳史》、《侯塞尼大辭典》、撒拉語小兒錦文獻《誠信(chin thin)》、馬振武《古蘭經》譯本等做過專題研究②。然而，除劉迎勝先生和韓中義的研究參考過中原地區的多語料文獻，敏春芳參考的是河北方言的文獻外，其他學者的參考文獻主要是流傳於西北的文獻，其特點為文字主要是消經文字和阿拉伯語，波斯語明顯少於中原地區的多語料文獻。迄今為止，尚未發現就中原地區的某個文本做過語言詞彙方面的專題研究。因此，本文在劉迎勝、韓中義等人對於小兒錦構詞研究的思路基礎上，選擇河南發現的《勸善故事》做個案研究，以披露一些學術資訊，供學界做進一步關注。

---

① 韓中義：《小經拼寫體系及其流派初探》《西北第二民族學院學報》2005 年第 3 期；韓中義：《小經文獻與語言學相關問題初探》，《西北民族研究》2007 年第 1 期。楊占武：《回族語言文化》，寧夏人民出版社，2010 年。劉迎勝：《小兒錦研究》全三冊，蘭州大學出版社，2013 年。丁旭：《西安回族方言》，中國文史出版社，2016 年。阿·伊布拉黑麥·陳元龍：《新發現的回族「消經」文字母及拼寫形式》，《西北民族研究》2018 年第 3 期。敏春芳：《從語序類型分析經堂語的來源及其性質》，《西北民族研究》2016 年第 4 期。馬君花：《回族小兒錦拼音及其相關問題》，《北方民族大學學報》2017 年第 5 期；馬君花：《小兒錦拼音外來詞使用狀況研究》，《北方民族大學學報》2018 年第 5 期。

② 韓中義、唐淑珍：《另一種宗教史——小經文獻〈胡門家傳史〉與漢文著述比較略探》，周偉洲編《西北民族論叢》第十輯，社會科學文獻出版社，2014 年；韓中義：《民間文獻《中阿雙解字典》研究》，周偉洲編《西北民族論叢》第十二輯，社會科學文獻出版社，2015 年；韓中義：《消經《侯塞尼大辭典》研究》，周偉洲編《西北民族論叢》第十三輯，社會科學文獻出版社，2016 年；韓中義、馬吉德：《撒拉語小兒錦文獻〈誠信(chin thin)〉專題研究》，劉迎勝編《元史及民族與邊疆研究集刊》第 33 輯，上海古籍出版社，2017 年。馬振武：《古蘭經》（經堂語、阿拉伯文、小兒錦對照本），宗教文化出版社，1996 年。閆進芳：《小兒錦《侯賽尼大詞典》研究》，中央民族大學碩士學位論文，2016 年。

二、《勸善故事》的基本資訊

　　本文選取的多語料文獻《勸善故事》，是已故鄭州北大寺女寺杜淑真（1924-2014 年）阿訇的藏本，杜歸真後，其部分典籍被鄭州市檔案館收藏，其中就包括這一本《勸善故事》。

　　杜淑真生於中原阿訇世家，其祖父杜雲淖為開封東大寺著名的四掌教之一，也是河南經堂教育趙派創始人趙永清的啟蒙老師。其父杜青和，是趙永清的高足。杜淑真幼時在父親教導下學經，後到開封王家胡同女寺學習約 14 年。杜淑真懂波斯語、阿拉伯語，尤其擅長波斯語。據言其曾跟隨馬廣慶學習過《米爾薩德》、《希拉哲理古魯比》等典籍。杜淑真在西安、開封、鄭州等地開學 50 餘年，為河南的女學和女寺培養了一些女阿訇。[①]

　　《勸善故事》的抄本為黑色硬皮筆記本，筆記本正面有「可愛的祖國」字樣。內頁頁眉為紅色雙曲線，頁面有暗格。抄本共有 172 頁，雙頁對開，每頁書寫 12 行，對開雙頁右面頁面的頁腳左方有照字（即下一頁的第一個字）。在第 172 頁即最後一頁的倒數三行說明抄寫者身份為「李秀喜寫字，在開封北大住清真寺時，把這個克塔布寫起。全美了。」據此，本抄本應為李秀喜抄寫或撰抄，杜淑真收藏，鄭州市檔案館館藏。關於抄寫人李秀喜，未打聽到其事蹟。關於抄寫年代，根據抄本墨色、紙張和開封北大寺開放時間等，大概為 20 世紀八十年代。

　　該抄本原本沒有名稱，現名稱為整理者根據內容所加，原因是抄本首字為阿拉伯語「黑卡耶提」即「傳說」，全本總共有八章的開頭都用了該詞；另有八章的標頭用了「臥爾茲」即「勸善」一詞。以「傳說」為開頭的章，抄本直接講述故事，而以「勸善」為開頭的章先引述《古蘭經》，然後解明經文大意，或者同「傳說」的敘事方式一樣，以故事來解明經文。鑒於此，整理者將抄本起名為

---

① 馬超：《遵經守訓宣教愛國愛教——生悼念鄭州北大清真女寺杜淑真阿訇歸真》，《中國民族報》，2014 年 4 月 18 日，第 12 版。

「勸善故事」，意在包含了「臥爾茲」和「黑卡耶提」兩詞的含義。

　　《勸善故事》有章號，但沒有傳統抄本以「門」來分章的目錄。抄本共有四十個編號，但在第三十八章之後，著譯者將本應是第三十九章的內容冠之以第四十個編號，因此文本實則共有三十九章。每章以第三人稱講述一個獨立的勸善故事或解明教義，內容主要以勸善戒惡、完善信仰、履行功修、提升道德、闡明倫理為主題。《勸善故事》屬於編譯的以勸善為主要內容的宗教常識讀物，是清真女寺的阿訇與海裡凡勸善宣講時的取材文本，其中關於女性主題的故事占較大比例。如文本中第四章講述阿里與法圖麥品嘗仙果的故事，第十六章講述貞女拉比爾的故事，第十七章講述女人行奸受罰的故事，第二十五章講述歹女人和好女人在後世得到不同歸宿的故事，第三十七、三十八章講述蘇萊瑪乃聖人和女王布麗蓋斯的故事。有三章的結尾勸解女性要「孝道父母，尊重丈夫，接續骨肉，好事行前，歹事退後」。

三、《勸善故事》中漢語詞彙的拼寫與構詞方法

（一）消經字母轉寫拼音體例

　　同以往學者統計的消經字母數量不同，《勸善故事》的字母共有 29 個，且沒有自創字母。按照音序排列字母如下：

[إ]、[ا]、[ب]、[پ]、[ت]、[ج]、[خ]、[چ]、[د]、[ذ]、[ز]、[س]、[ش]、[ص]、[ط]、[ع]、[غ]、[ف]、[ق]、[ك]、[گ]、[ڪ]、[ل]、[م]、[ن]、[و]、[ى]、[ء]、[ه]或[ھ]。此外，還使用了漢字「七」做拼音。

　　同前引陳元龍統計消經字母有 43 個相比，《勸善故事》未使用的字母如下：

[ث]、[ٹ]、[ح]、[ڂ]、[ڈ]、[ڊ]、[ر]、[ض]、[ۻ]、[ظ]、[ڟ]、[ڠ]、[ڬ]、[ۋ]、[ۏ]。

《勸善故事》中的消經字母轉寫中文拼音對照表

聲母表

b	p	m	f	d	t	n	l
ب	پ	م	ف	د	ت ط	ن	ل
g	k	h	j	q	x	zh	ch
ق	ك	خ	ز پ	ک ٿ	ﻫ س	ج	چ
sh	r	z	c	s	y	w	
ش	ژ	ز	ژ	ص س	ی	و	

單韻母

a	o	e	i	u	ü
ا ء	ۉ	غْ	ی	ُو	ﻭَ

複韻母

複韻母	字詞舉例
[ai]=[ئی][ای][غَی]	哀憐[غَی لِیَا] 哀憐[ای لِیَا] 懷孕[خُوَیْ یُوْ]
[ei]=[ِ۟]	費用[فِی یُوْ] 飛禽[فِی کْ] 威嚴[وِ یَا] 小賊[خرد زوْ]
[ui]=[وِ]	尊貴[خو خُوَ] 約會[یُو خُوِ] 綠翠[لُو ژُوِ] 後悔[زُوْ قُو]
[ao]=[ۉ][غَوْ]	懊悔[غَوْ خُوْ] 寶劍[بَوْ کِیَا] 吃草[چ ژَوْ] 送到[صُوْ دَوْ]
[ou]=[وْ]	柔和[یوْ وَا] 遊玩[ژوْ خُوَا]

[iu]=[يُو]	遺留[ءِ لِيُو]			
[ie]=[ئ]	跌倒[كِي بِيَوْ گَفت دِی دَوْ] 且別說			
[üe]=[ئ]	闕下[كِى صِيَا]			
[er]=[عِ][عَا]	耳環兒[ءِ دِ عَا] 空兒[خُوْ عِ] 空兒[كُوْ عَا] 一滴兒			
[an]=[عَا][ءَا][اٰ]	安寧[غَا نِ] 安寧[ءَ نِ] 汗毛[خَا مَوْ]			
[en]=[ءْ]	你們[نِمْ] 代問[دَی ءْ]			
[in]=[ءِي][ِ]	殯埋[كِ جَيْ] 喋言[بِي مَیْ] 欽差[گِ يَا]			
[un][ün]=[وَ]	尊貴[زُوْ بُو نَا رفت] 寸步難行[فُو]			
[ang]=[أَن]	膀子[مَاَن لِ تِوْ هِيَا] 當然[بَاَن ژْ] 琳瑯[دَاَن ژَا] 忙裡偷閒[لِي لَاَن]			
[eng]=[غِ][ِ]	疼哭[تَغْ كُو] 等待[دَغْ دَی] 加增[گِيَا زِ] 坑[كِ]			
[ing]=[ِ][ءِي]	定信[دِ سْ] 敬意[ءِ گِي] 敬意[ءِ گ] 請願[كِي يُوَا] 聽見[تِ گِيَا]			
[ong]=[وَ]	東方[خُوْ فَاَن] 工夫[قوَ فُو] 洪福[خُوْ فُو]			

整體認讀音節

整體認讀音節	字詞舉例
[zhi]=[جِ]	知感[جِ قَا] 至知[جِ جِ] 指點[جِ دِيَا] 之外[جِ وَئ]
[chi]=[چِ]	吃怔[چِ جِ] 吃了[لِ چِ]
[shi]=[شِ]	實驗[شِ يَا] 石榴[شِ لِيُو]
[zi]=[ژِ]	自己[ژِ گِي] 籽種[ژِ جُوْ]
[ci]=[ژْ][چِ]	刺蝟[چِ و] 到此為止[دَوْ ژْ و جِ]
[si]=[سْ]	似像[سْ شَا] 廝殺[سْ سِيَا]

[yi]=[ﺀ]	統一[ﺀ] 一個[ﻕﺀ] 主意[ﺀﺟﻮ] 所以[ﺷﻮﺀ]
[wu]=[ﻋ]	烏鴉[ﺀﻧﺎ] 無價之寶[ﺀﯕﻴﺎﺟﺑﻮ]
[yu]=[ﻕﻭ]	預備[ﻭﯕﻴﺎﺑ] 玉器[ﻭﻛﺋ] 遇見[ﻭﯕﻴﺎ]
[ye]=[ﻯ]	可也[ﻙﻯ] 夜明珠[ﻯﻧﺎﻣﺟ]
[yue]=[ﻳﻮ]	約會[ﻳﻮﺧﻮ]
[yuan]=[ﻳﻮﺍ]	遙遠[ﻳﻮﻳﻮ] 宅院[ﺟﻳﻮﺍ] 原當[ﻳﻮﺍﺩﺍﻥ]
[yin]=[ﺀ]	引領[ﺀﻟﻲ] 飲湯[ﺀﺗﺎﻥ] 銀匠[ﺀﺯﻳﺎﻥ] 封印[ﺑﺎﺩﺀ]
[yun]=[ﻳﻮ]	營運[ﺀﻳﻮ] 登空駕雲[ﺩﻏﻛﻮﯕﻴﺎﻳﻮ]
[ying]=[ﺀ]	營盤[ﺀﻧﺎ] 應答[ﺀﺩﺍ] 迎接[ﺀﺯﻯ]
備註：《勸善故事》中沒有[ri]的消經文字書寫的情況，直接以阿拉伯語詞彙〔ﻳﻮﻡ〕（日、太陽）表示。	

消經字母轉寫拼音時，有五個拼音聲母可以用兩個字母發音。如聲母[t]對照[ﺕ]或[ﻁ]，例如提念[ﺕﻧﻴﺎ]、田苗[ﺗﻴﺎﻣﻴﻮ]、童男[ﻁﻮﻧﺎ]、推磨[ﻁﻮﻣﻮ]。

聲母[j]對照[ﯕ]或[ﺯ]，如脊背[ﺯﺑﻮ]、即時[ﺯﺷ]、接續[ﺯﻯﺻﻯ]、結果[ﺯﻯﻗﻮ]等。而聲母[z]也對照[ﺯ]，如贊念[ﺯﺍﻧﻴﺎ]、自己[ﺯﯕﻴ]、作證[ﺯﻭﺟ]。因此閱讀時必須根據上下文確定[ﺯ]的讀音。

聲母[x]對照[ﺱ]或[ﻩ]。如席面[ﺱﻣﻴﺎ]、仙帽[ﺳﻴﺎﻣﻮ]、消停[ﺳﻴﻮﺗ]、喜樂[ﻩﻟﻮ]、喜歡[ﻩﺧﻮﺍﻥ]、行走[ﻩﺯﻭ]、罪行[ﺯﻭﻩ]、並行[ﺑﻲﻩ]、限期[ﻩﻴﺎﻛ]、孝道[ﻩﻴﻮﺩﻭ]、朽壞[ﻩﻴﻮﺗﺑﺎﻩ]。但同時[ﺱ]又可發[s]的音。其區分方法是加注靜音符的[ﺱ]念[si]，加注齊齒符的[ﺱ]念[x]或[xi]。例如廝殺[ﺱﺷﺎ]、席面[ﺱﻣﻴﺎ]。當[ﺱ]後面接[ﻯ]，即與韻母[i]連拼時，[ﺱ]與[x]發音相同，如似像[ﺱﺳﻴﺎﻥ]。

聲母[s]對照[س]或[ص]，例如灑了[了سَا]、魚鰓[ماهى سَوْ]、訴己[صُو گـ]、算計[صُوَا کِ]。

此外，聲母[c]對照波斯文字母[ژ]的現象也需要特別說明。波斯語字母[ژ]的本音與聲母[r]相近，但《勸善故事》也用[ژ]表示聲母[c]，例如刺蝟[و ژ]、猜度[ژى]ژُوَ]、參悟[ژا ءِ]、參觀[ژا قُوَ]、到此為止[ج دوْ ژ و]。因此，有一個消經字母發兩音的情況，如[ژ]；也有一個音可以用兩個消經字母來表示的情況，如[t]、[j]、[x]、[s]。也有同時用漢語和消經字母表音的情況，如[q]用[ک]和「七」表示。

（二）消經字母加發音符號構詞

消經字母的靜音相當於中文拼音的聲母，發音符號相當於中文拼音的韻母。《勸善故事》中運用消經字母加發音符號拼寫的漢語詞彙約有 644 個。列舉文本中出現的動物類詞彙如下：

《勸善故事》消經字母加發音符號構詞舉例表（動物名稱）

漢語詞彙	消經字母轉寫	漢語詞彙	消經字母轉寫
斑鳩	بَا کِيُو	刺蝟	ژ و
蟲	چّ	鳳凰	فُوّ خُوَاَن
蛤蟆	خَمَا	駱駝	لُو طُوَ
騾子	لُوَ ژ	蜜蜂	مِى فُوّ
烏鴉	ءُ يَا	獐子	جَاَن ژ

《勸善故事》中出現的方言詞彙也基本使用了這種構詞方法。試舉《勸善故事》中出現的具有代表性的河南話詞彙為例：

《勸善故事》河南方言詞彙舉例表

河南話詞彙	消經文字轉寫	河南話詞彙	消經文字轉寫
俺（àn）的	ءً دِ	別（bài）光問	بَ قُوَا ءً
深（chén）坑	چِ كِ	先得（déi）	سِيَا دَ
掉（diǎo，剩下）這一個	دِيَوْ جَ ءٍ قْ	打門嘞（lei）	ذَا باب لَ
揩（kié，抓）來	كَ آمد	將（jiáng，歸、進）了伊瑪尼	زِيَان لَ إيمان
覓（mí，租、雇）個驢	مِي قْ حمار	不勝（shěng）	بُو شِغِ
顏色（shěi）	يَا شَ	躺（tīng）著	تِ جْ
容（yòng）易	يُوَّ ءٍ	致（zhǐ，掙）錢	جِ درم
狠咄（hén duó，呵斥）	خِ دُوَ	看著（zhuò）	كَ جُوَ
做（zǒu）食物	زوْ طعام	莊灘（zhuáng tán）	جُوَان تًا
端在（duán zài，就在）	دُوَا در	爭競（zhéng jíng，爭吵）	جِ گِ
沒有（mú yòu）	مُيوْ	真大工夫	جِ ذَا قُوَ فُو
咋見起（zā jiàn qí，何以見得）	زَا گِيَا كِ		

　　河南話的單音節詞彙較多，這些傳承於古代漢語的詞彙言簡意賅，既有很強

的表現力量，又有鮮明的本土色彩。①例如開封話裡經常將「勝」和否定詞
「不」連用，組成「不勝」一詞，意為「比不上、不如」。②《勸善故事》中有
「不勝我先吃一個」的說法。河南話中用單音節詞彙[kié]表達「抓住」一詞，消
經拼讀為[کَ]。讀者可以讀出[kié]的音，但是[k]+[ie]的聲韻組合卻不符合現代漢
語拼音的規則。

　　兒化音是河南話的另一特點。例如打算場兒[اِدَاصَاجَاعَ]、顯跡兒[سِيَازِع]、一滴
兒[ءِدِعَا]、窩兒[وَع]。字母[ع]既可以單獨加注音符表音，也可以與[I]拼讀表音。
[ع]加注動符發「兒」的音有開口符和齊齒符兩種形態，即[عَ]和[عِ]，體現出「一
音多形」的拼寫特點。

　　另外，河南話中的一些聲母與普通話在讀音上也存在不同，如通常將[s]讀作
捲舌音[sh]，如索尋[سشُو]、所為[وشُو]、顏色[يَاشَ]，其實是用[ش]表示了[س]和
[ص]的發音。

　　方言特色體現了文本的地域性和本土化。方言詞彙的存在，說明多語料文獻
雖然有經堂語規範，但在讀音上仍按照方言來讀，因此拼寫時也按照方言發音拼
寫，只有瞭解河南方言的特點和含義，操持河南話講授和閱讀文本才能準確理解
文本意義。其價值在於表音的消經文字相較於漢字而言雖沒有表意的功能，但從
某種程度上卻更好地保存了河南方言的讀音，對於保存河南方言是十分重要的文
本。

（三）阿波雙語組合構詞

　　著譯者有時為了表示一個漢語詞彙，直接使用阿拉伯語或波斯語詞匯，取其
核心漢語意思，組合成由兩個外來詞構成的漢語詞彙。這種構詞法不講求語法，

---

① 閻敬業：《開封方言與古代漢語》，《開封教育學院學報》1991 年第 2 期。
② 時學偉：《開封方言對古漢語詞彙的繼承》，《開封教育學院學報》2006 年第 2 期。

單純依照漢語的語序構成。在閱讀文本時，不讀外來詞彙的詞音，而直接讀其所構成的漢語詞彙的詞義。文本中此類詞彙的多少能夠體現出著譯者的阿拉伯語和波斯語詞彙的熟詞數量。

《勸善故事》雙語詞彙舉例表

漢語詞彙	組合構詞		漢語詞彙	組合構詞
病人	بيمار كس		百恩	سپيد نعمة
城門	بلد باب		長存	دراز از
大海	كلان دريا		大人	كلان كس
大魚	كلان ماهى		父母	پدر مادر
父子	پدر ولد		墳頭	گور سر
黑驢	سياه حِمار		火衣	نار جامه
壞人	تباه كس		見面	ديد روى
兩日	دو يوم		門口	باب دهان
母子	مادر ولد		馬賊	اسب دزد
那人	آن كس		七天	هفت آسمان
清亮	صاف نور		日月	يوم ماه
上來	بالا آمد		身上	تنه بالا
說話	گفت سخن		說謊	گفت كذب
十年	ده ساله		手腳	دست پاى
頭上	سر بالا		天地	آسمان زمين
問好	سؤال نيك		行前	درم رفت
心火	دل نار		心眼	دل چشم

心中	دل ميان		小心	خرد دل
一千	یک هزار		一日	یک یوم
一天	یک آسمان			

總結上表構詞法，阿波雙語組合構詞有三種形式：

1.阿阿構詞。即兩個阿拉伯語詞彙構成一個漢語詞彙。例如「城門」由「城市」[بلد]和「大門」[باب]兩個詞彙構成。

2.波波構詞。即兩個波斯語詞匯構成一個漢語詞彙。例如「馬賊」由「馬」[اسب]和「盜賊」[دزد]兩個詞彙構成；「小心」由「小」[خرد]和「心」[دل]兩個詞彙構成。

3.阿波或波阿構詞。即一個阿拉伯語詞彙和一個波斯語詞匯組合構成一個漢語詞彙。如「父子」由波斯語詞匯「父親」[پدر]和阿拉伯語詞彙「兒子」[ولد] 構成。「說謊」由波斯語詞匯「說」[گفت]和阿拉伯語詞彙「謊言」[کذب] 構成。「門手（首）」由阿拉伯語詞彙「門」[باب]和波斯語詞匯「手」[دست]構成。

以這種方法構成的 39 個漢語詞彙中，共有 78 個阿波詞彙充當構詞語素，其中阿拉伯語詞彙有 16 個。這些阿拉伯語詞彙大多也是波斯語的借詞，可以說是波斯語的「熟詞」。因此，總體上說《勸善故事》中借用波斯語詞匯構成漢語詞彙要多於阿拉伯語詞彙，說明波斯語典籍對中原地區經堂教育的影響可能要大於阿拉伯語典籍，或中原地區經師對波斯語典籍的重視和熟悉程度要超過西北地方的經師。此外也可能同兩種外來語的詞性特點有關。阿拉伯語詞彙相較于波斯語詞匯既分陰陽，又分單複數，在構詞或綴句時必須變化，而波斯語詞匯不分陰陽性，詞形比較固定，構詞容易且意思清楚。

另需說明的是，一些使用外來詞匯組合構成的漢語詞彙存在同音異義現象。

比如「白恩」由波斯語詞匯「白色」[سپید]和阿拉伯語詞彙「恩典」[نعمة]構成，如果按照「白恩」的字面意思理解為「白色的恩典」，這與該詞的實際意義存在偏差。而實際情況是，「白」同「百」音，漢語轉寫應為「百恩」，屬於經堂語詞匯中的熟詞。「百」是泛指，表示「多」，意思是「數不盡的恩典」或「各種各樣的恩典」。

（四）阿波詞彙加消經文字構詞

這種中外混搭的構詞法在文本中約有 279 個詞彙。此處選取其中的 30 個予以分析。

《勸善故事》中外混搭構詞舉例表

漢語詞彙	組合構詞	漢語詞彙	組合構詞	漢語詞彙	組合構詞
百靈	صد لِي	無窮	ءُ فقير	口喚	دهان خُوَا
老者	پیر جَ	全然	تمام زًا	少年	شَوْ ساله
財帛	مال بَ	有命之物	يُو جان جِ ءُ	習學	سِی مدرس
地位	زمين و	長傳不死	دراز چُوَا بُو موت	前輩	درم بُو
花衣	خُوَا جامه	寸步難行	زُوّ بُو نًا رفت	做飯	زُو طعام
即時	ز وقت	駙馬	فُو اسب	真主	جِ خداى
慶賀	مبارك خْ	赤身	چِ تن	僕女	پُو دختر
朽壞	هِيُو تباه	長蟲	دراز چُوّ	人民安寧	كس مِی ءَ نِ
撒拜	پِی نماز	叩頭	كِوْ سَجَد / كِوْ سر	天下太平	آسمان صِيَا تَیْ پِی
書信	شُو خبر	皇王	خُوَان سلطان	醉人先醉心	زُو كس سِيَا زُو دل

運用這種方法組合構成的詞彙，有以下幾個特點：

絕大多數外來詞彙可以根據本身核心詞義與消經文字組合起來直接認讀。例如「駙馬」由消經文字[فو]和波斯語詞彙「馬」[اسپ]構成。「僕女」由消經文字[بو]和波斯語詞彙「女孩、女兒」[دختر]構成。

中外混搭構詞法存在冗字現象。如「慶賀」[خ مبارك]一詞，阿拉伯語[مبارك]本身就有「慶賀」的含義，該詞作為經堂語中的熟詞廣泛應用於日常交流，消經字母[خ]為冗字，對理解文本不產生實際影響。「真主」[ج خدای]一詞，「真」是消經文字，「主」是波斯語詞彙「胡大」。「胡大」對中國穆斯林來說是熟詞，本意即為「真主」。「敏拜爾樓」[منبر لو]中的阿拉伯語詞彙[منبر]意為「講臺、講壇」，經堂語稱為「敏拜爾」或者「呼圖白樓」，其後的消經文字「樓」[لو]為冗字。之所以出現冗字現象，原因可能是外來詞彙的詞義在翻譯時通常有多種漢語詞彙表達，比如[مبارك]可以翻譯為「吉慶」和「慶賀」；[خدای]可以翻譯為「胡大」和「真主」；[منبر]可以翻譯為「敏拜爾」「呼圖白樓」等，消經文字的冗字便於對詞進行正音而避免誤讀。

還有一些外來詞彙與組成的新詞彙在詞義上毫無關聯，如前文提到的「駙馬」，外來詞彙[اسپ]是指哺乳動物的馬，組成的新詞彙「駙馬」指帝王的女婿。但有些外來詞彙與組成的新詞彙在詞義上有關聯，呈現被修飾的關係，如「花衣」[خوا جامه]。

（五）同音異義的阿波詞彙加消經文字構詞

這種方法就是使用一個外來詞彙，借助其核心詞義表示同音異義的另一個漢字，從而構成漢語詞彙的一個語素，與消經文字構成一個新的漢語詞彙，借助的外來詞本意同其在新構成的詞彙中所具有的意義毫不相干。《勸善故事》中這樣的詞彙約有 44 個。

《勸善故事》同音異義阿波詞彙加消經文字構詞舉例表

漢語詞彙	組合形式	漢語詞彙	組合形式
裁（財）縫	مال فُوّ	才（財）智	مال جِ
一場（長）	ءِ دراز	常（長）在	دراز در
嘗毛提	چان موت	如此（慈）	زُ رحمة
鳳（風）抬龍床	باد تَىْ لُوّ چُوَاَن	封（風）印	باد ءِ
俘獲（活）	فُو حياة	覺（腳）知	پای جِ
拐角（腳）	قُوىَ پای	器具（拘）	كِ قصر
涼（亮）風樓	نور فُوّ لِوْ	遺留（流）	ءِ روان
明（名）天	نام آسمان	分明（名）	فُوّ نام
夜明（名）珠	ىَ نام جُو	明（名）白	نام بَ
天明（名）	آسمان نام	解明（名）	گِيَ نام
泉（全）眼	تمام يَا	河渠（去）	نحر حذف
遵守（手）	زُوّ دست	門首（手）	باب دست
看守（手）	كَ دست	保守（手）	بَوْ دست
應受（手）	ءِ دست	實（是）言	است يَا
兩世（是）富貴	دو است فُو قُو	的實（是）	دِ است
發誓（是）	فَا است	歹事（是）	بد است
好事（是）	نيك است	侍（是）奉	است فُوّ
實（是）驗	است يَا	升（生）高	زاد قَوْ
索尋（心）	شُوَ دل	曉諭（遇）	صِيَوْ واقع
預（遇）備	واقع بَ	僭越（月）	زِيَا ماه
再（在）想	در سِيَاَن	尊重（中）	زُوّ ميان

　　劉迎勝先生曾經用審音與勘同法，對這種同音字表多種音的現象做過解釋。如波斯語的[پای]意思為「腳」，而消經文獻中[پای]既表示「腳」，如腳鐐[پای لیۆ]，也用同音表示「角」的音，如鬢角[ب پای]、皂角[زغۆپای]①。《勸善故事》中這種同音轉義的構詞法有很多。如「手」和「守」、「受」同音異義，「保守」、「遵守」、「看守」「應受」等詞都用了波斯語詞匯「手」[دست]表音。「財」與「裁」、「才」同音異義，故用「財」[مال]分別與消經文字「縫」[فۉ]構成「裁縫」，與消經文字「智」[ج]構成「才智」。上表最為典型的是「是」的發音，可以表示同音字「世」「誓」「事」「實」「侍」等，體現了外來詞在多語料文獻中使用的複雜性及釋讀的困難程度。

　　解讀「覺知」一詞的過程類似於一場「密碼破譯」。《勸善故事》中有兩句有「覺知」的句子。

　　他覺知他的妻子不一樣了。　　[تَا پای ج تَا دِ زن بُو ء نوعة 了]

　　馱太陽的天仙不覺知太陽熱。[طُۉ تَیْ یَن دِ آسمان سیّا بُو پای ج تَیْ یَن ژ]

　　釋讀該詞首先要知道波斯語[پای]的詞意是「腳、足」。若取「腳」為核心詞義，與消經文字[ج]構成[jiao zhi]，可能理解為「腳趾」；若取「足」為核心詞義，[پای ج]也可以讀為[zu zhi]，即組織、阻止、阻滯、足趾等。只有將「腳」用河南話念[jué]時，「腳」音同「覺」，將[پای ج]讀為[jue zhi]，再轉寫為漢語的「覺知」一詞後，整個文意才能通暢。這種「破譯」過程經歷了轉音到轉意，再到根據方言發音規則二次轉音的過程，真正應了民間所謂「消經變了體，神仙不認你」的說法。

　　另外，這種構詞法借用的阿波詞彙構成的同音異義漢字，兩者可能存在詞義

---

① 劉迎勝：《小兒錦研究》（二），蘭州大學出版社，2013 年，第 33、61、329 頁。

和詞性都不同的情況。如波斯語形容詞「長」[دراز]也表示同音異義的「場」、「常」、「嘗」，因此，「一場」[ء دراز]，是形容詞用作量詞；「常在」[در دراز]，是形容詞用作副詞；「嘗」[دراز]，是形容詞用作動詞。僭越[زيًا ماه]，是借用波斯語名詞「月亮」[ماه]表示同音異義的「越」字，是波斯語的名詞用作漢語的動詞。

（六）其他構詞法

1.漢字「七」參與注音或組詞

漢字「七」有時取代[ك]做漢語聲母[q]參與注音或組詞。這種拼寫方法組成的詞彙在《勸善故事》中共有 9 個。即恩情[نعمة ء七]、母親[مادر ء七]、瞧看[يۆ كُ七]、請願[يُوۡ ء七]、清亮[لِيَاݧ ء七]、清亮[نور ء七]、清淨[زِ ء七]、請了[لِيۡوۡ ء七]、事（是）情[اُست ء七]。

2.直接使用漢字「了」作助詞

漢字「了」發[le]音時，大部分用漢字直接書寫，例如得了病[بيمار了دَ]、歸回了[فُوحُوۡ了]、跑了[پۆ了]、死了[موت了]、天明了[آسمان نام了]、忘了[وَاݧ了]。個別使用消經文字[لُ]表音，例如到了[دَۆ لُ]。當念[liǎo]音時，直接使用消經文字拼寫為[لِيۡوۡ]，不使用漢字「了」。

四、《勸善故事》詞彙的特色與問題

（一）特色

同西北地方流傳的同類文獻相比，《勸善故事》的特點在於文本中的波斯語詞彙數量多於阿拉伯語詞彙；消經文字中沒有西北地方的自創字母；文本語言是河南方言，且直接使用漢字「了」。外來詞彙不論是被直接使用，還是作為語素構成混合詞使用，可能同中原地區清真女寺的體系化教育有關，否則傳承如此數量較多的外來語詞彙會十分困難。這一特點也說明中原地區的多語料文獻仍然是

傳承宗教的學術語言，並沒有成為向大眾傳播宗教常識的普及性語言。①如果不經過專門的學習，只憑掌握阿拉伯語或者波斯語來釋讀這種文獻會有一定的困難。

作為流通於河南地區清真女寺的多語料文本，《勸善故事》的詞彙具有明顯的河南話特色。儘管河南話與普通話同為北方話，然而如果使用普通話研讀卻遇到河南方言詞彙時，句義無法得到準確釋讀。文本的這種方言特色，說明多語料文本著譯過程中，持不同方言的人雖然有大致相近的文字轉寫體系，特別是對接受過經堂教育的文本製造者而言，有著經堂語「熟詞」，但方言的差異導致多語料文本很難形成統一的拼寫格式。所以，運用方言書寫的消經文本中，詞彙的拼寫法、用字種類和個別特字也會成為用以確定消經地區的指標之一。②

文本中使用了大量經堂語詞匯，如醒令[سِيﻝ]、欽差[كﭺﻯ]、搭救[داﮔﻴﻮ]、長傳[دراز ﭽﻮا]、知感[جﻗ]。同時還有經堂語氣的句式，如「打……的一面」，打動怒的一面[دا دُﻮ دِء مَﻌا]；打忍耐的一面[دا صبر دِء مَﻌا]。「打……上」，打阿伊莎上傳來[همه كس دا ﺗَا بالا يُﻮا ﭽﻮا آمد]；所有人打它上遠[دا عائشة بالا ﭽﻮا آمد]。

「一詞多形」或「同詞異形」既是《勸善故事》的詞彙特色，也是認讀詞彙時的困難。具體表現在詞彙的拼寫形態與構詞方法多樣性兩個方面。由於消經字母與漢語的聲母、韻母不能一一對照，有的聲母對照一個字母，有的聲母對照不止一個字母，如聲母[t]對照[ﺗ]或[ﻃ]。有的消經字母同時表示兩個聲母，如[ﺱ]同時對照[s]與[x]的情況。韻母也存在這種情況。如複韻母[an]就有[ﻍَ]和[ﺀ]兩種轉寫法，聲母[n]和複韻母[ing]合拼的[ning]，也有[ﻧﻰ]和[ﻥ]兩種轉寫法，因此，「安

---

① 馬強、馬新國：《泉州宗教石刻「元郭氏世祖墳塋」碑消經文字再釋與發微》，《中國穆斯林》2019 年第 5 期。

② 高田友紀：《小經拼寫法的地域差異──以兩本〈伊斯蘭信仰問答〉為例》，載劉迎勝編《元史及民族與邊疆研究集刊》第 35 輯，上海古籍出版社，2019 年。

寧」一詞在文本中就有[غَاني]、[غَان]、[ءًن]三種轉寫法。

　　上文所述構詞方法中，前四種在不同程度上具備自由構詞的條件。如「瞎子」一詞既可以直接用阿拉伯語詞彙「瞎子」[أعمى]表達，也可以用消經文字[هِيَنز]轉寫。再如「曉諭」一詞既可以拼寫為[هِيَوْ وَ]或[هِيَوْ يُوْ]，又可以運用同音異義構詞法，借用外來詞「遇見」[واقع]，「遇」音同「諭」，再與「曉」[هِيَوْ]組成「曉諭」[هِيَوْ واقع]。因此在沒有固定、統一、標準的拼寫和構詞規則的前提下，著譯者會根據個人的喜好和書寫習慣選擇不同的拼讀方式或者構詞方法，導致詞彙的拼寫形態呈現出多樣化的特點。「一詞多形」或「同詞異形」的存在使得書寫詞彙不拘泥於固定形態，呈現靈活多變的特色，但是也增加了釋讀多語料文獻的難度。

（二）問題

　　消經文字無法區分聲調，由此導致的「異詞同形」的轉寫現象，同樣使釋讀文獻困難重重。如「舌頭」一詞有兩種轉寫法：第一種直接用波斯詞彙[زبان]表達；第二種按照中外混搭的方法，用消經文字「舌」[ش]與波斯語詞匯「頭」[س]構成。由於消經文字不像中文拼音能夠規範聲調，因此，使用第二種方法構成的「舌頭」，也可能被讀為「社頭」[1]、「蛇頭」。研讀時只有把同音異義詞彙置入故事中，根據上下文才能確定與故事內容契合的詞彙。著譯者的漢語水準也會影響文獻的轉寫。如《勸善故事》中將「一晌」轉寫為「一響」[ءِ سِيَاَن]，明顯將「晌」誤讀為「響」。將「崴子」（瘸子）轉寫為 [وَژن]，明顯將「崴」誤讀為「威」。

　　多語料文本因涉及多種拼寫法，對某本文獻的第一位著譯者而言，既是一次根據外文典籍翻譯的過程，也是採用地方方言特色的多種語言文字轉寫的過程，文本蘊含了著譯者的學識水準、書寫習慣、心情氣質等個人痕跡。因此，能夠發現不同抄本的字體、拼寫方式、書寫習慣等都有很多不同。抄本的字體立足于阿

---

① 河南地區稱清真寺民主管理委員會的成員為「社頭」或者「社首」。

拉伯文書法納斯赫體（謄抄體）和盧格阿體（行書），同時也具有漢字書法的楷書、行書和草書特色，能夠充分彰顯個人的書寫氣質，具有較高的藝術價值，當然，從釋讀角度而言，草書和連寫也造成很多釋讀困難。如《勸善故事》中「憑著」是在[ب]的上方加[ج]構成（如圖）。根據河北廊坊三河市燕郊清真寺時廣新阿訇解釋，這是經堂教育中根據時境（情況），即阿拉伯語所謂的[حال]將[ب]講為「憑著」。而根據虎隆的解釋，這種寫法也可能是著譯者將[ب]和[ج]並置，[ب]下面的點同時也代表了上方[ج]的點，或者上方字母就是[ج]的連寫。中原地區的多語料文本中，「憑著」也有轉寫成[بنج]的情況，但《勸善故事》中的這種寫法只在中原地區的文獻中存在，筆者閱讀過的西北地方文獻中尚未發現這種轉寫法。而最為常見的簡寫是引用《古蘭經》時將「真主塔爾倆說」簡寫為[قوله تعالى]；對先知的祝安詞只簡寫為[ع م]。

五、結語

漢阿波多語料文獻是阿拉伯、波斯文明同中國文明會通的結晶，主要用於轉寫、翻譯、注釋伊斯蘭教典籍，使域外的非漢語宗教典籍中國化。同時，這些多語料文本也見於日常世俗生活領域。作為一部在中原地區流傳的多語料文本，《勸善故事》中使用了很多具有中國化特色和中國文化象徵的詞彙，諸如皇姑[خُوَان قُو]、太子[تَىْ زْ]、君子[گیْوْ زْ]、媒人[مُو كس]、聘禮[پِي لِ]、戰表[جَا بِيَوْ]、金鑾殿[بَاد نَىْ لُوْ جُوَان نِيَوْ دَا شَا]、駕雲成龍[گیَا يُوْ چ لوْ]、鳳抬龍床鳥打扇[زر لُوَا دِيَا]等。可以說，這種文獻雖然借用了拼音文字和外來詞彙進行多語的拼讀，但其目的是將外來典籍中國化，體現了中國文化強大的包容性和整合性，因而是獨具特色的中國化了的文獻，也是「多元一體」的中華民族的共同文化遺產，是中國文明和伊斯蘭文明融合會通、交映成輝的表徵，是中國向世界展示文明交融共生的文本載體，對世界文明之間的相融和共生有著重要的示範意義。

同學界已有研究的不同之處在於，本文從多語料文獻的視角出發，將漢阿波多語料文獻詞彙分為漢語、阿拉伯語和波斯語詞彙三種，其中漢語詞彙包括普通

詞彙、方言詞彙和經堂語詞匯，這一學術視角為當前研究提供了新的視野。學界
已有的對多語料文獻詞彙的研究，所參考的文獻按照方言分有青海話、臨夏話、
陝西話和河南話等，其中大部分文獻流行於西北。高田友紀對比了青海和臨夏方
言消經文本的異同，從區域而言，兩者都屬於西北方言，因此同《勸善故事》的
構詞差別較多，需另文討論。劉迎勝先生和韓中義的研究屬於綜合研究，在同類
研究中已經提出和解決了很多基本學術問題，特別是劉迎勝先生的《小兒錦研
究》三冊對詞源的語言學、文獻學等研究，已經為同類研究搭建了結構性框架。
他們的研究參考了部分河南文獻，特別是已故河南籍李殿君（1916-2017 年）阿
訇的《中阿雙解字典》，以及部分流傳於民間的經堂教育教材的詞典和女學教
材，而本文是對河南方言文獻《勸善故事》單個文本中構詞的關注，這種建立在
個案文本閱讀基礎之上的研究，發現了很多新的構詞現象，對學界以往的研究應
該是一種補充。

اوّل

حکایت کس دا عایش بالا جرا اکد جہ کنا
دیش عمر کنت خدای تو ار جہ لمان ستا ارحد
لیتانا جعا الله ہ ستا جانہ ہ ستا معوق حریم
ایمان د بورت جعا بالا ستا جانہ دکی بالا لیتا
معق خدای تو یوم امرجہ لمان ستا ارجبت لیتا
نا جعا الله قاق نزرکییہ قعق ق جہ یوق ایما
دیوبرت دکی بر جاق ت جس بالا اوّل وق
نزرکییہ قعق بالا کی دست السلام علیهم طبتہ
فادخلوا اصحاب الدین نمین ت ای جہ بعر
خدای یی سرّ ت بر غمر بالا نمر مآک نز بریق
بکییہ جنت لیتا دکمریرق نزرکییہ قعق بالا کی
دست اذ صبر عنهم الاحزان والهموم

第一個臥爾茲　天堂裡十個金戒箍的故事

黑卡耶提：人打阿伊莎上，傳來這件 ① 。

的實，聖人爾來伊黑賽倆目說：「胡大泰爾倆命令一些天仙從天堂

裡邊，拿出來一些仙衣、一些仙帽，給一些有

伊瑪尼的穆民，穿上仙衣、戴上仙

帽。胡大泰爾倆，又命令，一些天仙，從天堂裡邊

拿出來，十個金戒箍，給一些有伊瑪尼

的穆民戴在，十個指頭上。」頭一個

金戒箍上，寫的是：[اَلسَّلَامُ عَلَيْكُمْ طِبْتُمْ

فَادْخُلُوهَا خَالِدِينَ]。麥爾尼是：哎！一些穆民！

胡大平安是在你們上，你們忙進在永

久的天堂裡邊。第二個金戒箍上，寫

的是：　　[أَذْهَبْتُ عَنْكُمُ الْأَحْزَانَ وَالْهُمُومَ] 。

———————————

① 此處脫「事情」一詞，未補。

سن است خداى كنت ورجه انمر بالا ناكر نمر ديق

چف وَ قور بى سيوتم ث بكيه قو بالا ركى دات

ادخلوها بسلام آمنين معنى است نمر سلامه

جِ نِ جنت كِ نمر غا نى جِ نِ جنت جهارمرت

كيه قو بالا كى دات البشناكم البجلال

معنى است نمر جيسا بالا جمال جان نفجمرت كيه

قمه بالا كى دات وَزوّجناهم بحور عيّن نمرت

نمر يحجه سيا در جه فتم ث بكيه قو بالا كى

دات انى جزيتهم اليوم بما صبروا وانهم الفايزون

معنى است دنش وَ برنا يريم جت نمر صبر اكردند

اسه قى تاير دنشه تامر دطفه وهفتم ث كيه قمه بالا

كى دات مسترثهم شبابا لا تفهمون ابدا امن استكانو

麥爾尼是：胡大說：「我打你們上拿起你們的憂

愁，與顧慮。」第三個戒箍上寫的是：

[اُدْخُلُوهَا بِسَلَامٍ آمِنِينَ]。麥爾尼是：你們賽倆目

著，進天堂，與你們安寧著，進天堂。第四個

戒箍上，寫的是：[أَلْبَسْنَاكُمُ الْجَلَالَ لَ]。

麥爾尼是：①你們穿上俊美衣服。第五個戒

箍上，寫的是[وَزَوَّجْنَاكُمْ بِحُورٍ عِينٍ]②。麥爾尼是：

③你們聘一些仙女著。第六個戒箍上寫

的是：[إِنِّي جَزَيْتُهُمُ الْيَوْمَ بِمَا صَبَرُوا أَنَّهُمْ هُمُ الْفَائِزُونَ]。

麥爾尼是：的實我，我在那一日憑著他們忍耐的那個回

奉給他們，的實他們④得脫離⑤。第七個戒箍上，

寫的是：[صِرْتُمْ شَبَابًا لَاتَهْرِمُونَ أَبَدًا]。麥爾尼是：把你們

---

① 此處脫「我給」二字，未補。
② 抄本文字有誤，已改。
③ 此處脫「我給」二字，未補。
④ 此處脫「是」字，未補。
⑤ 此處脫「的人」二字，未補。

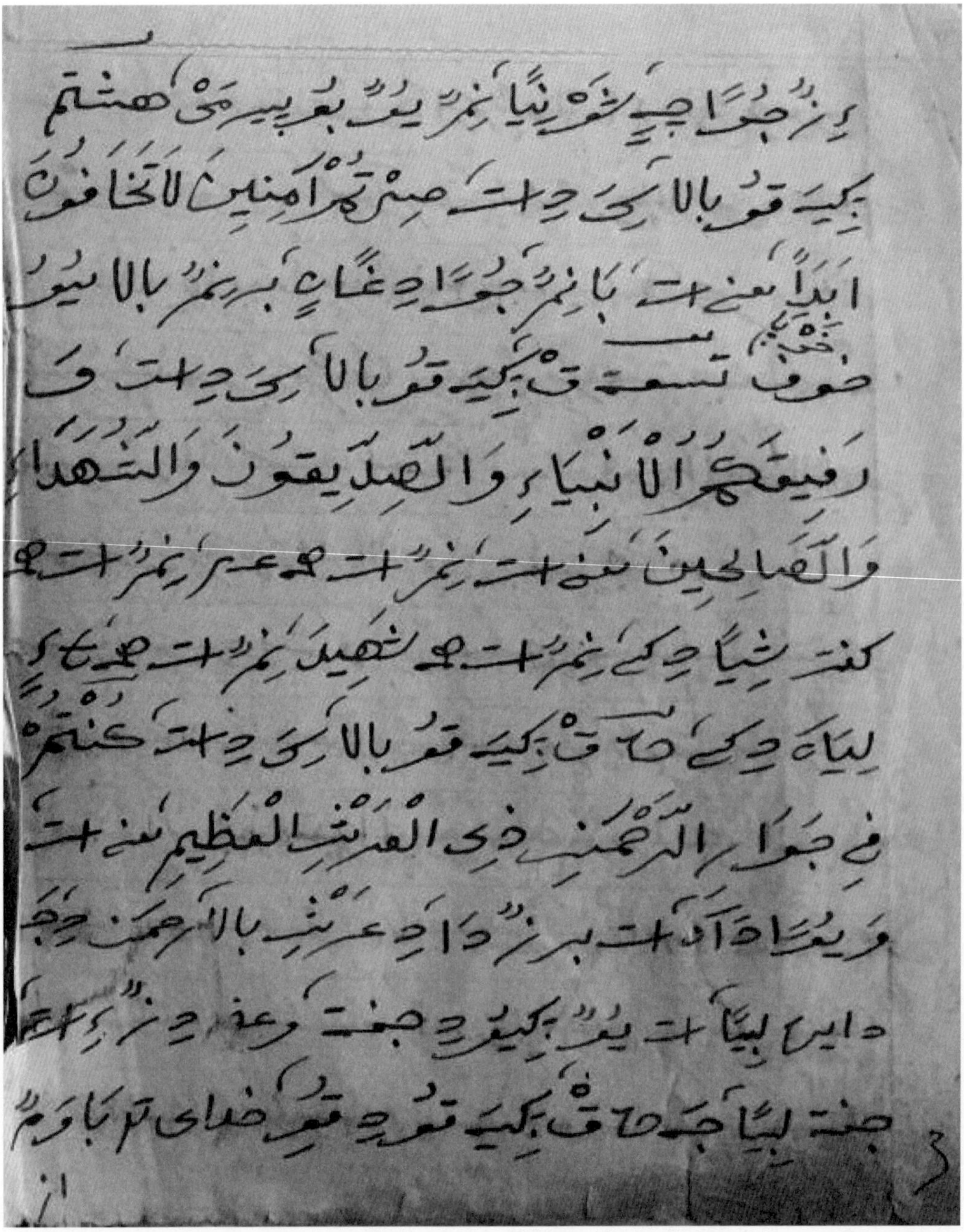

一總轉成少年，你們永不老邁。第八①

戒箍上，寫的是：[صِرْتُمْ آمِنِينَ لَاتَخَافُونَ]

[أَبَداً]。麥爾尼是：把你們轉的安寧，在你們上沒有

害怕。第九個戒箍上，寫的是：[وَ

رَفِيقُكُمُ الْأَنْبِيَاءُ وَالصِّدِّيقُونَ وَالشُّهَدَاءُ

[وَالصَّالِحُون]②。麥爾尼是：你們是一些聖人爾來伊黑賽倆目，你們是一些

說實言的人，你們是一些舍希德，你們是一些清

廉的人。第十個戒箍上，寫的是：[كُنْتُمْ

[فِى جَوَارِ الرَّحْمَٰنِ ذِى الْعَرْشِ الْعَظِيمِ]。麥爾尼是：

我原當是在尊大的阿熱世上，慈憫的宅

院③裡邊，是永久的天堂。臥爾茲的總義是：

天堂裡邊，這十個戒箍的貴，胡大泰爾倆把我們

---

① 此處脫「個」字，未補。
② 抄本文字有誤，已改。
③ 此處「圓」表示「院」的音。

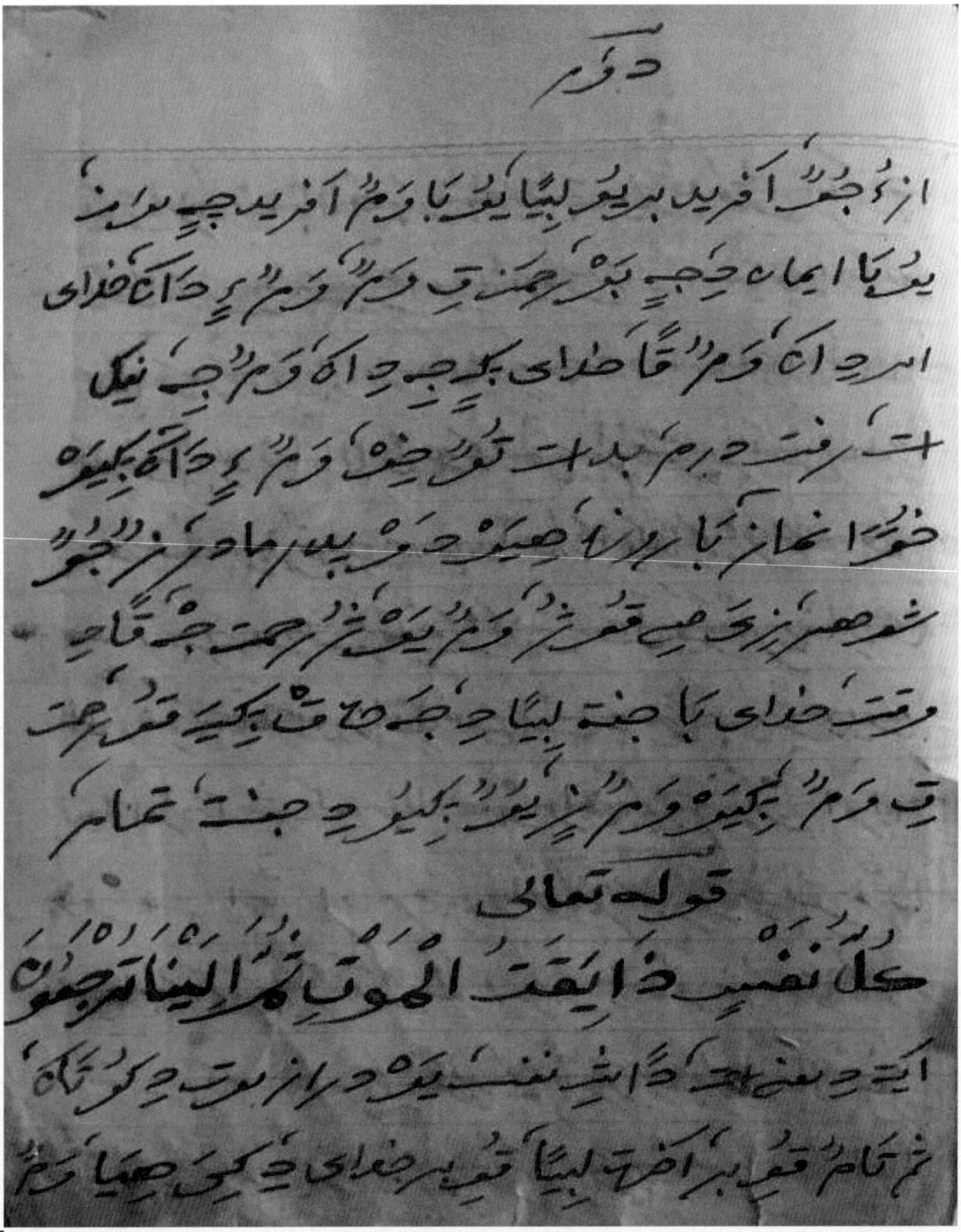

قوله تعالى

كل نفس ذائقة الموت ثم الينا ترجعون

第二個臥爾茲　　地面給人類曉諭五遭的故事

從無中，造化在有裡邊，又把我們造化成穆民，

又把伊瑪尼的珍寶慈憫給我們。我們應當，胡大

命令的那個，我們幹，胡大禁止的那個，我們止。好

事①行前②，歹事③通後。我們應當交

還乃麻子，把若齋，孝道父母，尊重

丈夫，接續骨肉。我們要如此④著幹的

時候，胡大把天堂裡邊的這十個戒箍，慈憫

給我們，叫我們進永久的天堂。全美了。

真主說：

（29:57）[كُلُّ نَفْسٍ ذَائِقَةُ الْمَوْتِ ثُمَّ إِلَيْنَا تُرْجَعُونَ]

阿耶提的麥爾尼是：但是人，要嘗⑤毛提的苦湯，

然後他們歸在阿黑熱提裡邊，歸在胡大的闕下，我們

---

① 此處「是」表示「事」的音。
② 此處「錢」表示「前」的音。
③ 此處「是」表示「事」的音。
④ 此處「慈」表示「此」的音。
⑤ 此處「長」表示「嘗」的音。

يرا از دنيا بالا صير تباه جميعا متعبا آخرة

يتا جكيره جب يترا لبيا الرمتر بر دنيا بالا تاهه

عملا قم در بر آخرة لبيا وحت جنت لبيا ده هنده

الرمتر بر دنيا بالا تاهه كناه وم دو بر آخرة لبيا

وحت دوزخ جهه عذاب نزا جكيايه وم د متع

سمر بر جديث لبيا بيت كنت كل يوم ينادى

الارض خمسة مرات من ات دمنيا بر مقبريه

لبيا از دانشكم بالا صير واقع بنجم رزق اول

رزوت اى آدم جب ولد نمر بر وح بعر نربا

حم بتجكيره يته قبر بر وح دو فن لبيا دوم

رزوت اى آدم جب ولد نمر بر وح بعر بالا خوا

لقا بعجكيره نمر يته قبر بر وح دو فن لبيا

要從頓亞上，朽壞的宅院，歸在阿黑熱提

永久的宅院裡邊。要是我們在頓亞上幹一些

爾麥裡，我們到在阿黑熱提裡邊，應受①天堂裡邊的一些恩典。

要是我們在頓亞上，幹一些古那海，我們到在阿黑熱提裡邊，

應受②多災海的一些爾雜布。咋見起？我們的貴

聖人爾來伊黑賽倆目，在哈迪斯裡邊表說：[كُلَّ يَوْمٍ تُنَادِى

الْأُرْضُ خَمْسَ مَرَّاتٍ]③。麥爾尼是：地面在每一日

裡邊，從但是人上，曉諭④五⑤遭。頭一

遭是：哎！阿丹之子！你們在我的背子上

行，不久你們要歸在，我的肚腹裡邊。第二

遭是：哎！阿丹之子！你們在我的背子上歡

樂⑥，不久你們要歸在我的肚腹裡邊，

---

① 此處「手」表示「受」的音。
② 此處「手」表示「受」的音。
③ 抄本文本有誤，已改。
④ 此處「遇」表示「諭」的音。
⑤ 此處筆誤，「第五[ينجم]」應為「五[ينج]」，已改。
⑥ 「樂（luǒ）」，「樂」的方言發音。

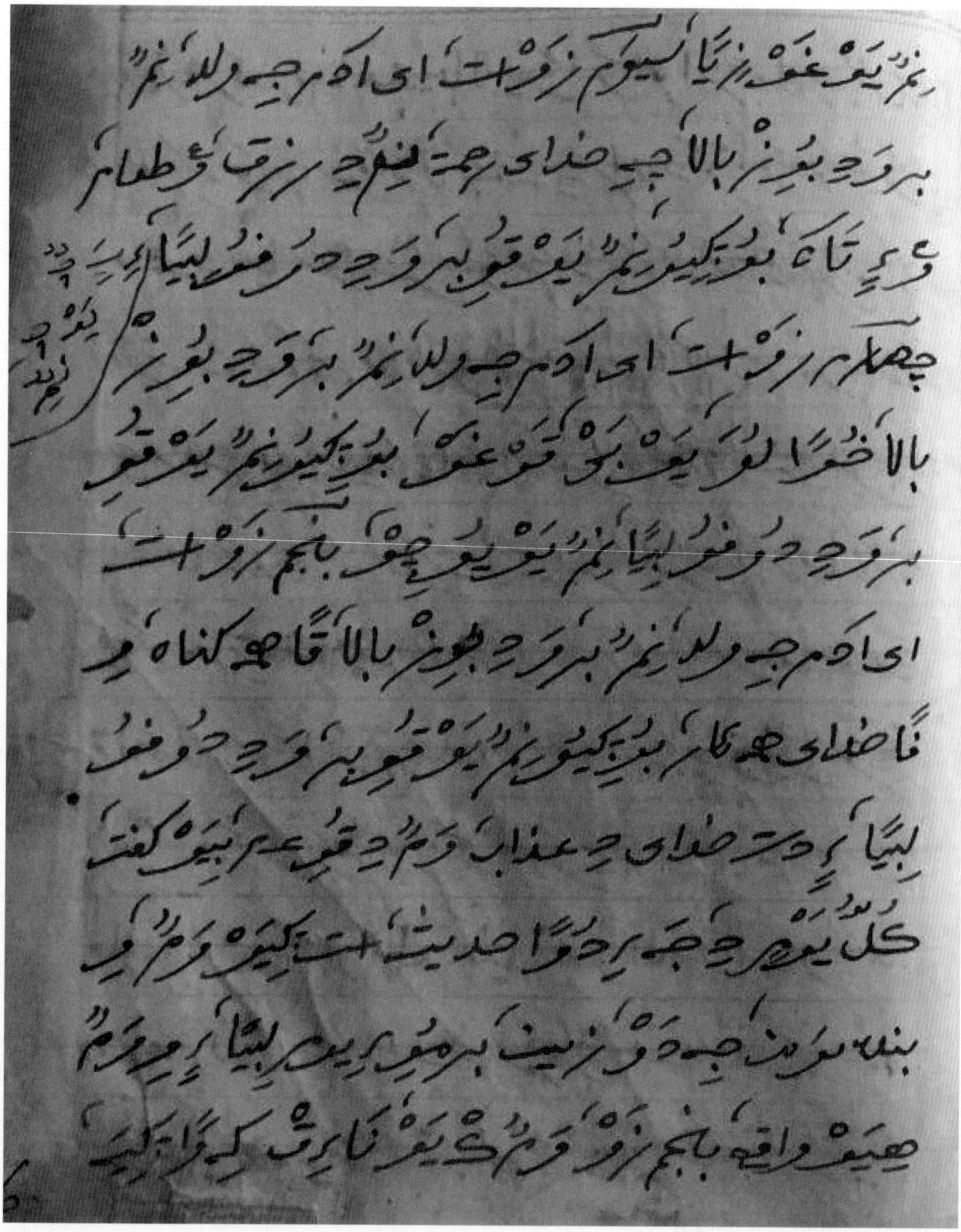

你們要熬煎。第三遭是：哎！阿丹之子！你們

在我的背子上，吃胡大慈憫你們的雷孜給，與托阿目，

與飲湯，不久你們要在我的肚腹裡邊（一些蟲要吃你們）。

第四遭是：哎！阿丹之子！你們在我的背子

上歡樂①、搖擺、高傲，不久你們要歸

在我的肚腹裡邊，你們要憂愁。第五遭是：

哎！阿丹之子！你們在我的背子上幹一些古那海，違

反胡大②一些事情，不久你們要歸在我的肚腹

裡邊，應受③胡大的爾雜布。我們的貴聖人爾來伊黑賽倆目表說，

[كُلَّ يَوْمٍ]的這一段哈迪斯，是叫我們為

班代穆民，知道地面在每一日裡邊，因為我們

曉諭④五⑤遭，我們可要拿一個勸解，

———————————————————

① 「樂（luǒ）」，「樂」的方言發音。
② 此處脫「的」字，未補。
③ 此處「手」表示「受」的音。
④ 此處「遇」表示「諭」的音。
⑤ 此處筆誤，「第五[حمسة]」應為「五[خمسة]」，已改。

قال النبي عمر الدنيا تغفر تضغر تميز نغي

第三個臥爾茲　木頭女人的故事

我們從庫夫熱、比德爾提上遠，我們從爾麥裡爾巴代提上，

上緊，我們索尋①天堂的路道，我們莫要

憑著頓亞受哄，我們多記想毛提，因為

毛提個個人免不過去。要是我們毛提到

的時候，再②想幹爾麥裡，沒有法伊德，後悔遲了。

要是幹爾麥裡的人，毛提是容易的。要是幹古那海

的人，毛提是犯難的。我們為班代穆民，多

幹爾麥裡，到阿黑熱提裡邊，胡大憑著天堂，回奉我們，

叫我們進永久的天堂。全美了。

聖人爾來伊黑賽倆目說：[اَلدُّنْيَا تَغُرُّ وتَضُرُّ وتَمُرُّ]③。麥爾尼

是：聖人爾來伊黑賽倆目說，頓亞是哄人的，是傷人的，是

疑忌人的，我們個個人都要憑著頓亞受哄。

---

① 此處「心」表示「尋」的音。
② 此處「在」表示「再」的音。
③ 抄本文字有誤，已改。

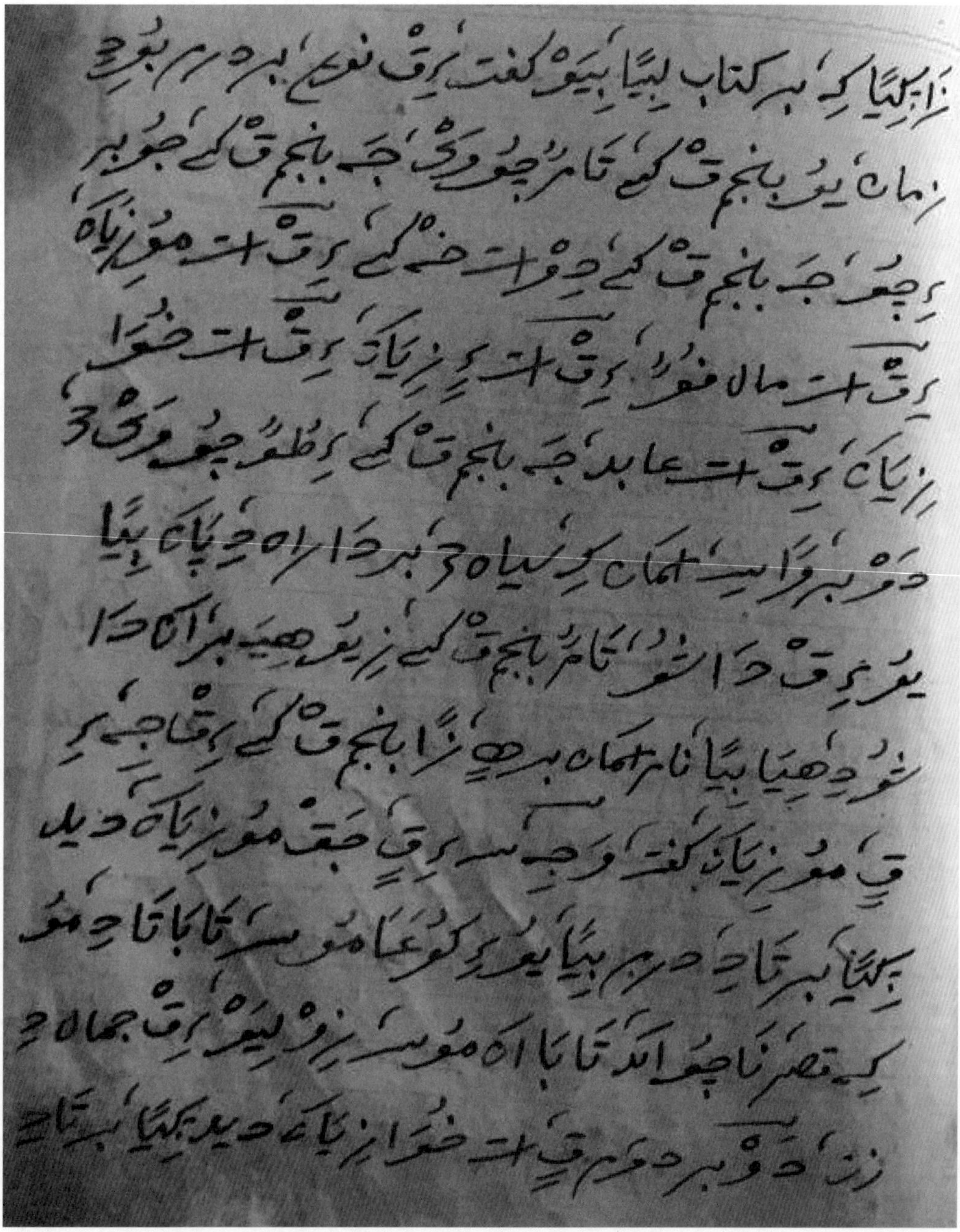

咋見起？在克塔布裡邊，表說一個樣，在前①輩的

光陰，有五②個人，他們出外，這五③個人住在

一處。這五④個人，都是何人？一個是木匠，

一個是裁⑤縫，一個是銀匠，一個是畫

匠，一個是阿比德，這五⑥個人一同出外了。

到在晚夕，天氣黑了，在大路的旁邊

有一個大樹，他們五⑦個人就歇在那個大

樹的下邊，明⑧天再⑨行，咱五⑩個人，一個值一

更。木匠說：我值頭一更。這個木匠看

見，在他的前⑪邊有一塊兒木頭，他把他的木

器具⑫拿出來，他把那個木頭，做了一個俊美的

女人。到在二更，是畫匠，看見在他的

---

① 此處「錢」表示「前」的音。
② 此處筆誤，「第五[مجني]」應為「五[جني]」，已改。
③ 此處筆誤，「第五[مجني]」應為「五[جني]」，已改。
④ 此處筆誤，「第五[مجني]」應為「五[جني]」，已改。
⑤ 此處「財」表示「裁」的音。
⑥ 此處筆誤，「第五[مجني]」應為「五[جني]」，已改。
⑦ 此處筆誤，「第五[مجني]」應為「五[جني]」，已改。
⑧ 此處「名」表示 「明」的音。
⑨ 此處「在」表示 「再」的音。
⑩ 此處筆誤，「第五[مجني]」應為「五[جني]」，已改。
⑪ 此處「錢」表示「前」的音。
⑫ 此處「拘」表示 「具」的音。

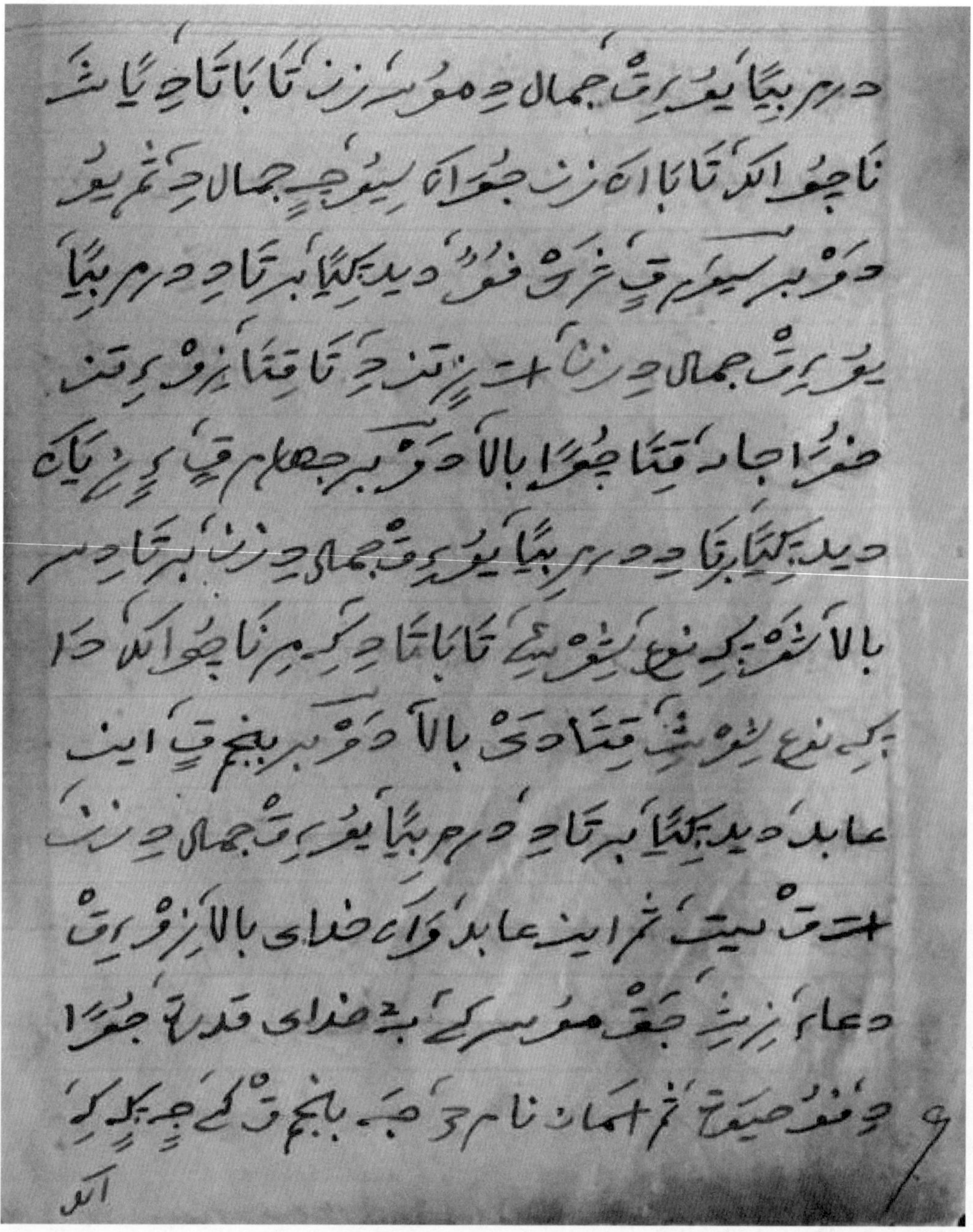

دره بيگا يعۇ يرشْ جمال دِ مۇ بسر زن تا با تادِ گيا شْ
ناچۇ اكد تا با اكا زن جۇ اكا سيعۇ چِ جمال دِ تمْ يعۇ
دوْ بر سيعۇ رقِ غرشْ فوُ ديد كِگا بر تادِ دره بيگا
يعۇ يرشْ جمال دِ زنا ات زِتنْ دِ تا قتا ازوْ يرقنْ
ضمرا اجادِ قتا جۇ ا بالا دوْ بر جهان قِ كِ زِ ياك
ديد كِگا بر تادِ دره بيگا يعۇ يرقْ جمال دِ زنا بر تادِ سر
بالا شمْ بكِ نوع كِتۇ بسِ تا با تادِ كِ بر ناچۇ اكد اكا
بكِ نوع كِتۇ شْ قتا دحْ بالا دوْ بر بنجْ قِ ايف
عابد ديد كِگا بر تادِ دره بيگا يعۇ يرقْ جمال دِ زنْ
ات قتْ نيت تمْ ايف عابد واكا خداى بالا زوْ رقْ
دعا زِ رشْ جقْ مۇ بسر كِ بِ خداى قدرت جۇ ا
دِ فنۇ صيقت تمْ اسمان نام دِ جِ بانجْ قْ كى جِ بكِ كِ
اكو

前①邊有一個，俊美的木頭女人。他把他的顏色

拿出來，他把那個女人，妝修成俊美的。然後又

到在第三更，裁縫看見在他的前②邊，

有一個俊美的女人，是淨身的，他給她做一身

花衣服，給她穿上。到在第四更，銀匠

看見在他的前③邊，有一個俊美的女人，在她的頭

上，少幾樣首飾。他把他的器皿④拿出來，打

幾樣首飾，給她戴上。到在第五更，這個

阿比德，看見在他的前⑤邊，有一個俊美的女人，

是個埋體，然後這個阿比德往胡大上，做一個

杜阿。即時，這個木頭人，憑著胡大大能，轉

　地復活。然後天明⑥了，這五⑦個人爭競起

_____

① 此處「錢」表示「前」的音。
② 此處「錢」表示「前」的音。
③ 此處「錢」表示「前」的音。
④ 河南方言，[qǐ mī]。
⑤ 此處「錢」表示「前」的音。
⑥ 此處「名」表示「明」的音。
⑦ 此處筆誤，「第五[محمد]」應為「五[تسع]」，已改。

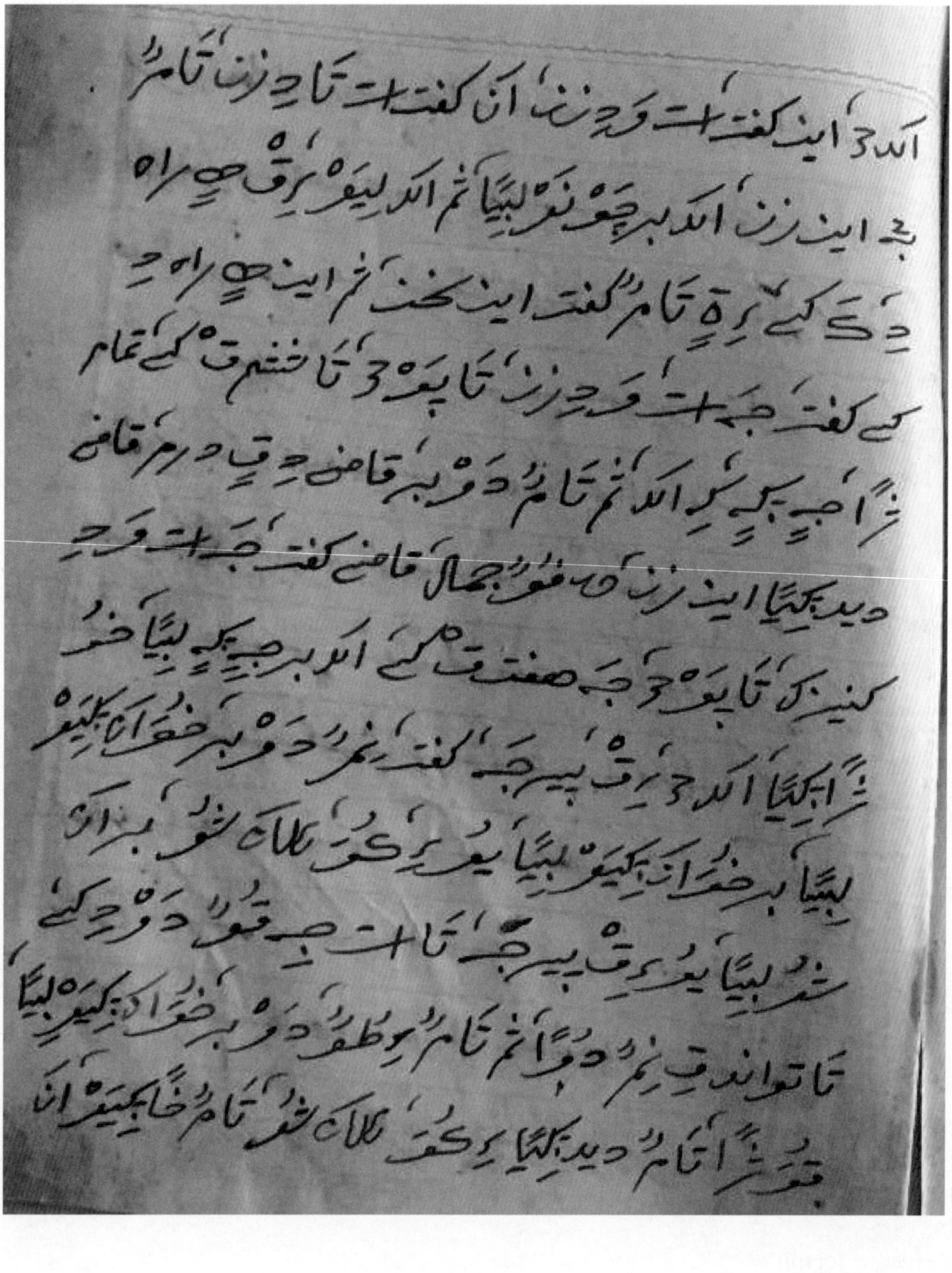

來了。這個說，是我的女人，那個說，是他的女人。他們

憑著這個女人，來在吵鬧裡邊。然後來了一個行路

的客人，一聽他們說這個話。然後這個行路的

人說：「這是我的女人，她跑了。」他六①個人，全

然爭競起來。然後他們到在噶最的跟前②，噶最

看見這個女人，十分俊美。噶最說：「這是我的

丫鬟，她跑了。」這七個人，來在爭競裡邊。忽

然間，來了一個老者，說：「你們到在荒郊

裡邊，在荒郊裡邊，有一棵大樹，在那個

樹裡邊有一個老者，他是至公道的人，

他能給你們斷。」然後他們一同到在荒郊裡邊，

果然，他們看見一棵大樹，他們喊叫那個

---

① 此處筆誤，「第六[شش]」應為「六[شش]」，已改。
② 此處「錢」表示「前」的音。

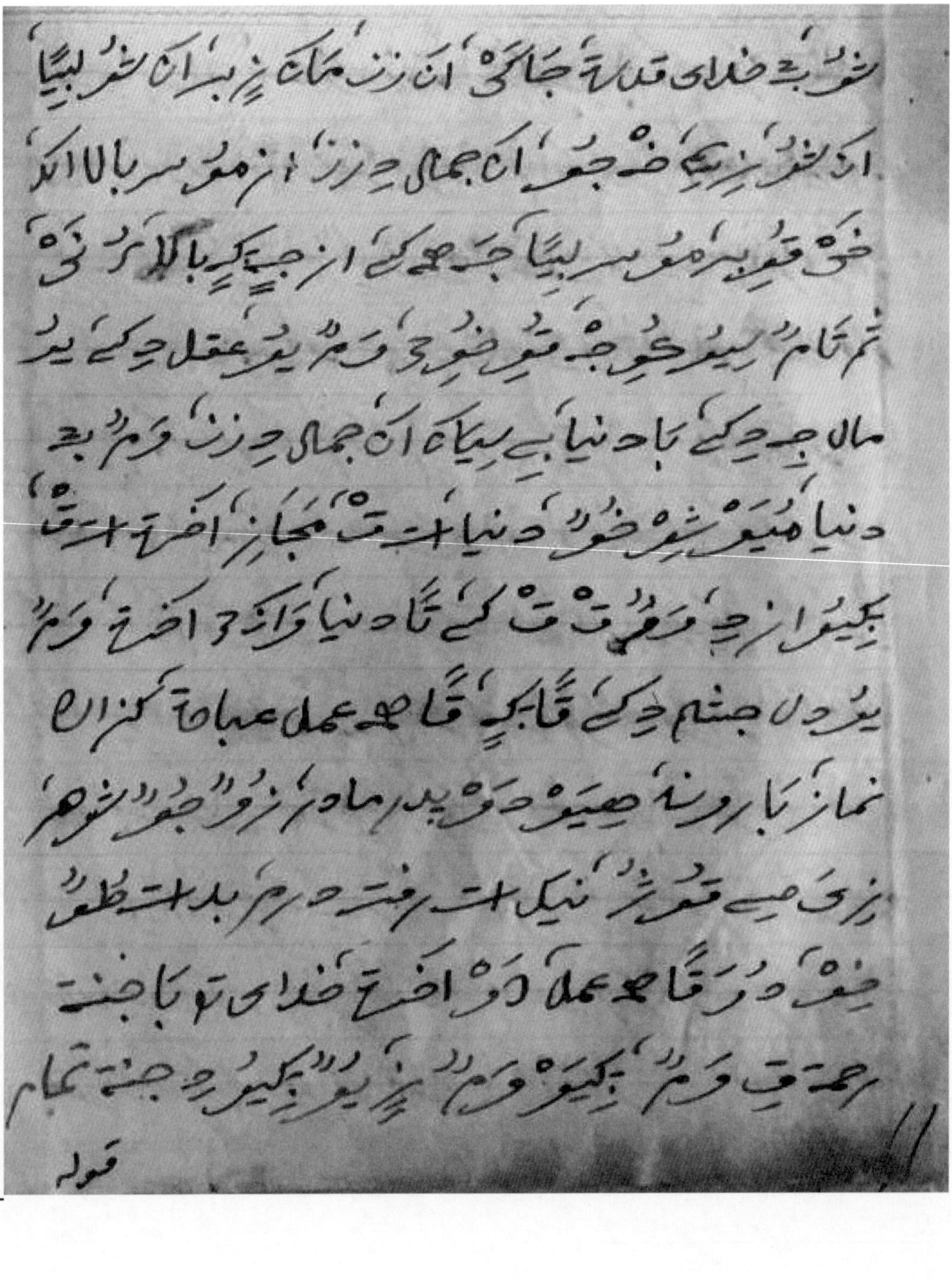
شو بـ خدای قدرة جاگی ان زن ماتا ز برا ان شر لیئیا
ان شو ز بیکا خو جی ان جمای د زن از مق سر بالا اکر
خو قیو بر مق سر لیئیا ج حم کی از جی کر بالا ار زی
تم تمام سیئو خو جی می خو حی ومر یر عقل د کی یر
مال ج د کی تا دنیا بـ سیکا ان جمای د زن ومر بد
دنیا میئو شر خو دنیا ات تی مجاز اخرة ارتا
بکیئو از د دم و تی تی کی تا دنیا وازد اخرة ومر
یر دل جشتم د کی قا بک قا حم عمل عبادة کز الا
نماز بارونه جیئو د تی پدر مادر زو جو شو حم
زی د سی قیو زر نیک ات رفت د رم بد استطع
جن در قا حم عمل دو اخرة خدای تو با جنة
رحمة ق ومر بکیئو ومر زر یر بکیئو د جنة تمام
قوله

樹，憑著胡大大能，炸開。那個女人忙進在那個樹裡邊，

那個樹即時合住，那個俊美的女人，從木頭上來，

還歸在木頭裡邊。這一些人，從爭競上無奈，

然後他們羞愧著歸回了。我們有阿格裡的人，有

才①智的人，把頓亞比像那個俊美的女人，我們憑著

頓亞莫要受哄。頓亞是個麥紮孜，阿黑熱提是個，

久存的。我們個個人，貪頓亞，忘了阿黑熱提。我們

有心眼的人，趕緊幹一些爾麥裡爾巴代提，交還

乃麻子，把若齋，孝道父母，尊重丈夫，

接續骨肉，好事②行前③，歹事④通

後，多幹一些爾麥裡。到阿黑熱提，胡大泰爾倆把天堂

慈憫給我們，叫我們進永久的天堂。全美了。

---

① 此處「財」表示「才」的音。
② 此處「是」表示「事」的音。
③ 此處「錢」表示「前」的音。
④ 此處「是」表示「事」的音。

جهار

قوله تٰه مَنۡ جَاءَ بِالۡحَسَنَةِ فَلَهُ عَشۡرُ اَمۡثَالِهَا وَمَنۡ جَاءَ بِالسَّيِّئَةِ فَلَا يُجۡزَىٰ اِلَّا مِثۡلَهَا اَيِ

معنے اشتۡ اۏ کے تٰانا اللّٰه وَ يکيا نيکل جۏ اۏ کے خدای خو خۏ قتاح يکيا نيکل اۏ کے تٰانا اللّٰه وَ يکيا بد جۏ اۏ کے خدای بو خو خو بے جۏ جۏ تے يکيا بد زۏ يکيا کۏ بر

کتاب لِيۡا اِبِيۡا کفتۡ برقۡ نع يک يۏمر فاطِم حَقۡ بِيۡم علی اللّٰه بر فاطِم حَقۡ درم علی کفتۡ اَی فاطِم ﭼﮧ دل يۏ اۏ کے يکيا ﭼﮧ نما نم فاطِم کفتۡ ورد لا اۏ کے يکيا ﭼﮧ نش لِيۡر دَم بِجا فقر ﮦم علی دلا اشرا کۏ بر وَ با اَمِير برقۡ درم ظم نع جۏ حَقۡ فاطِم مَی نش لِيۡر نش علی حَقۡ بر تۏ اۏ قصر يکيا لِيۡا يزی برقۡ کۏ درم قۏ فاطِم مَی نش لِيۡر بر علی جۏ نما نيۏ مَی نۏ ﮑﺷ

第四個臥爾茲　阿里與法圖麥吃仙石榴的故事

真主說：[مَنْ جَاءَ بِالْحَسَنَةِ فَلَهُ عَشْرُ أَمْثَالِهَا

[وَمَنْ جَاءَ بِالسَّيِّئَةِ فَلا يُجْزَى إِلاَّ مِثْلَهَا]（6:160）。阿耶提

麥爾尼是：那個人，他拿來，一件好，的那個人，胡大回

奉給他十件好。那個人，他拿來，一件歹，的那個人，

胡大不回奉別的，只是一件歹。咋見起？在

克塔布裡邊，表說一個樣。一日，法圖麥得了病，

阿里來在法圖麥的跟前①。阿里說：「哎！法圖麥！你心

裡，望想吃什麼？」然後法圖麥說：「我心裡望想

吃石榴，到在十分。」然後阿里心裡參悟：在

我上，沒有一個錢，如何樣著，給法圖麥，買石榴？

然後阿里到在他的鄰居②家裡邊，借一個銀錢，

給法圖麥，買石榴。在阿里住的地方，沒有賣石

---

① 此處「錢」表示「前」的音。
② 此處「拘」表示「居」的音。

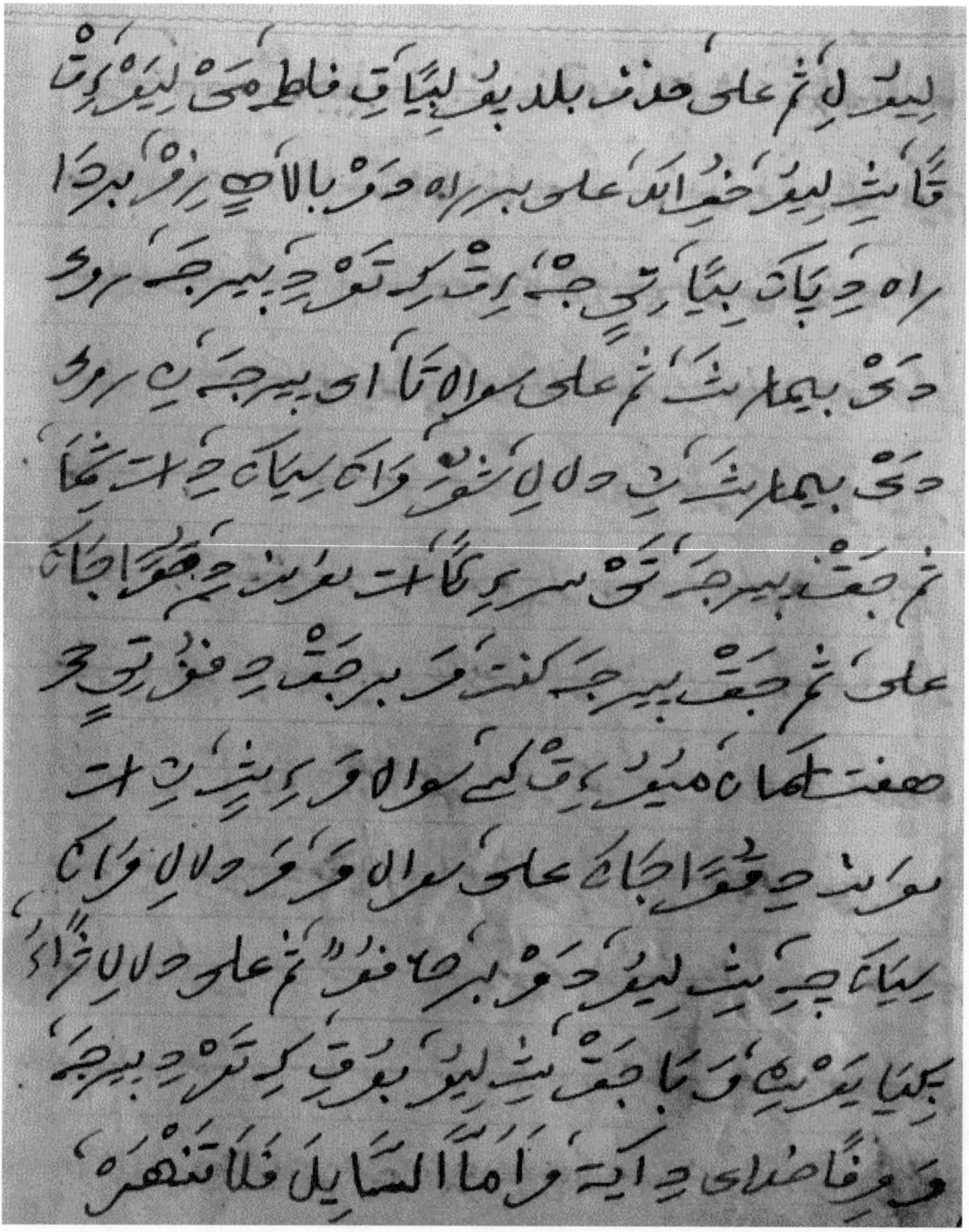

榴哩。然後阿里去城堡裡邊，給法圖麥買了一個

幹石榴回來。阿里在路道上行走，在大

路的旁邊，躺①著一個乞討的老者，面

帶病色②。然後，阿里問他：「哎！老者！你面

帶病色③，你心裡，所望想的是什麼？」

然後這個老者，抬頭一看，是穆民的官長

阿里。然後這個老者說：「我在這個地方躺④了

七天，沒有一個人，問我一聲，你是

穆民的官長阿里，問我，我心裡望

想吃石榴，到在十分。」然後阿里心裡參悟，

假要是，我把這個石榴，不給乞討的老者，

我違反胡大的阿耶提：[وَأَمَّا السَّائِلَ فَلَا تَنْهَرْ]（93:10）。

---

① 「躺」（tīng），「躺」的方言發音。
② 「色」（sheǐ），「色」的方言發音。
③ 「色」（sheǐ），「色」的方言發音。
④ 「躺」（tīng），「躺」的方言發音。

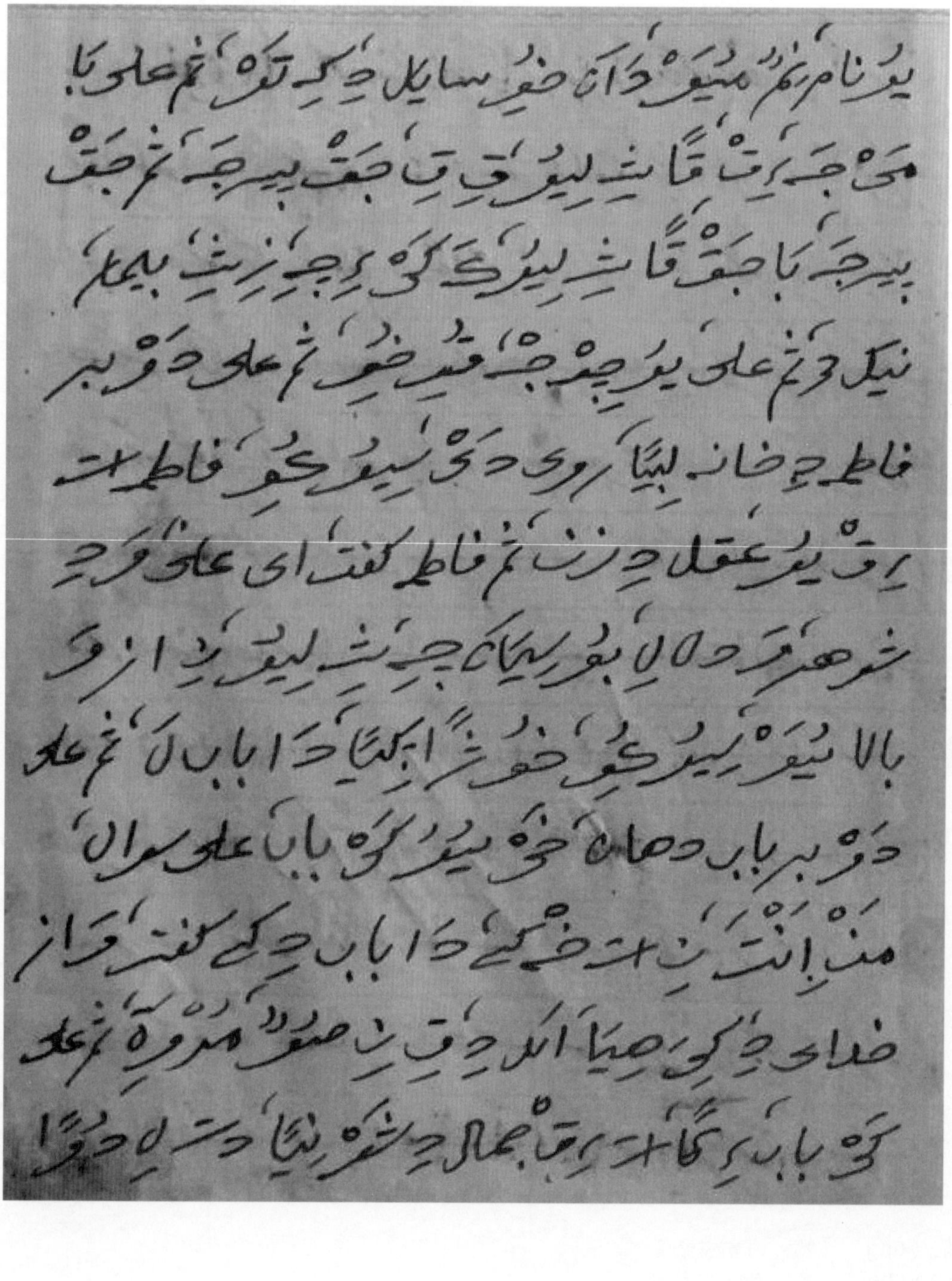
يُو نَامْ نَمْ مِنْيَوْ دَا اَنْ خُوْ سَايِلْ دِ كِهْ تَوْ نَمْ عَلِى بَا
مِىْ جِهْ زِشْ قَا نِشْ لِيَوْ قِ قِ جِىْ بِىْ جِهْ نَمْ جِىْ
بِىْ جِهْ بَا جِىْ قَا نِشْ لِيَوْ كِ كِهْ زِ جِهْ زِشْ بِيلِهْ
نِيكْ دِ نَمْ عَلِى يُو جِىْ جِهْ قِشْ خُوْ نَمْ عَلِى دَ وْ بِرْ
فَاطِمَهْ جِ خَانَهْ لِيَا زِىْ دَ نِىْ نِيَوْ كُوْ فَاطِمَهْ اِتْ
زِقْ يُو عَقْلْ دِ زِنْ نَمْ فَاطِمَهْ گُفْتْ اِى عَلِى وَ جِهْ
شُوهِرْ قِ دَ لَا بُوْ يِيَا جِهْ نِشْ لِيَوْ زِ ازْ وْ
بَالَا نِيَوْ نِيَوْ كُوْ خُوْ زِشْ اَبْگِيَا دَ اَبَابْ لَ نَمْ عَلِى
دَوْ بِرْ بَابْ دَهَانْ خُوْ نِيَوْ كِهْ بَابْ عَلِى سَوَالْ
مَنْ اَنْتَ زِ اِتْ خِمْ دَ اَبَابْ دِ كِهْ گُفْتْ قِ ازْ
خُدَاىْ دِ كِهْ صِيَا اَللّٰهْ دِ قِ نِ صِفْ مُرُوَّةْ نَمْ عَلِى
كِهْ بَابْ زِ گَا اِتْ زِقْ جَمَالْ دِ شُرْهْ نِيَا دَسْتْ لِهْ دُوْ ا

又明[1]：你們莫要擋回薩伊裡的乞討。然後阿里把

買[2]這一個幹石榴給給[3]這個老者。然後這個

老者，把這個幹石榴開開，一吃，即時病

好了。然後阿里憂愁著，歸回。然後阿里到在

法圖麥的家裡邊，面帶羞愧。法圖麥是

一個有阿格裡的妻子。然後法圖麥說：「哎！阿里！我的

丈夫。我心裡不想吃石榴，你從我

上不要羞愧。」忽然間，打門嘞，然後阿里

到在門口，還沒有開門，阿里問：

「曼納安台[مَنْ أَنْتَ]？你是何人？」打門的人說：「我從

胡大的闕下來的，給你送禮物。」然後阿里

開門，一看是一個俊美的少年，手裡端

――――――――――――

① 此處「名」表示「明」的音。
② 此處脫「的」字，未補。
③ 此處衍「給」字，未去。

يا شَرِقْ أَبْ بَكِى بِنْ دُنيا رٌ بِرْ أَبْ بَكِى بِنْدَ بَارٌ
بالا بَعَا رَقْ سِپِيد دَرُبَكِى مَتِى لِقْ تُمْ عَلِى صِنَا كِى
سِپِيد دَرُبَكِى رِتَمَا بِرْ قَاشِرْ لِبَا قِ جَبْ جَبِيد قِ لِبَا
جَمِع سِنَا يَمَ جَنَتْ لِبَا دِسِنَا شِ لِيُوْ تُمْ عَلِى كَفَتْ
جَبَكِيُوْ قِ بِشْ لِيُوْ بِرَاتْ قِ وَصَفَقْ يَعُوْ شِ
قِ وَصَفَقْ جَرِ جَمْ تِ دَحَا قِ اللهُ آيَةَ كَفَتَ

۞ مَن جَاءَ بِالحَسَنَةِ فَلَهُ عَشْرُ أَمْثَالِهَا ۞

تِ آكِمَ تَا نَا اللهُ رَيِّنَا نِيكِ اَنَ آكِمَ يَعُوْ سَيَّا تَا
حَبْ كِيَا نِيكَا تُمْ جَفَقْ شَرْ نِتَاكَنَتْ بِشْ لِيُوْ ذَ حَبْ
قِ وَرَاتْ سَيَّا تَمَا جَمَدِ وَ بِرْ جِدِ رٌ تُمْ سَرِى
صُو رَتَمَا قِ جَمْ لِبَا دِسِنَا شِ لِيُوْ قَا بِرْ صَفَقْ
قِ فَاطِمْ عَلِى كَفَتْ اى فَاطِمْ اللهُ اَزْ اَرَ ابَا سَيَّا

嘞是一個水晶石的盤子，在水晶石的盤子

上擺一個白手巾蓋簍。然後阿里掀開

白手巾，一看，在盤子裡邊擱著九個仙

枝兒，仙葉兒，天堂裡邊的仙石榴。然後阿里說：

「這九個石榴不是給我送的，要是

給我送的，一定是十個。安拉乎泰爾倆阿耶提說的

是：[مَنْ جَاءَ بِالْحَسَنَةِ فَلَهُ عَشْرُ أَمْثَالِهَا]（6:160）。麥爾尼

是：那個人，他拿來一件好的那個人，又像他的

十件好。」然後這個少年說：「石榴是十

個，我試①驗你，看你知道不知道。」然後阿里接

過來十個天堂裡邊的仙石榴，趕緊送

給法圖麥。阿里說：「哎！法圖麥！安拉乎泰爾倆命令天仙，

———————————————

① 此處「是」表示「實」的音。

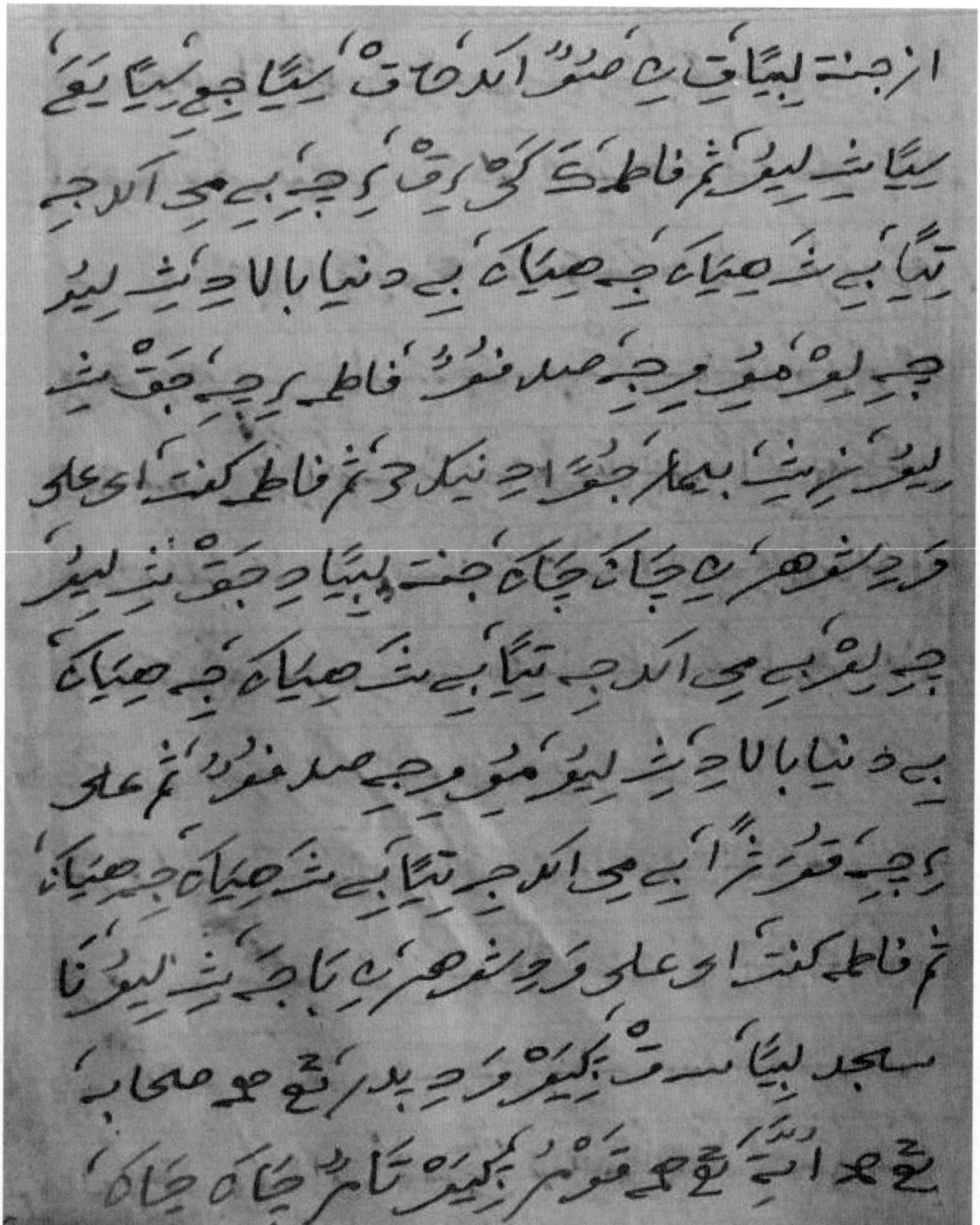

從天堂裡邊，給你送來十個，仙枝兒仙葉兒

仙石榴。」然後法圖麥開開一個，一吃，比蜜來至

甜，比麝香至香，比頓亞上的石榴

吃嘍，美味至百分。法圖麥一吃這個石

榴，即時，病轉地好了。然後法圖麥說：「哎！阿里！

我的丈夫。你嘗嘗天堂裡邊的這個石榴，

吃嘍比蜜來至甜，比麝香至香，

比頓亞上的石榴美味至百分。」然後阿里

一吃果然，比蜜來至甜，比麝香至香。

然後法圖麥說：「哎！阿里！我的丈夫。你把這石榴拿

麥斯志德裡邊散給，叫我的父親，同著一些索哈伯，

同著一些穩麥提，同著一些高目，叫他們嚐嚐，

پنجم

جمت جنت لبيا دكيا جمع سيا يو سيا ش لبلد جلوة

بى مى اكرجه تيا بى شن صيا ة جمصيا ة ش على باش

لبلد نا مسجد لبيا نة ت وتم ج وتر عم فن وتم

ج قبر عم اس بلال نا جا سة ما ش لبلد كة كه

رجيه قوة تر اجبلش بى مى اكرجه تيا بى صيا ة

جمصيا ة با جقف صكايت تم روان بر كتاب لبيا

ت جيقر قتم فو بلا مرست مشاربت در هر يك

صامت در مر د خفو مفف يقف بش وتم ش رش صح

جه قا د وقت دجى الله نو با جنت خفو مفف قم

قم قم مش بد دل بليد جه جنت   تمام شد

قوله تعالى

لَنْ تَنَا لُوا الْبِرَّ حَتَّى تَنْفِقُوا مِمَّا تُحِبُّونَ

第五個臥爾茲　蓋麥熱與獐子的故事

這是天堂裡邊的，仙枝兒仙葉兒仙石榴。吃嘍

比蜜來至甜，比麝香至香。」然後阿里把石

榴拿①麥斯志德裡邊，三個，給我們的貴聖人爾來伊黑賽倆目。然後我們

的貴聖人爾來伊黑賽倆目，命令比倆裡，把這三個石榴開開

一吃，果然，吃嘍比蜜來至甜，比麝香

至香。把這個黑卡耶提遺留②在克塔布裡邊，

是叫我們為班代穆民，散一個錢，有

十個錢的回奉。要是我們如此③

著幹的時候，一定安拉乎泰爾倆把天堂回奉給

我們，我們進永久的天堂。全美了。

真主說：

[لَنْ تَنَالُوا الْبِرَّ حَتَّى تُنْفِقُوا مِمَّا تُحِبُّونَ]（3:92）。

---

① 此處脫「到」字，未補。
② 此處「流」表示「留」的音。
③ 此處「慈」表示「此」的音。

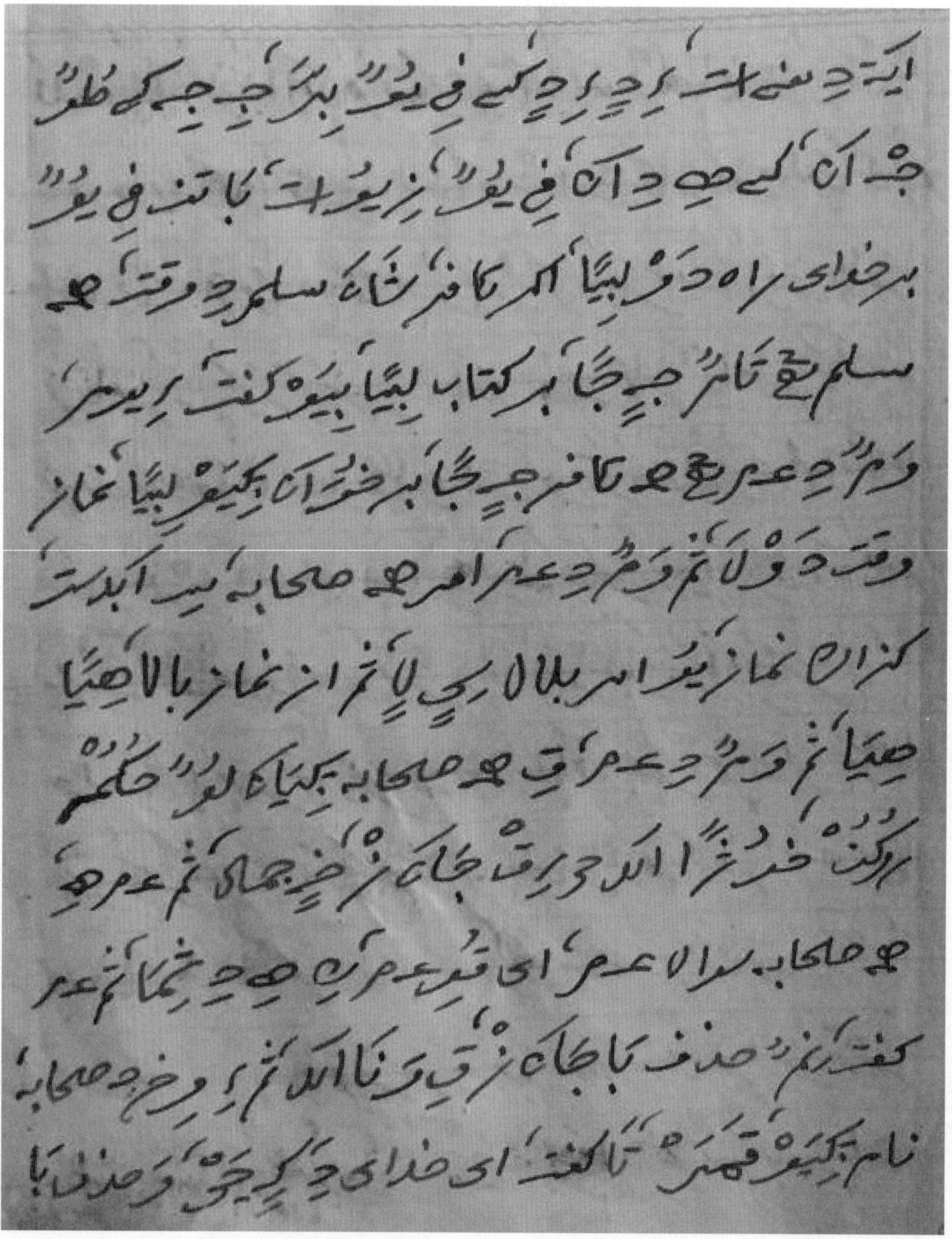

阿耶提的麥爾尼是：一定一定，人費用行善，直至人同

著那個，人喜的那個，費用，就是把身體費用

在胡大路道裡邊。要是卡非爾傷穆斯林的時候，一些

穆斯林同著他們征戰。在克塔布裡邊，表說，一日，

我們的聖人爾來伊黑賽倆目同著一些卡非爾征戰在荒郊裡邊，乃麻子

時候到了，然後我們的聖人爾來伊黑賽倆目，命令一些索哈伯洗阿布代斯，

交還乃麻子，又命令比倆裡醒令。然後從乃麻子上，閑

下。然後我們的聖人爾來伊黑賽倆目，給一些索哈伯講論侯空、

魯空。忽然來了一個獐子，很俊美。然後聖人爾來伊黑賽倆目喜，

一些索哈伯問聖人爾來伊黑賽倆目：「哎！貴聖人爾來伊黑賽倆目！你喜的什
麼？」然後聖人爾來伊黑賽倆目

說：「你們去把獐子，給我拿來。」然後一位小索哈伯，

名叫蓋麥熱，他說：「哎！胡大的欽差！我去把

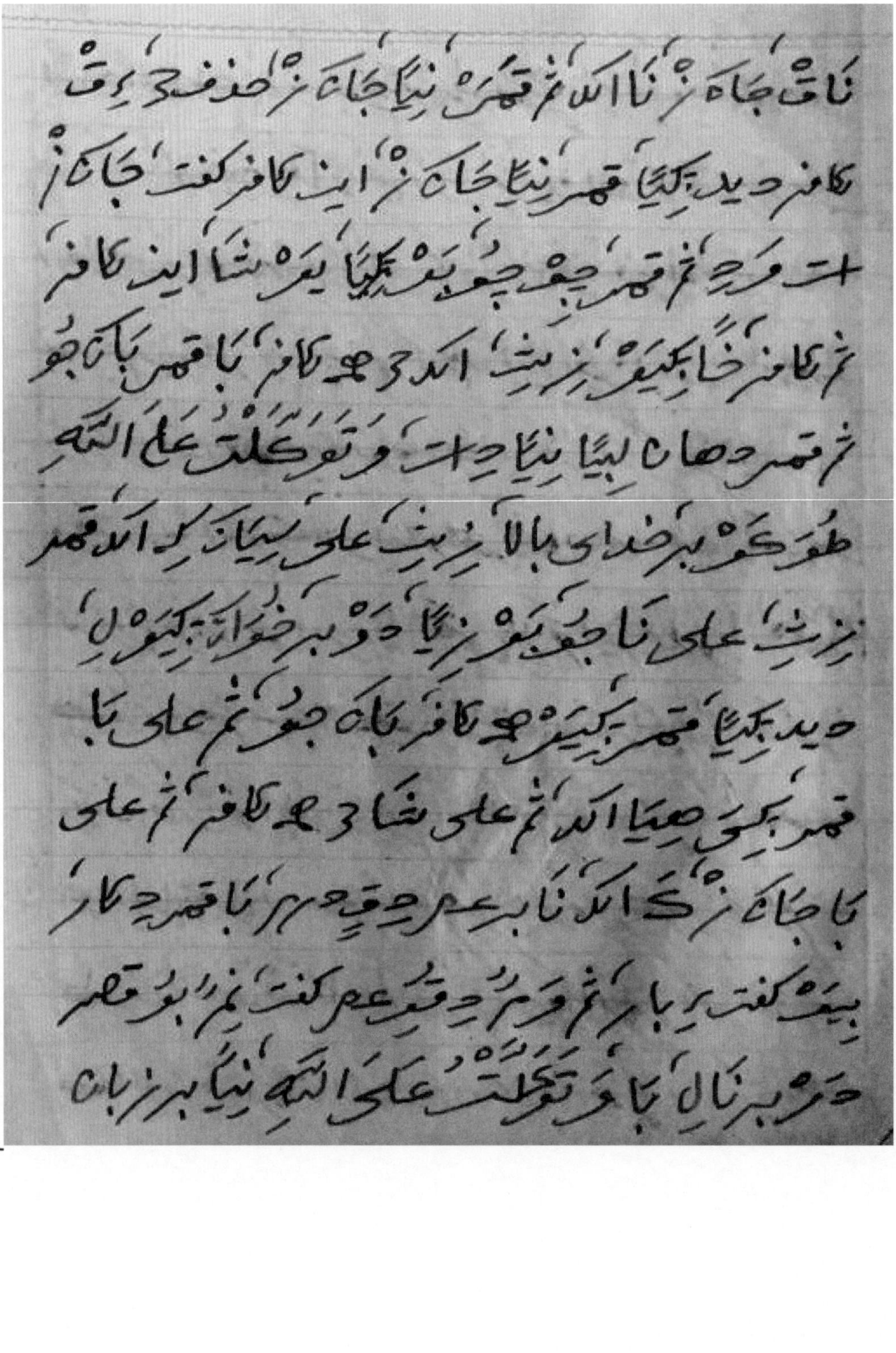

那個獐子拿來。」然後蓋麥熱攆獐子去了。一個

卡非爾看見說：「蓋麥熱攆獐子。」這個卡非爾說：「獐子

是我的。」然後蓋麥熱抽出寶劍，要殺這個卡非爾。

然後卡非爾，喊叫。即時，來了一些卡非爾，把蓋麥熱綁住。

然後蓋麥熱口裡邊念的是：[وَتَوَكَّلْتُ عَلَى الله]，

托靠在胡大上。即時，阿里想起來蓋麥熱。

即時，阿里拿住寶劍到在荒郊裡，

看見蓋麥熱叫一些卡非爾綁住。然後阿里把

蓋麥熱解下來。然後阿里殺了一些卡非爾。然後阿里

把獐子尅①來，拿在聖人爾來伊黑賽倆目的跟前②，把蓋麥熱的事情，

表說一遭。然後我們的貴聖人爾來伊黑賽倆目說：「你們不拘

到在哪裡，把 [وَتَوَكَّلْتُ عَلَى الله]，念在舌肉

---

① 河南方言，意思是「抓住、逮住」。
② 此處「錢」表示「前」的音。

ششم

لِيَّا خُدَاى تو رَح خُوشْنُازَ رَ تَكَا هَسْتِمْ وَمَرَ وَبِلَا
عَوَيْنْ بَرْ قَمَر وَأَنَا اِاحَدَف بَيَاد طُقُ حَقْ بَرْ
خُدَاى خُدَاى رَح بِيَاك جَرْ وَمْ وَعُظَا وَرَشْ
مُوجَ يَفَتْ اَمَرَّة وَمَرَ رَ وَمَرَ رَح رَحْمَتْ

قَوْلَهُ تَعَالَى
اِنَّ اللَّهَ اشْتَرَى مِنَ الْمُؤْمِنِينَ خُدَاى
كُفَتْ جِنْكَ عَمَوْمِنْ بَتَمَارَج بُرَتْ تَنْ وَمَالْ اَحْى
جِفَتْ رَح جِنَت اَسْت مُرَدَ تَا حَدِ يَعْلَمْ رَكِ كُفَتْ بَا
اِيِنْ خِنْ اللَّهِ دِرَتْ شَقُّ بِنَا نَامَ كَبْيَقُ رَحْمَتْ تَا كُفَتْ
اى يَعْلَمْ رَكِ وَبَا حَدَمَال فِى يَعْدُ بَرْ خُدَاى جَ رَاه
حَوْرْ بِيَا كَ تَحِنْنَ مَى جَنَت يَعْلَمْ رَكِ كُفَتْ زَرِيَ
خَالِصًا لِلَّهِ كَنْتَا جَ رِ مِضَاى كَى نِذَ حَقْ جَنَت

第六個臥爾茲　熱哈瑪尼與卡非爾的故事

裡邊，胡大泰爾倆一定護苫你們，看守①你們。」我們為班代

穆民，不拘往哪裡去，先得托靠在

胡大，胡大一定襄助我們。臥爾茲到此

為止。要是我們聽，我們遵，我們一定進天堂。

真主塔爾倆說：

[إِنَّ اللَّهَ اشْتَرَى مِنَ الْمُؤْمِنِينَ] （9:111）。為主的

說，的實，一些穆民憑著他們的本身與財帛，買了

天堂，一定天堂，是唯獨他。一些有爾林的人說罷

這個話，來了一個少年，名叫熱哈瑪尼，他說：

「哎！有爾林的人！我把一些財帛費用在胡大的路

道裡邊，可也能買天堂？」有爾林的人說：「只要，

哈裡算領倆希，虔誠，因為胡大，可也能買天堂。

---

① 此處「手」表示「守」的音。

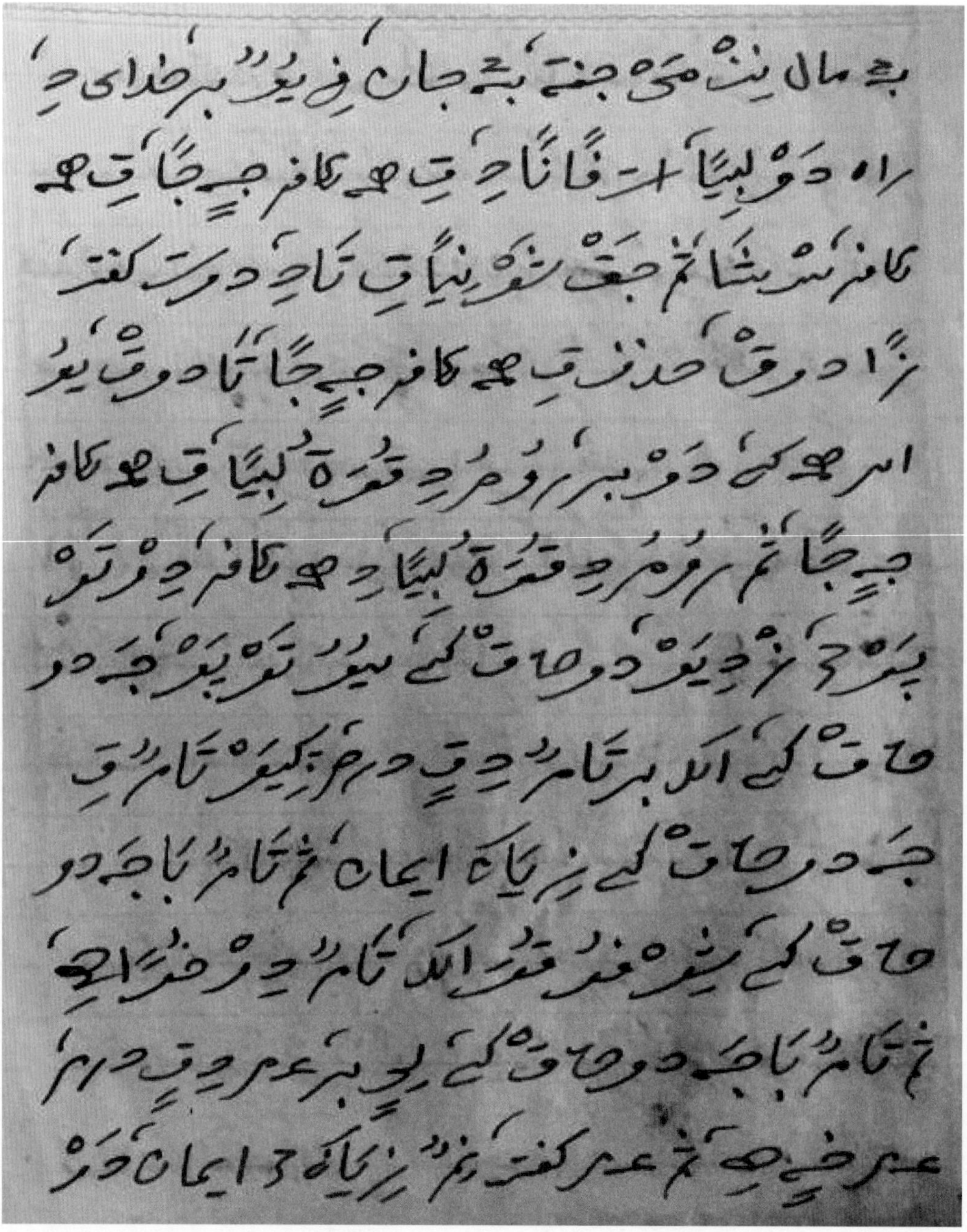

憑著財帛能買天堂，憑著生命，費用在胡大的

路道裡邊，是犯難的。給一些卡非爾征戰，給一些

卡非爾廝殺。」然後這個少年給他的朵斯提說：

「咱兩個，去給一些卡非爾征戰。」他兩個又

命令一些人，到在魯姆的國土裡邊，給一些卡非爾

征戰。然後魯姆的國土裡邊的一些卡非爾，都逃

跑了，只掉①二十個人，沒有逃跑，這二

十個人，來在他們的跟前②，叫他們給

這二十個人講伊瑪尼。然後他們把這二

十個人，收服過來，他們都歡喜。

然後他們把這二十個人，領在聖人爾來伊黑賽倆目的跟前③。

聖人爾來伊黑賽倆目很喜。然後聖人爾來伊黑賽倆目說：「你們將④了伊瑪尼。到

---

① 河南方言，意思是「剩下」。
② 此處「錢」表示「前」的音。
③ 此處「錢」表示「前」的音。
④ 河南方言，意思是「歸、進」。

هفتم

بر افت بيتا يز ي طداى ج جنت اولا يز زز
جنت ات عدن د جنت جمار دز نفر حزن
بر عدن ج جنت بيتا تاك روان خى يز جه
حفر عنين وتر بر دنيا بابا ا رت تا عمل عباة
حكت وتر ي عدن د جنت جم صو عنينا
حفر وتر ا وتر حزن وتر بر دنيا بابا
تا جما عمل عباة دوت بر افت بيتا وتر نيك
ي عدن ج جنت نمام قوله تعالى
ان الله خلق السَّمٰوات والارض فى
ستَه ايام ا ي ج ش الله بر
ششم يم بيتا زز ضرا عا انه ج ش وجنت
وز من خداى ب رب بكا ج قيله نزو ضرا نام

第七臥爾茲　天堂與火獄的時景

在阿黑熱提裡邊，你們進胡大的天堂。頭一座

天堂是阿德尼的天堂，四道河渠①，

在阿德尼的天堂裡邊，淌流，還有一些

仙童仙女。」我們在頓亞上，是一個幹爾麥裡爾巴代提

的人，我們進阿德尼的天堂。一些仙童仙女侍②

奉我們，是我們的妻子。我們在頓亞上得

幹下爾麥裡爾巴代提，到在阿黑熱提裡邊，我們好

進阿德尼的天堂，全美了。　　　真主說：

إِنَّ رَبَّكُمُ ٱللَّهُ ٱلَّذِى خَلَقَ ٱلسَّمَٰوَٰتِ وَٱلْأَرْضَ فِى]

[سِتَّةِ أَيَّامٍ③（10:3）。阿耶提的麥爾尼是，的實，安拉乎在

六④日裡邊，造化一些天，與一些地面，與天堂，

與多災海。胡大憑著自己的大能造化天，

―――――――――――

① 此處「去」表示「渠」的音。
② 此處「是」表示「侍」的音。
③ 抄本文字有誤，根據文意做了修改。
④ 此處筆誤，「第六[مس]」應為「六[س]」，已改。

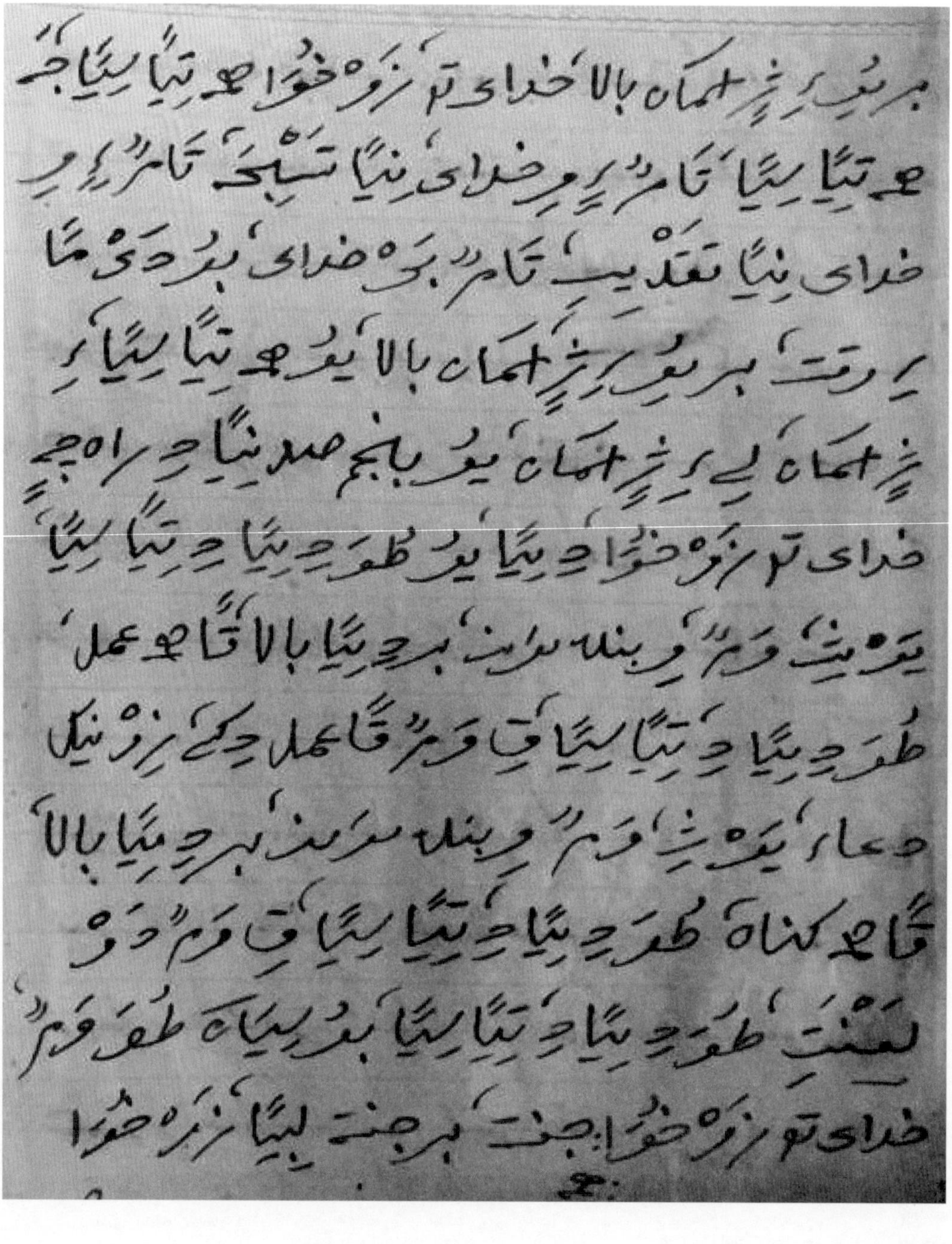

在每一層天上，胡大泰爾倆，造化一些天仙。這

一些天仙，他們因為胡大，念泰斯比哈，他們因為

胡大念泰格底蘇。他們拜胡大，不怠慢

一時。在一層天上，有一些天仙，一

層天離一層天，有五①百年的路程。

胡大泰爾倆造化地面，有馱地面的天仙。

要是我們為班代穆民，在地面上幹一些爾麥裡，

馱地面的天仙，給我們幹爾麥裡的人，做好

杜阿。要是我們為班代穆民，在地面上

幹一些古那海，馱地面的天仙，給我們道

賴爾乃提，馱地面的天仙，不想馱我們。

胡大造化一些天堂，在天堂裡邊造化

---

① 此處筆誤，「第五[مجنس]」應為「五[جنس]」，已改。

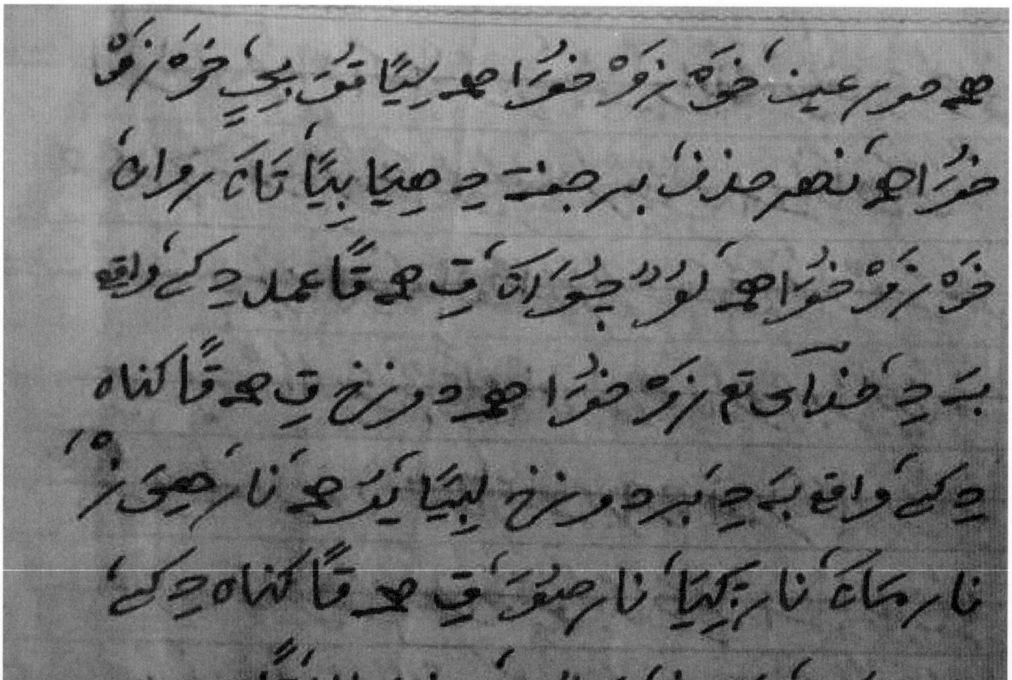

一些仙童仙女，還造化一些仙果品，還造

化一些河渠①，在天堂的下邊淌流。

還造化一些龍床，給一些幹爾麥裡的人預②

備的。胡大泰爾倆造化一些多災海，給一些幹古那海

的人預③備的。在多災海裡邊，有一些火蠍子、

火蟒、火枷、火索，給一些幹古那海的人

預④備的。要是，我們在頓亞上，幹一些爾麥裡，

到阿黑熱提裡邊，叫我們進天堂，享恩典。

要是我們在頓亞上，幹一些古那海，到阿黑熱提

裡邊，叫我們進多災海，受爾雜布。總義：

我們為班代穆民，趁貴氣數在體，多幹

一些爾麥裡，到阿黑熱提裡邊，我們進永久的天堂。全美了。

----

① 此處「去」表示「渠」的音。
② 此處「遇」表示「預」的音。
③ 此處「遇」表示「預」的音。
④ 此處「遇」表示「預」的音。

هشتم

قوله تم ضدای کنت وجه جو والفصر فا ست حدیث

هکیم اردات برش بغرا لیبا ریج جوفی اناهه کرا قا

صافی نور عملا اناهه کیز نور زیبه حقی یوق جو طفا

بی برق الکرومز قا صافی نور عملا ورمز بو بنش

بغرا قماش نور عملا کراسه غاز یارونده

کراله غاز نفرز دو دعیز یک دعیز بأطن د

دعیز نور ظاهر ضو باطن یرق دا خال الایه

کتا جی یور ضدای ضو ظاهر یرق دا کراله

نماز کی نام کیوه جه که جده دو تالی بی ضدا

یوق ایر صیته ون بیم ما در کی دو دعیز

یک دعیز باطن یک دعیز ظاهر ضو باطن

یرمش بیر ما در سیاک جی شما کی نکا کی مور

第八個臥爾茲　孝敬父母的暗藏與明顯

嘎蘭拉乎泰爾倆。胡大說：我指住阿蘇勒發誓，的實

一些人，一定是在折本裡邊。只除是那一些人，幹

清廉①爾麥裡的，那一些人，憑著哈格，一個囑託

別②一個。要是我們幹清廉③爾麥裡，我們不能折

本。清廉④的爾麥裡，是交還乃麻子，把若齋。

交還乃麻子，分兩等。一等是巴推尼，一

等是紮黑熱。何為巴推尼？要的是哈裡算領倆希，

虔誠因為胡大。何為紮黑熱？要的是交還

乃麻子，賣名，叫一些人，知道他禮拜。胡大

又命令孝道父母，也是兩等。

一等是巴推尼，一等是紮黑熱。何為巴推尼？

要是父母想吃什麼，買什麼，買美味

---

① 此處「亮」表示「廉」的音。
② 河南方言，意思是「接著、連續」。
③ 此處「亮」表示「廉」的音。
④ 此處「亮」表示「廉」的音。

دَ طَعَامَ رَمَنِي مِنِع نِفع دَ نِيكا دَ وَّ سِ بِكِيعَ بِدِرِ مَادِرِ

چِرَ غِي بِرِ كُفتِ بَرِ رُحمَت دَحفظَا اَ فِي بِرِ ظَاهِر بِيعَ بِرَ

بِدِرِ مَادِرِ بِيِكَ جِ بِ خِمَاتِ بِعَ مَنِ ، بِ خِنِ خِ وَّ

بِدِرِ مَادِرِ طِفِ جَبِي كِ بِ بِ سِعَال بِّ بِدِرِ مَادِرِ ، جَ بِلَ

ظَاهِر ، يَعَ شِ بِدِرِ مَادِرِ مُورِت بَعدِ بِي جِيعَا جِ مَال

وِلَد بِ مَال وَاقِع بِ بِ نِيِسِ نِيَا بِ اَ حَ عِلِم مَظَلِم قَوِ

نِيَا قَرآنِ عَظَمَا صَدَقَ بَرِ وِ دَعَا طِفِ جَبِي كِبِيع

جِ بِ جَبِي بِ بَاطِن جِ حِيِعَتِ ظَاهِر جِ حِيِع مِدِ

بِدِرِ مَادِرِ رِبِي جِيعَا مَال ، وِلَد بِعَ بِشَا صَدَقَ بُمِ بِوِ

دَعَا جَبِي ظَاهِر جِ وِلَد بِعِ شِ بِدِرِ مَادِرِ حِبِيبِ

وَ قَرِ اَزِ خِ چِفِ آمَد بِدِي شِ بِدِرِ مَادِرِ مَيِعَ بِاَ قَرِ

وَ قَرِ شِ رِفِ نِع جِ بِ جَاعَا اَ جِي كِ وَ قَرِ بِعَ بِوَ بِدِ طَالِم

的托阿目，買樣樣的好東西，叫父母

吃與飲，說柔和的話。何為紥黑熱？要是

父母想吃什麼，你不買，你還狠咄

父母。同著別人，你問好父母，這是

紥黑熱。要是父母毛提後，撇下一些財帛，

兒女憑著財帛預①備席面，請一些爾林、穆泰爾林開

念《古熱阿尼》，散索德蓋，做杜阿，托眾求

慈，這是巴推尼的孝。紥黑熱的孝是，

父母撇下財帛，兒女不散索德蓋，不做

杜阿，這是紥黑熱的兒女。不是父母的賽白布，

我們從何處來？不是父母調養我們，

我們如何樣著，長大成人？我們不報父母

_____

① 此處「遇」表示「預」的音。

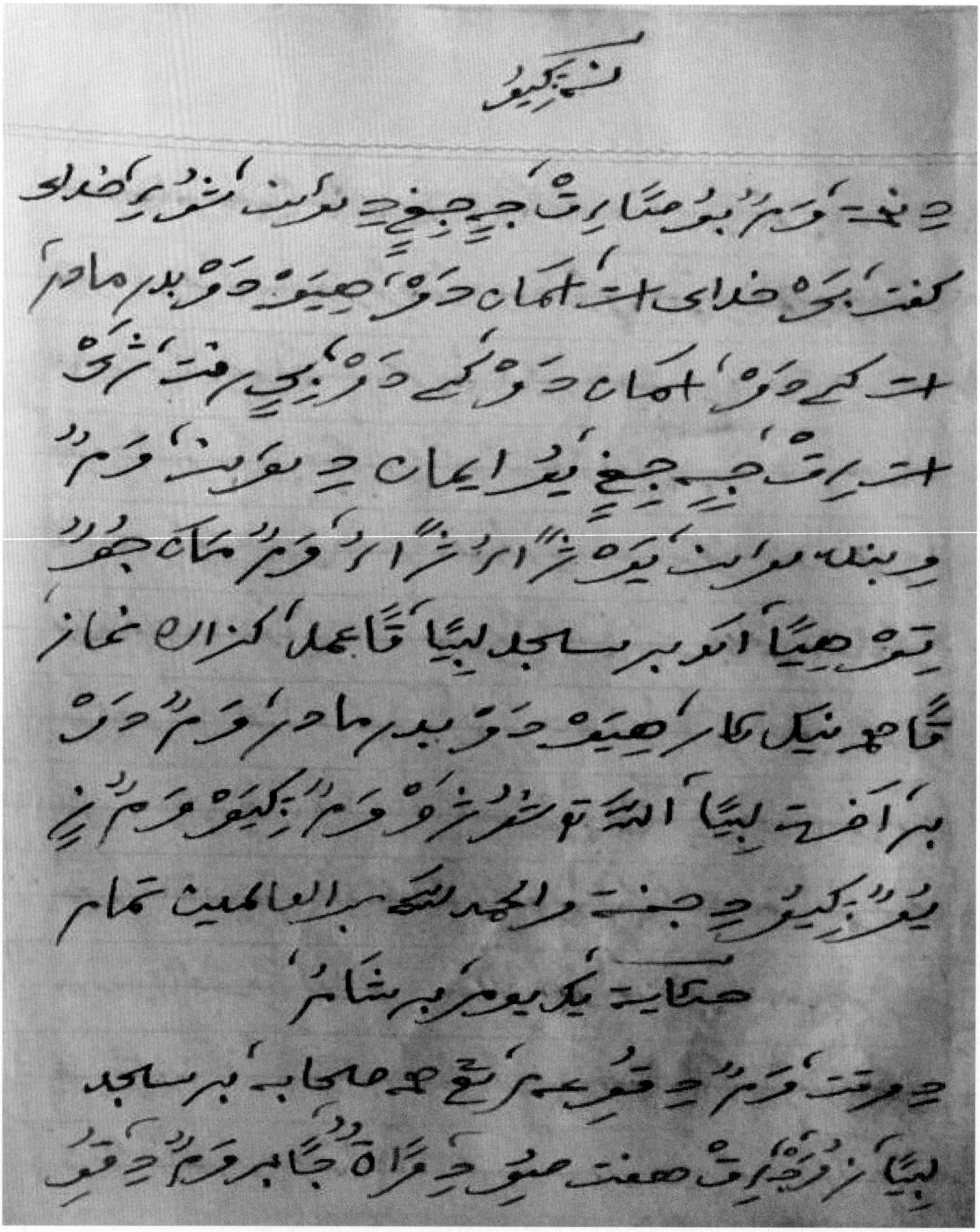

第九個臥爾茲① 頑童做七個夢的故事

的恩，我們不算一個，真正的穆民。所以胡大

說：拜主是天道，孝道父母

是人道，天道人道並行，才

是一個真正有伊瑪尼的穆民。我們

為班代穆民，要參悟參悟。我們忙中

偷閒，來在麥斯志德裡邊，幹爾麥裡，交還乃麻子，

幹一些好事，孝道父母，我們到

在阿黑熱提裡邊，安拉乎泰爾倆恕饒我們，叫我們進

永久的天堂。感贊調養眾世界的主宰。全美了。

黑卡耶提，一日在沙目

的時候，我們的貴聖人爾來伊黑賽倆目，同著一些索哈伯在麥斯志德

裡邊，坐著。一個七歲的玩童，站在我們的貴

―――――――――――――――

① 此處兩詞均表示數字「九」，前為波斯語詞彙[ﻧﹹ]，後為消經詞彙[ﻧﹹ]。

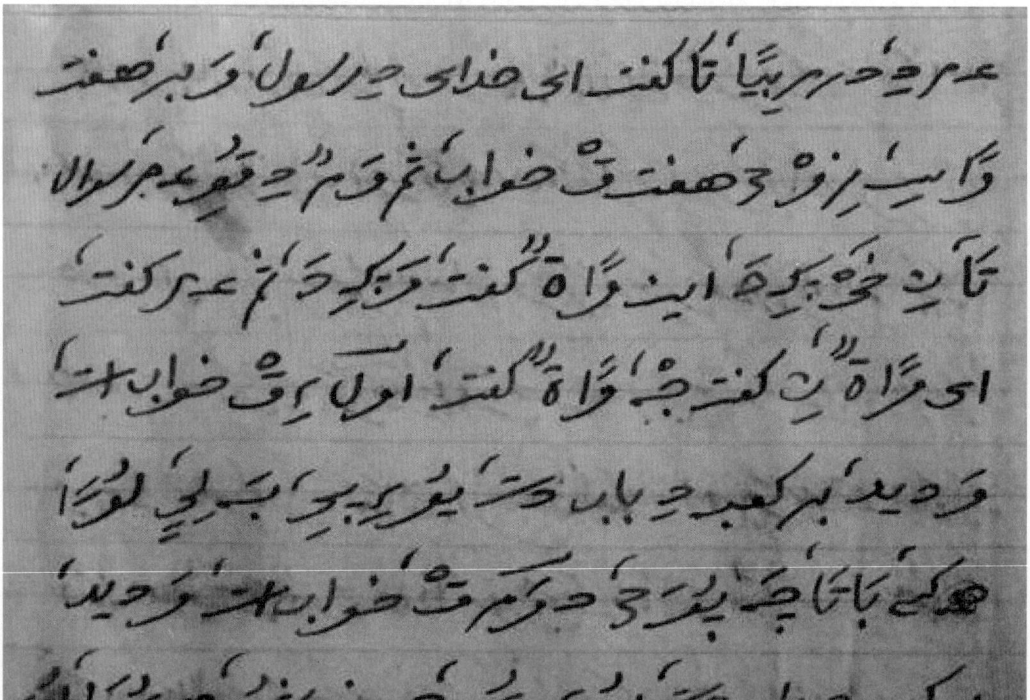

聖人爾來伊黑賽倆目的前①邊，他說：「哎！胡大的欽差！我在七②

晚夕，做了七個夢。」然後我們的貴聖人爾來伊黑賽倆目問

他：「你還記得？」這個玩童說：「我記得。」然後聖人爾來伊黑賽倆目說：「

哎！玩童！你說著。」玩童說：「頭一個夢是，

我看見在克爾白的門首③，有一匹白綾羅，

一些人，把它，扯破了。第二個夢是，我看見

在克爾白的門首④，有一棵⑤赤金樹，一些烏鴉落

在樹上，屙了一些糞。第三個夢是，我看見

在克爾白的門首⑥，擱著一個狠賊熱的頭。第四

個夢是，我看見一個黑旗，鑲邊綠穗

的。第五個夢是，我看見一個黑驢，吃

草不下糞。第六個夢是，我看見

---

① 此處「錢」表示「前」的音。
② 此處脫「個」字，未補。
③ 此處「手」表示「首」的音。
④ 此處「手」表示「首」的音。
⑤ 「棵（kuó）」，「棵」的方言發音。
⑥ 此處「手」表示「首」的音。

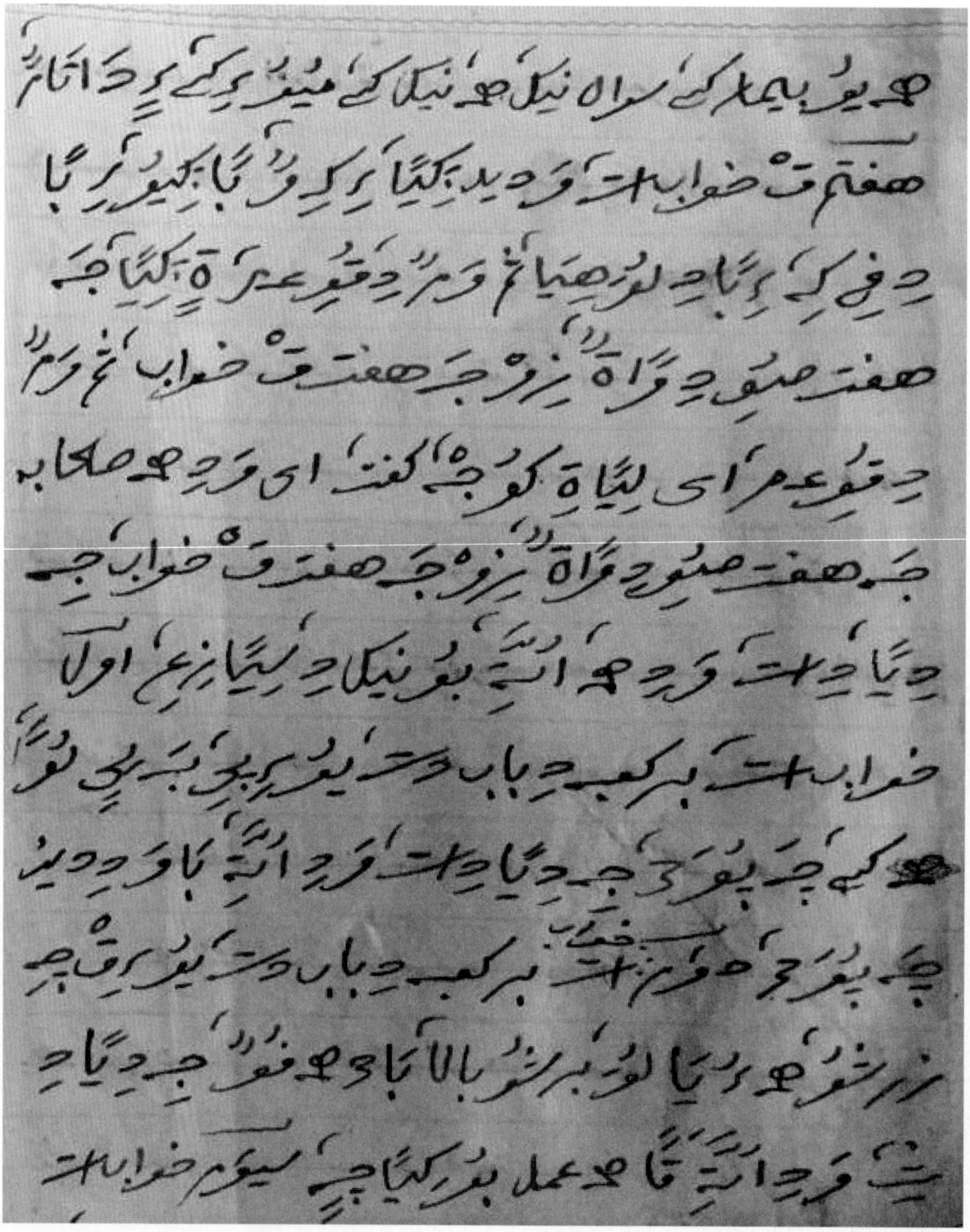

一些，有病人問好一些好人，沒有一人，應答他們。

第七個夢是，我看見一群斑鳩，一半

的飛起，一半的落下。」然後我們的貴聖人爾來伊黑賽倆目，聽見這

七歲的玩童，做這七個夢。然後我們

的貴聖人爾來伊黑賽倆目，哀憐啼哭著說：「哎！我的一些索哈伯！

這七歲的玩童，做這七個夢，指

點的是，我的一些穩麥提，不好的顯跡兒。頭一個

夢是，在克爾白的門首①，有一匹白綾羅，

一些人扯破了。指點的是，我的穩麥提把我的教門

扯破了。第二②夢是在克爾白的門首③有一個赤

金樹，一些烏鴉落在樹上，屁了一些糞。指點的

是，我的穩麥提幹一些爾麥裡不虔誠。第三④夢是

---

① 此處「手」表示「首」的音。
② 此處脫「個」字，未補。
③ 此處「手」表示「首」的音。
④ 此處脫「個」字，未補。

بر کعبة دى باب هتا تق جُ يق ضنز يرد دسر جىدىيا

دىتا وحدانتة جيديكييوي د بوى جُطمَ خفاياشا بر

کعبى دى باب هتا يق ضمَ كى سياتة بيىا لوحشوح

جيدى يَادىتا وحدانتة احتدجهتقا كناه حِكى بالجمتق

ضف اباشتا بر کعبى دى باب هتا يق سياه حمار جىدزُر

بردحيىا فغۇى جىدى يَادىتا وحدانتة جىرىرىا بغ ىت

شا نشفم ضف اباشتا بر جهـ يقـ بيىار کى سراۇ لحمد نيليكَى

جيدى يَاحىشى وحدانتة سايكل كى تقـ مييۇى بر کى شا

صدفت صنفۇ ضف اباشتا يك ىقـ تَا بكيى يقـ ودحيۇ

لغرددجيدى يَادىتا وحدانتة بيىا قرآن بغ ىن ۇق

دستاجهـ كافرخى مناقى دسى ۇتمـ جهـ قىىى عىـ ىدۇل

ىىا تقـ وتىۇ ىىلا ىوىن از جة صنفـ قى ضف اباشا بالا

在克爾白的門首①，擱著一個狠賊熱的頭。指點

的是，我的穩麥提吃酒賭博。第四②夢是在

克爾白的門首③，一個黑旗，鑲邊綠穗的。

指點的是，我的穩麥提，是一些幹古那海的人。第五個

夢是，在克爾白的門首④，一個黑驢吃草，

不下冀，指點的是，我的穩麥提吃利息，不舍

散。第六⑤夢是，在一些有病人，問一些好人。

指點的是，我的穩麥提，薩伊裡乞討，沒有一人散

索德蓋。第七⑥夢是，一群斑鳩有飛的，有

落的，指點的是，我的穩麥提念《古熱阿尼》，不遵

守⑦，一些卡非爾，一些穆內菲格得勝。」我們的貴聖人爾來伊黑賽倆目心

裡難過，我們為班代穆民從這七個夢上

---

① 此處「手」表示「首」的音。
② 此處筆誤，「四[چهار]」應為「第四[چهارم]」，已改。此處脫「個」字，未補。
③ 此處「手」表示「首」的音。
④ 此處「手」表示「首」的音。
⑤ 此處脫「個」字，未補。
⑥ 此處脫「個」字，未補。
⑦ 此處「手」表示「守」的音。

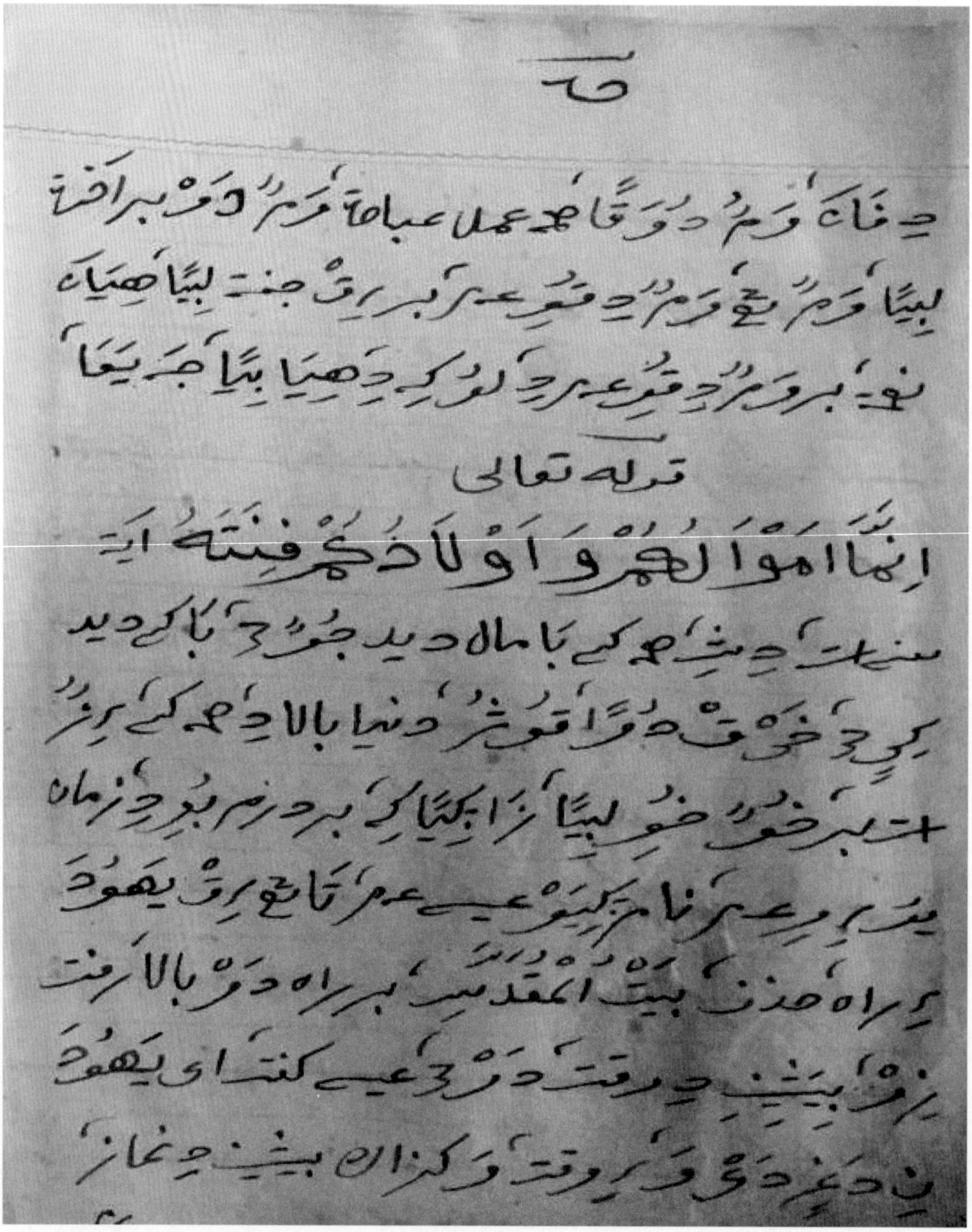

ده فاء ورم دو تا جه عمل عباده ورم دوه بر افته
لبيا ورم بج ورم ده فتو عمر بر رق جنت لبيا هيا ك
نو بر ورم ده فتو عمر بر ده لو كه ده هيا بيا جه يعا

قوله تعالى

انما اموالكم واولادكم فتنة آية

معنا ات ده بشه جمه كي با مال ديد جو ده باكر ديد
بكي ده خوق دو اقو شر دنيا بالا ده جمه كي برز
ات بر خو خو لبيا زا بكليا كه بر ده زم بو ده زمان
يو ده بر عمر نام بكيو عيسى عم تا نج رق يهود
بر راه حذف بيت المقدس بر راه دوه بالا رفت
رق بيشه ده وقت دوه ده عيسى كفت اي يهود
ن دعن دو و روقت و كزان بيشه ده نماز

第十個臥爾茲　爾薩聖人與耶胡迪的故事

提防，我們多幹一些爾麥裡爾巴代提，我們到在阿黑熱提

裡邊，我們同著我們的貴聖人爾來伊黑賽倆目，在一個天堂裡邊享

恩典，在我們的貴聖人爾來伊黑賽倆目的綠旗下邊遮影。

真主說：

[إِنَّمَا أَمْوَالُكُمْ وَأَوْلَادُكُمْ فِتْنَةٌ] （64:15）。阿耶提

麥爾尼是：的實，一些人把財帛看重了，把人看

輕了，還割斷骨肉，頓亞上的一些人，一總

是在昏晦裡邊。咋見起？在前①輩的光陰，

有一個聖人爾來伊黑賽倆目，名叫爾薩聖人爾來伊黑賽倆目，他同著一個耶胡迪

一路去遠寺。在路道上行

走，撇什尼的時候到了，爾薩說：「哎！耶胡迪！

你等待我一時，我交還撇什尼的乃麻子，

---

① 此處「錢」表示「前」的音。

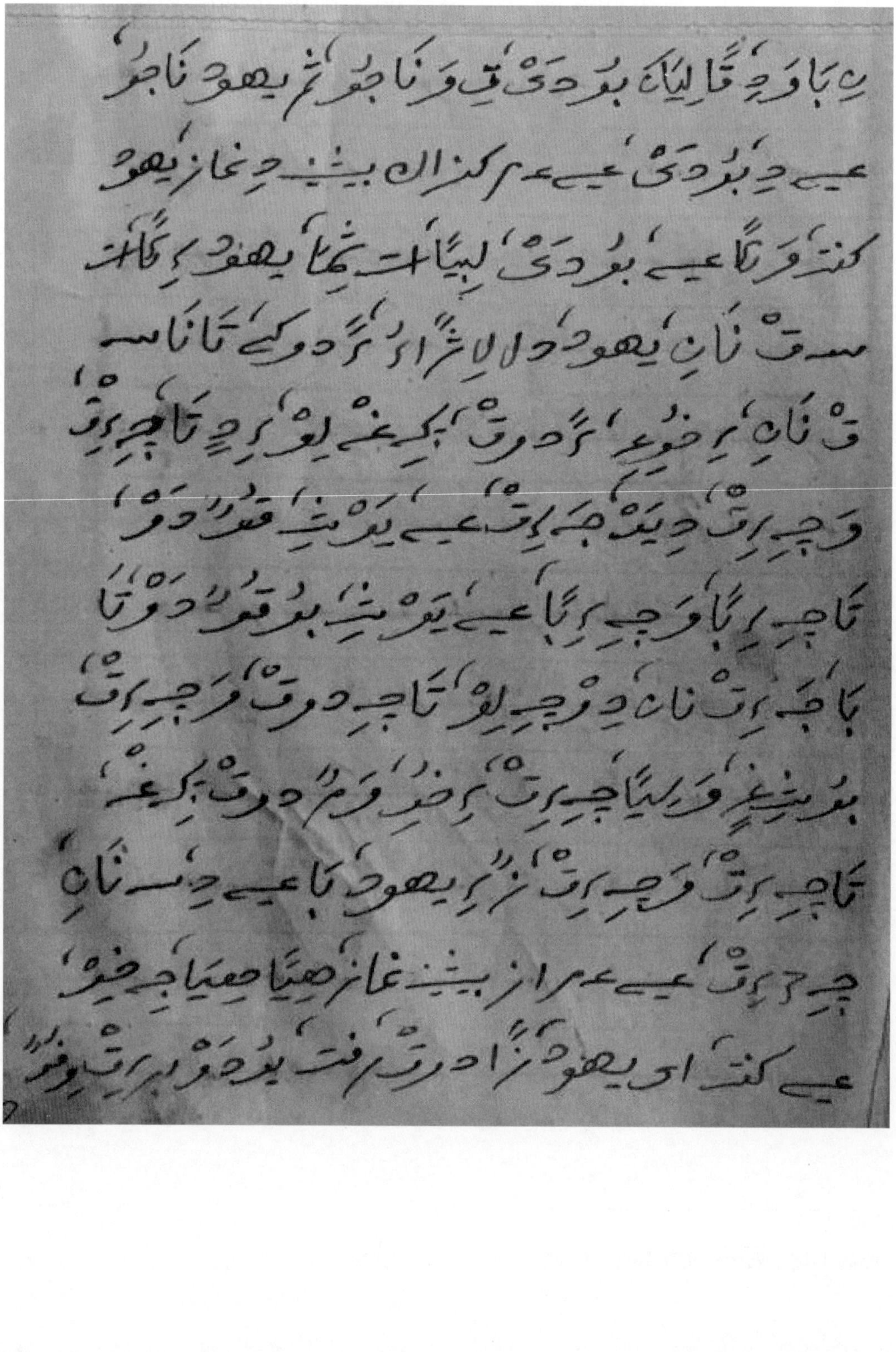

你把我的乾糧布袋，給我拿住。」然後耶胡迪拿住

爾薩的布袋，爾薩聖人爾來伊黑賽倆目交還撇什尼的乃麻子。耶胡迪

說：「我看爾薩布袋裡邊是什麼？」耶胡迪一看，是

三個饢。耶胡迪心裡參悟：俺兩人，他拿三

個饢，一會兒，俺兩個，饑餓嘍，一定他，吃一個，

我吃一個，掉①這一個。爾薩要是公道，

他吃一半我吃一半。爾薩要是不公道，他

把這一個饢，都吃嘍，他吃兩個，我吃一個。

不勝②，我先吃一個，一會我們兩個饑餓，

他吃一個，我吃一個。總義：耶胡迪把爾薩的三③饢，

吃了一個。爾薩聖人爾來伊黑賽倆目從撇什尼乃麻子，閒暇之後，

爾薩說：「哎！耶胡迪！咱兩個走。」又到在一個位份，

---

① 河南方言，意思是「剩下」。
② 河南方言，意思是「不如」。
③ 此處脫「個」字，未補。

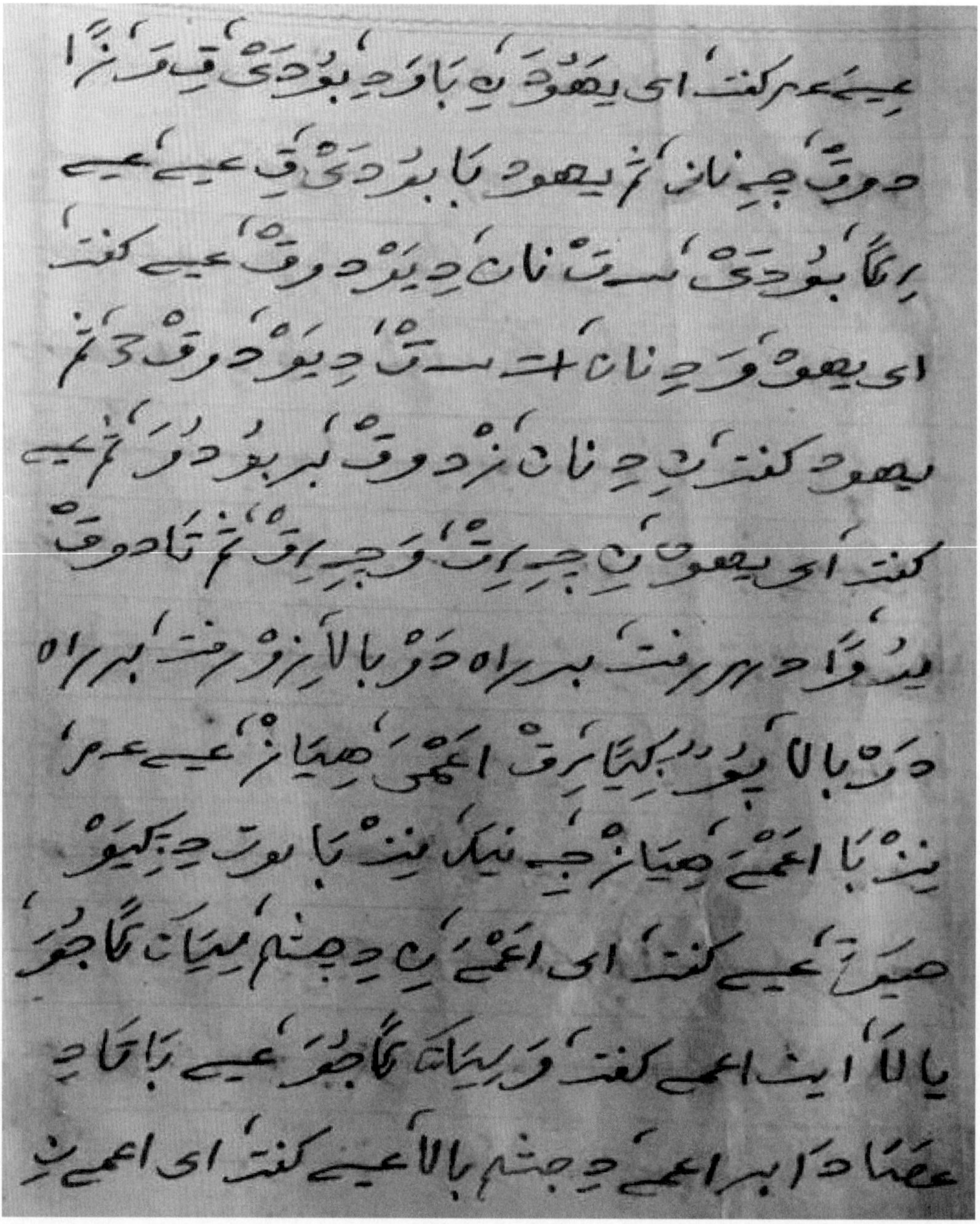

爾薩聖人爾來伊黑賽倆目說：「哎！耶胡迪！你把我的布袋給我，咱

兩個吃饢。」然後耶胡迪把布袋給爾薩，爾薩

一看布袋，三個饢掉①兩個。爾薩說：

「哎！耶胡迪！我的饢是三個，掉②兩個了。」然後

耶胡迪說：「你的饢只③兩個，再④不多。」然後爾薩

說：「哎！耶胡迪！你吃一個我吃一個。」然後他兩個

又往前⑤走，在路道上走行。在路

道上，碰見一個，艾爾瑪，瞎子。爾薩聖人爾來伊黑賽倆目，

能把艾爾瑪，瞎子治好，能把毛提叫

活。爾薩說：「哎！艾爾瑪！你的眼睛，想看著

或不想？」這個艾爾瑪說：「我想看著。」爾薩把他的

拐杖打在艾爾瑪的眼睛上。爾薩說：「哎！艾爾瑪！你

---

① 河南方言，意思「剩下」。
② 河南方言，意思「剩下」。
③ 河南方言，「只」讀「zhi」的音，表示「只是」「僅僅」。
④ 此處「在」表示「再」的音。
⑤ 此處「錢」表示「前」的音。

憑著真主的口喚，睜開眼睛著。」即時，

艾爾瑪的眼睛睜開了，看著了。爾薩說：「哎！耶胡迪！

你指那個真主發誓，我的饟是幾個？」

「我指那個真主發誓，他把艾爾瑪叫好的

那個真主發誓，你的饟只①兩個，再②不多。」

然後他兩個，又往前③行了。他兩個又遇著

一個崴子，有腿不會走。爾薩說：「哎！崴子！

你的腿想好不想？」崴子說：「我想好。」然後

爾薩聖人爾來伊黑賽倆目把他的拐杖打在崴子的腿上。「哎！崴子！

你憑著真主的口喚，站起來。」即時崴子

的腿好了。爾薩說：「哎！耶胡迪！你指那個真主

發誓，他把崴子叫好的那個真主發誓，我的饟

---

① 河南方言，「只」讀「zhi」的音，表示「只是」「僅僅」。
② 此處「在」表示「再」的音。
③ 此處「錢」表示「前」的音。

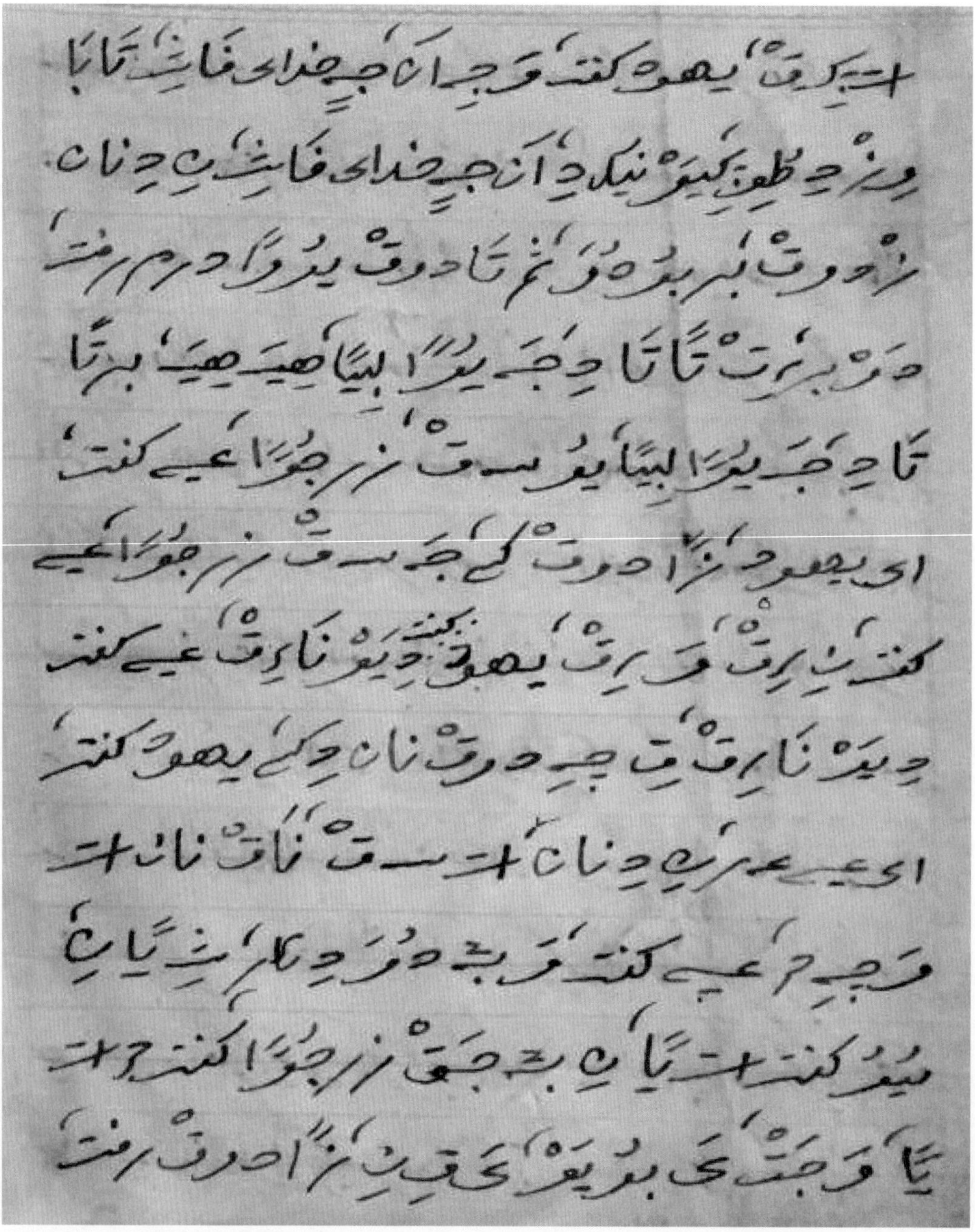

是幾個？」耶胡迪說：「我指那個真主發誓，他把

崴子的腿叫好的那個真主發誓，你的饢

只①兩個，再②不多。」然後他兩個又往前③行，

到在一個坍塌的宅院裡邊，歇歇。在坍

塌的宅院裡邊，有三個金磚。爾薩說：

「哎！耶胡迪！咱兩個人，這三個金磚。」爾薩

說：「你一個，我一個。」耶胡迪說：「掉④那一個。」爾薩說：

「掉⑤那一個，給吃兩個饢的人。」耶胡迪說：

「哎！爾薩聖人爾來伊黑賽倆目！你的饢是三個，那個饢是

我吃了。」爾薩說：「我憑著多的事情，實驗你，

沒有說實⑥言。你憑著這個金磚說了實⑦

言，我這個也不要，也給你，咱兩個走。」

---

① 河南方言，「只」讀「zhǐ」的音，表示「只是」「僅僅」。
② 此處「在」表示「再」的音。
③ 此處「前」表示「前」的音。
④ 河南方言，意思是「剩下」。
⑤ 河南方言，意思是「剩下」。
⑥ 此處「是」表示「實」的音。
⑦ 此處「是」表示「實」的音。

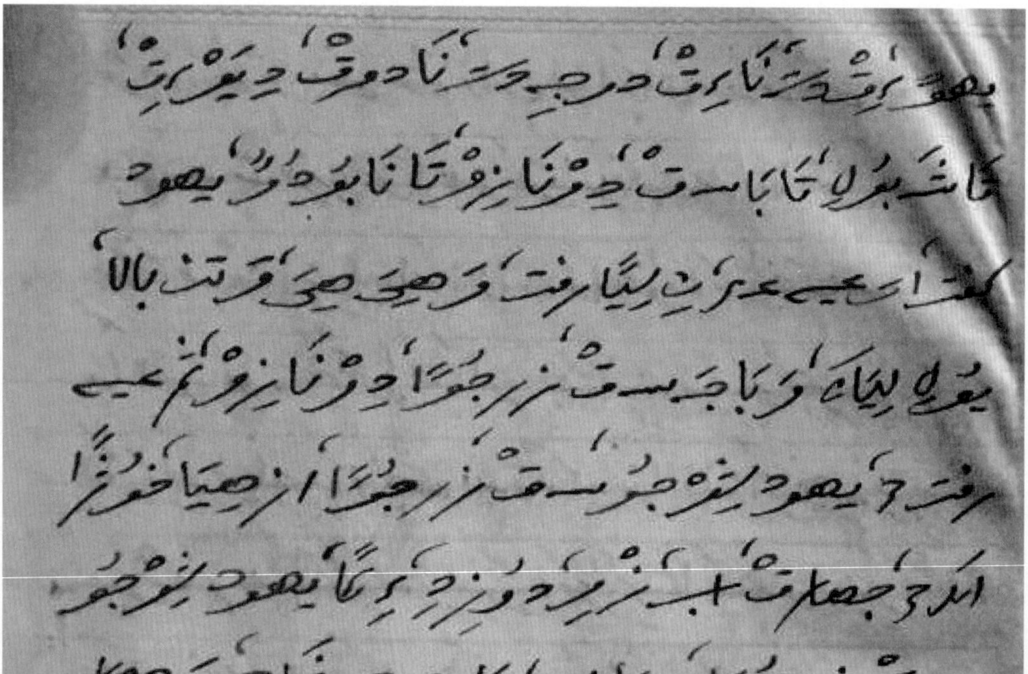

耶胡迪，一個手拿一個，兩隻手拿兩個，掉①一個，

他舍不②嘞。把三個都拿走，他拿不動。耶胡迪

說：「哎！爾薩聖人爾來伊黑賽倆目！你先走，我歇歇，我身上，

有力量，我把這三個金磚都拿走。」然後爾薩

走了，耶胡迪守住三個金磚，存下③，忽然

來了四個馬賊。賊一看耶胡迪守住

三個金磚，下馬把耶胡迪殺了。這四

個馬賊說：「你小，你去城堡裡邊，

買饢。」這個小賊，去城堡裡邊買饢。

這三個人商議，他把饢買來，把他也殺嘍。

這三個金磚，咱三個人，一個人一個。這個買

饢的人心裡參悟：這三個金磚俺四個人咋分？

---

① 河南方言，意思是「剩下」。
② 此處脫「得」字，未補。
③ 此處「從」表示「存」的音。

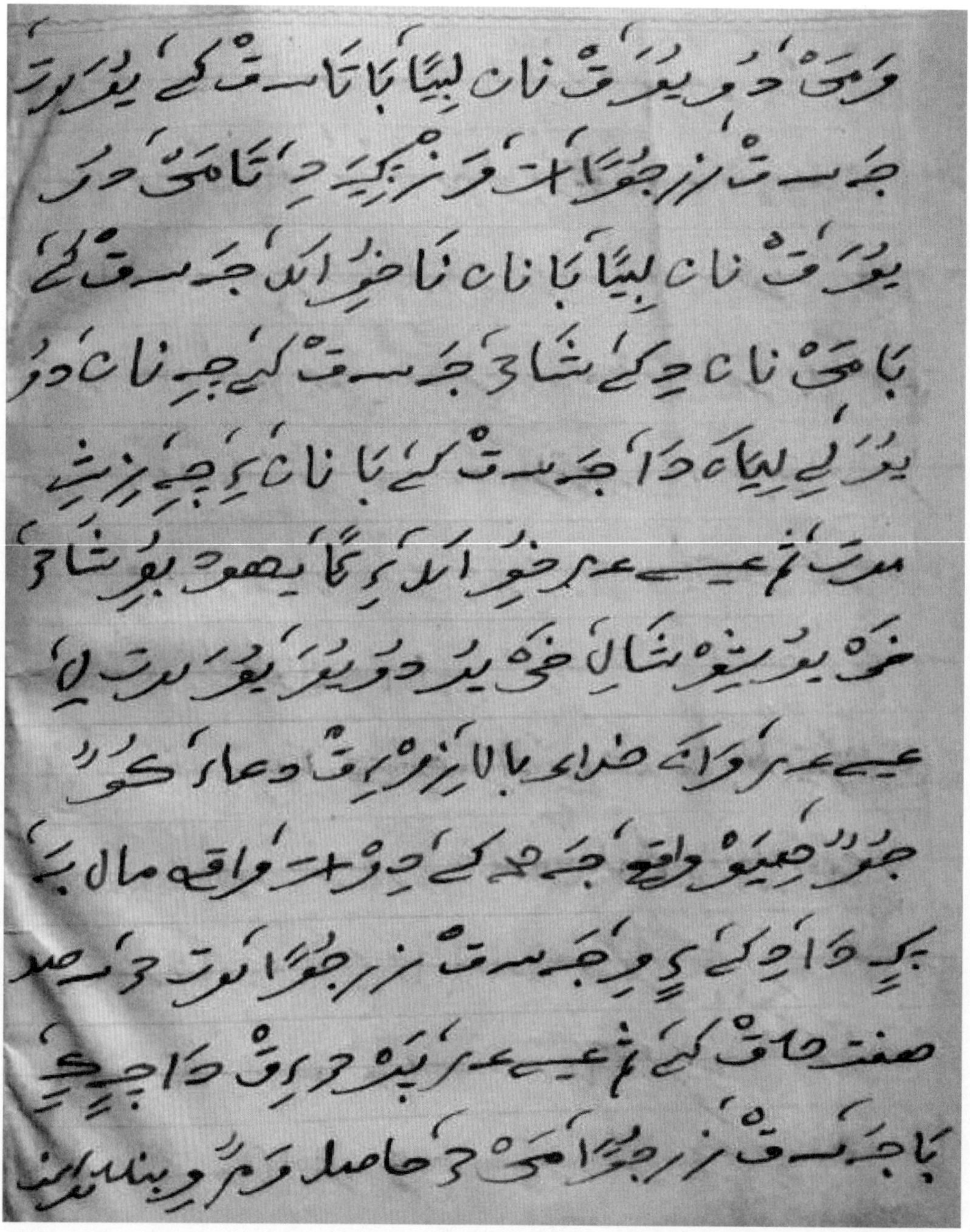

我買毒藥，擱饢裡邊，把他三個人藥死，

這三個金磚，是我自己的。他買毒

藥，擱饢裡邊，把饢拿回來。這三個人

把買饢的人，殺了。這三個人吃饢，毒

藥力量大，這三個人把饢一吃，即時

毛提。然後，爾薩聖人爾來伊黑賽倆目回來，一看耶胡迪被殺了，

還有受殺嘞，還有毒藥毒死嘞。

爾薩聖人爾來伊黑賽倆目，往胡大上，做一個杜阿，空

中曉諭①，這一些人，都是遇財帛

勁大的人。因為這三個金磚，毛提了三百

七十個人。然後爾薩聖人爾來伊黑賽倆目，刨了一個大深②坑，

把這三個金磚，埋了。總義：我們為班代穆民

---

① 此處「遇」表示「諭」的音。
② 深（chén）：「深」的方言發音。

يكا

متعه زياد فزايو دنيا بالا يے مال شروع بو ثا ضه
فهر كے بونس وراتما واتم انت ثرمنع لو
فو با ما خيلوه بجه مال سنته شاه فم يكردا
جيسم حركك كے بوز ما د دنيا ما ه ذ بث حصيا الله
مرسجد قا عمل كے بوز ما آخرة فهر ثا ديع
عمل ابوآخرة بيا ثم فهر بير كبيج جنت تمام

قوله تعالى

اِنَّ اللَّهَ وَمَلَائِكَتَهُ يُصَلُّونَ عَلَى النَّبِّى
يَا اَيُّهَا الَّذِينَ اٰمَنُوْ صَلُّوْا عَلَيْهِ وَ سَلِّمُوْ
تَسْلِيمًا ايدمزيد دست الله وثا حماكم
بيا زرانيا فهر قوحهر فضاى كنت اے ثار قوسس
نا هك بير انا ورثم ركوثا فضاى حما شاق

第十一個臥爾茲　聖人的靈魂的故事

要參悟參悟，頓亞上，離財帛寸步難行，

我們可不能妄貪，妄貪是個無份哩。

害怕貪圖狠嘍，憑著財帛受傷。我們有心

眼的人，也奔忙頓亞，忙裡偷閒來

在麥斯志德幹爾麥裡，也奔忙阿黑熱提，我們幹點兒

爾麥裡。到在阿黑熱提裡邊，我們進永久的天堂。全美了。

真主說：

[إِنَّ اللَّهَ وَمَلائِكَتَهُ يُصَلُّونَ عَلَى النَّبِيِّ

يَا أَيُّهَا الَّذِينَ آمَنُوا صَلُّوا عَلَيْهِ وَسَلِّمُوا

تَسْلِيمًا] （33:56）阿耶提的麥爾尼是：的實，安拉乎與他的一些天

仙，贊念我們的貴聖人爾來伊黑賽倆目。胡大說：「哎！他們歸信

那一些人！你們贊他，與你們慶賀他。」胡大與一些天仙還

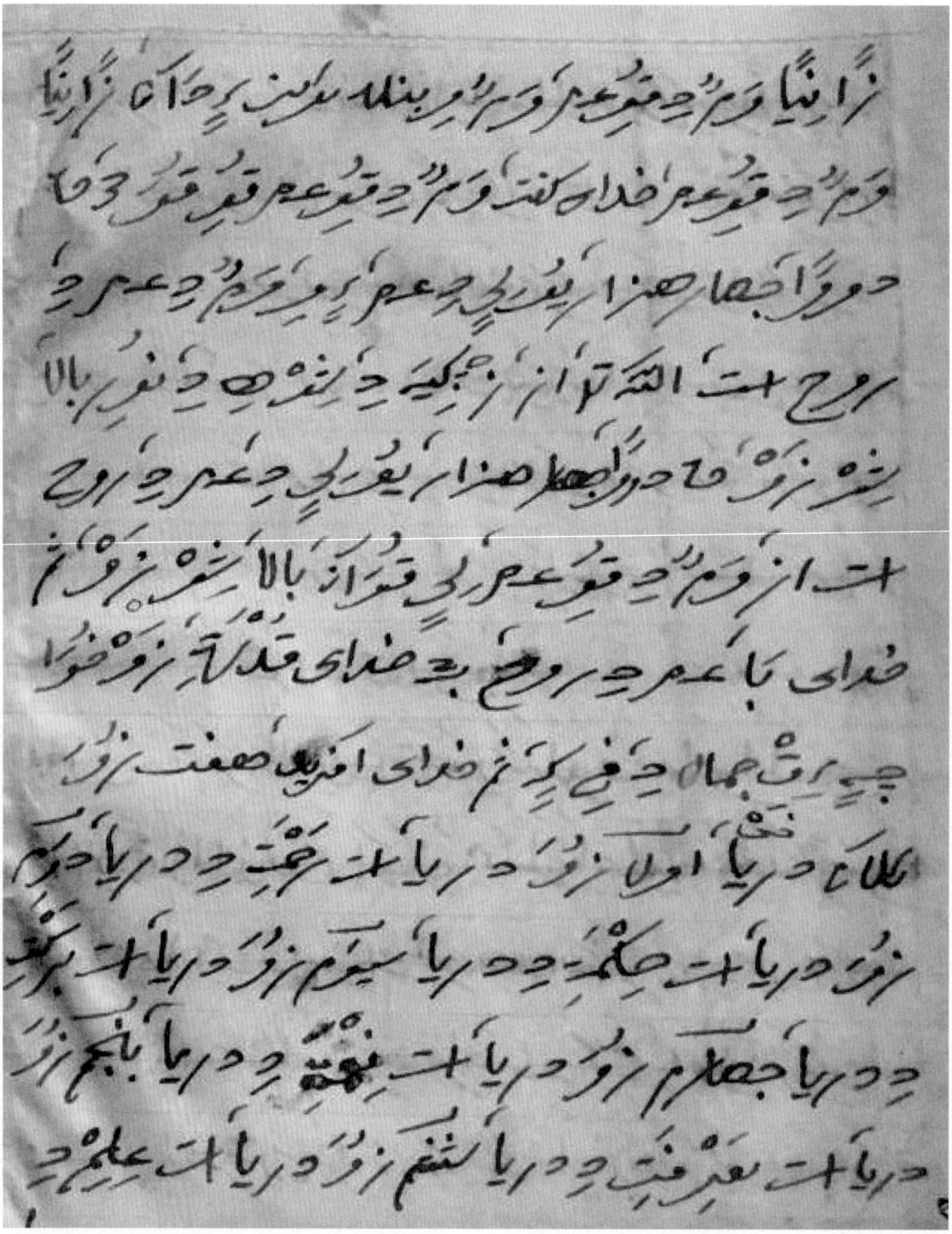

贊念我們的貴聖人爾來伊黑賽倆目。我們為班代穆民應當贊念

我們的貴聖人爾來伊黑賽倆目。胡大說：「我們的貴聖人爾來伊黑賽倆目貴過了十

二萬四千有零的聖人爾來伊黑賽倆目。」因為我們的聖人爾來伊黑賽倆目的

魯哈是，安拉乎泰爾倆從自己的，受喜的光亮上

受造。十二萬四千有零的聖人爾來伊黑賽倆目的魯哈

是從，我們的貴聖人爾來伊黑賽倆目，靈光上受造。然後，

胡大把，聖人爾來伊黑賽倆目的魯哈，憑著胡大大能，造化

成一個俊美的飛禽。然後，胡大造化七座

大海。頭一座海，是熱哈麥提的海。第二

座海，是黑克麥提的海，第三座海，是拜熱克提

的海。第四座海，是尼阿麥提的海。第五座

海，是麥阿熱凡提的海。第六座海，是爾林的

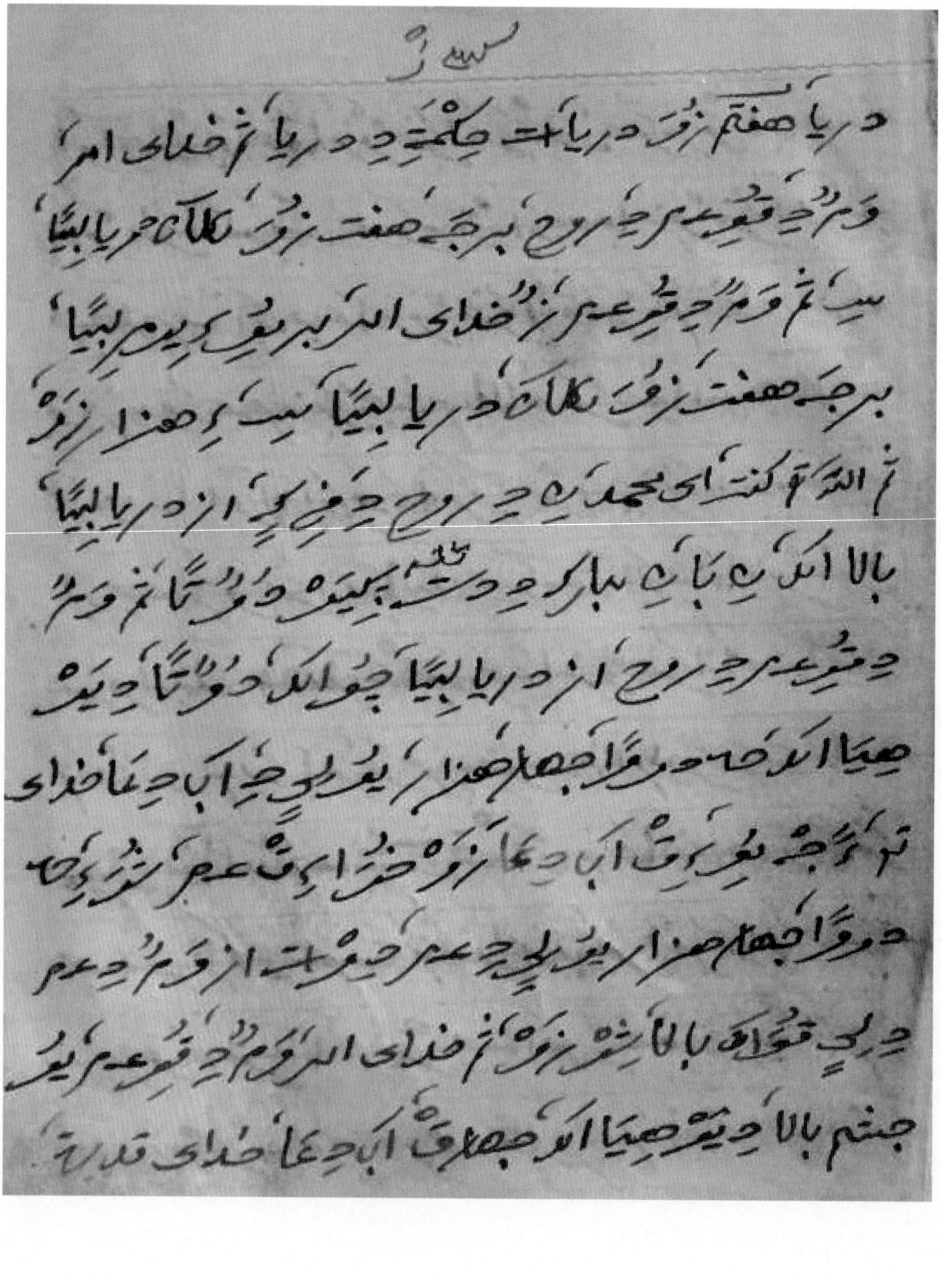

（人子）

海。第七座海，是黑克麥提的海。然後，胡大命令，

我們的貴聖人爾來伊黑賽倆目的魯哈，在這七座大海裡邊

洗。然後我們的貴聖人爾來伊黑賽倆目，遵胡大命令，在每一日裡邊，

在這七座大海裡邊，洗一千遭。

然後安拉乎泰爾倆說：「哎！穆罕默德！你的魯哈的飛禽，從海裡邊

上來，你把，你尊貴的手、身體叫嘽動。」然後我們

的貴聖人爾來伊黑賽倆目的魯哈，從海裡邊出來動嘽，掉

下來十二萬四千有零的水滴兒。胡大

泰爾倆，按著每一個水滴兒造化一位聖人爾來伊黑賽倆目。所以，十

二萬四千有零的聖人爾來伊黑賽倆目都是從我們的聖人爾來伊黑賽倆目

的靈光上，受造。然後胡大命令，我們的貴聖人爾來伊黑賽倆目，右

眼睛上，掉下來四個水滴兒。胡大大能，

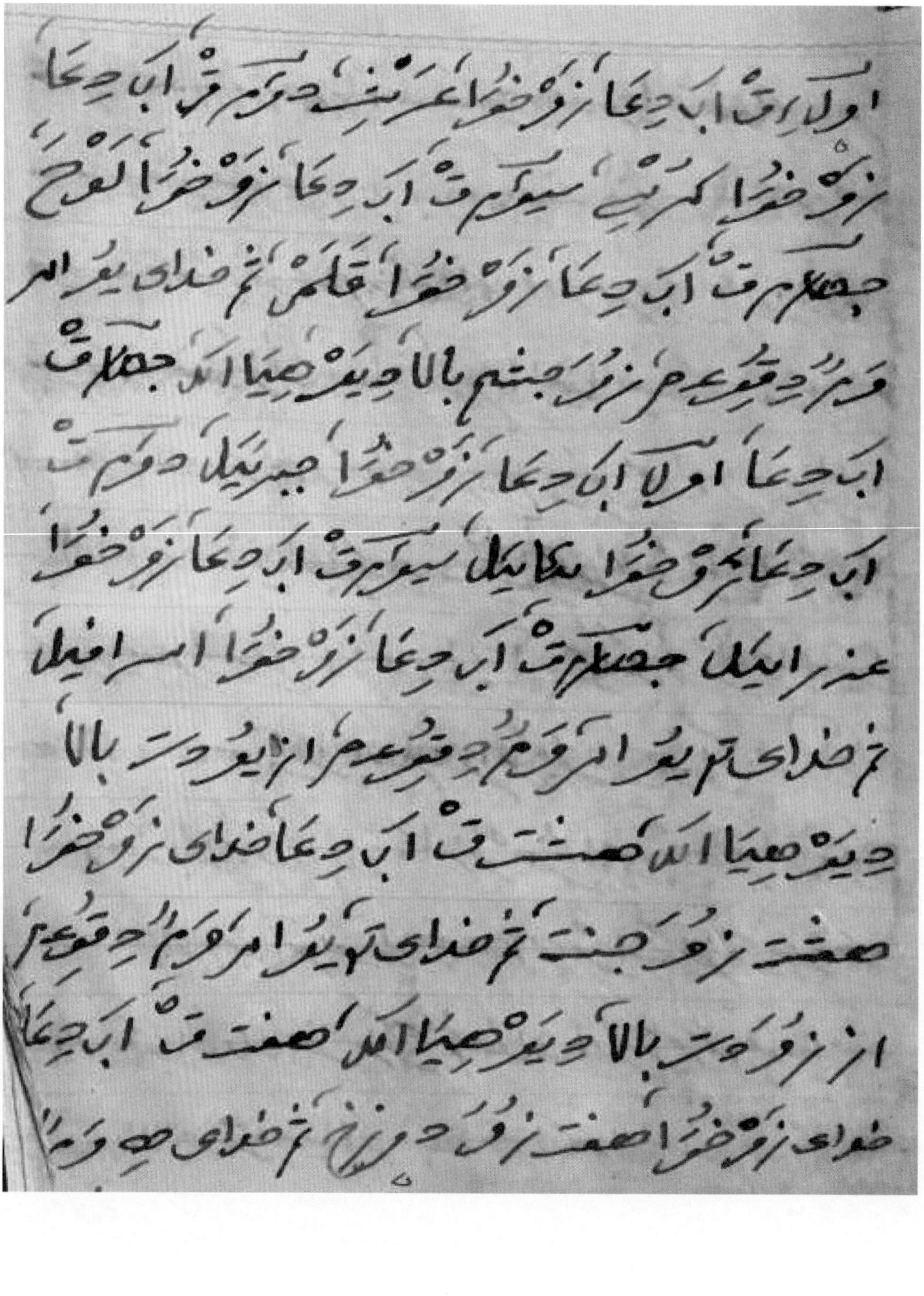
اولارق اب دِ عَا زُوْ خُدَا اعرش دِ تِمر قْ اب دِ عَا
زُوْ خُدَا كُرسِي سِيعُرق اب دِ عَا زُوْ خُدَا اللوح
جكلرق اب دِ عَا زُوْ خُدَا قلم تم خداي يعر الله
قمر دِ قُو عر زُر جشم بالا دِ يِرْ صِيا الله جكلرق
اب دِ عَا اولا اب دِ عَا زُوْ خُدَا جبرئيل دِ ومرق
اب دِ عَا زُوْ خُدَا ميكائيل سيعرق اب دِ عَا زُوْ خُدَا
عزرائيل جكلرق اب دِ عَا زُوْ خُدَا اسرافيل
تم خداي تم يعر ادم دِ قُوعر ازايعر دِ ت بالا
دِ يِرْ صِيا الله صفت ق اب دِ عَا خداي زُوْ خُدَا
صفت زُو جنت تم خداي يعر ادم دِ قُوعر
از زُو دِ ت بالا دِ يِرْ صِيا الله صفت ق اب دِ عَا
خداي زُوْ خُدَا صفت زُو دِ زخ تم خداي دِ وم

頭一個水滴兒，造化阿熱世。第二個水滴兒，

造化庫熱西。第三個水滴兒，造化勞號。

第四個水滴兒，造化幹蘭。然後胡大又命令

我們的貴聖人爾來伊黑賽倆目，左眼睛上，掉下來四個

水滴兒。頭一個水滴兒，造化哲布熱依裡。第二個

水滴兒，造化米卡依裡。第三個水滴兒，造化

阿茲拉依裡。第四個水滴兒，造化伊斯拉菲裡。

然後胡大泰爾倆又命令，我們的貴聖人爾來伊黑賽倆目，從右手上，

掉下來八個水滴兒，胡大造化

八座天堂。然後胡大泰爾倆，又命令我們的貴聖人爾來伊黑賽倆目，

從左手上，掉下來七個水滴兒，

胡大造化，七座多災海。然後，胡大喜我們

٤٢

貴聖人爾來伊黑賽倆目的魯哈，又造一個耶給尼的樹。因為我們的

貴聖人爾來伊黑賽倆目的魯哈的飛禽，又造化一個紅牙

鶻石的籠子，把我們的貴聖人的魯哈的飛禽（裝在籠子裡邊），

掛在耶給尼的樹枝上。胡大命令萬聖萬

賢的魯哈，慶賀我們的貴聖人爾來伊黑賽倆目的魯哈，一些天

仙，慶賀我們的貴聖人爾來伊黑賽倆目的魯哈，說我們的貴

聖人爾來伊黑賽倆目的貴，說不完，表不盡。總義：我們為班代

穆民，應當贊念我們的貴聖人爾來伊黑賽倆目，我們到在給亞麥提

的日子，好指望聖人爾來伊黑賽倆目的舍法阿提。要是我們在頓亞上，

沒有贊念聖人爾來伊黑賽倆目，在給亞麥提的日子，從聖人爾來伊黑
賽倆目舍法阿提

上無份。胡大說：「要不是，穆罕默德聖人爾來伊黑賽倆目，我一定不

造化天地昆侖，日月星辰，

قوله تعالى إِنَّ الصَّلَاةَ

كَانَتْ عَلَى الْمُؤْمِنِينَ كِتَابًا مَوْقُوتًا

第十二個臥爾茲　交還乃麻子的故事

晚夕白晝。」穆格熱布天仙，欽差的聖人爾來伊黑賽倆目，萬物

的一總，都是因為我們的貴聖人爾來伊黑賽倆目造化的。臥爾茲的

總義，（是叫我們）贊念我們的貴聖人爾來伊黑賽倆目，到阿黑熱提裡邊，同著我們

的貴聖人爾來伊黑賽倆目進永久的天堂。全美了。寫成了。

真主說：[إِنَّ ٱلصَّلَوٰةَ]

[كَانَتْ عَلَى ٱلْمُؤْمِنِينَ كِتَابًا مَوْقُوتًا]（4:103）。阿耶

提的麥爾尼是：胡大說：「的實，乃麻子在一些穆民上，

是守了時候的凡熱則。」因為乃麻子，胡大在先

天裡邊，給一些穆民拿過約會，叫我們

在頓亞上，交還乃麻子，拜胡大，我們說過

在頓亞上認主、拜主。我們要是不認

主、不拜主，到在阿黑熱提裡邊要受拿問。

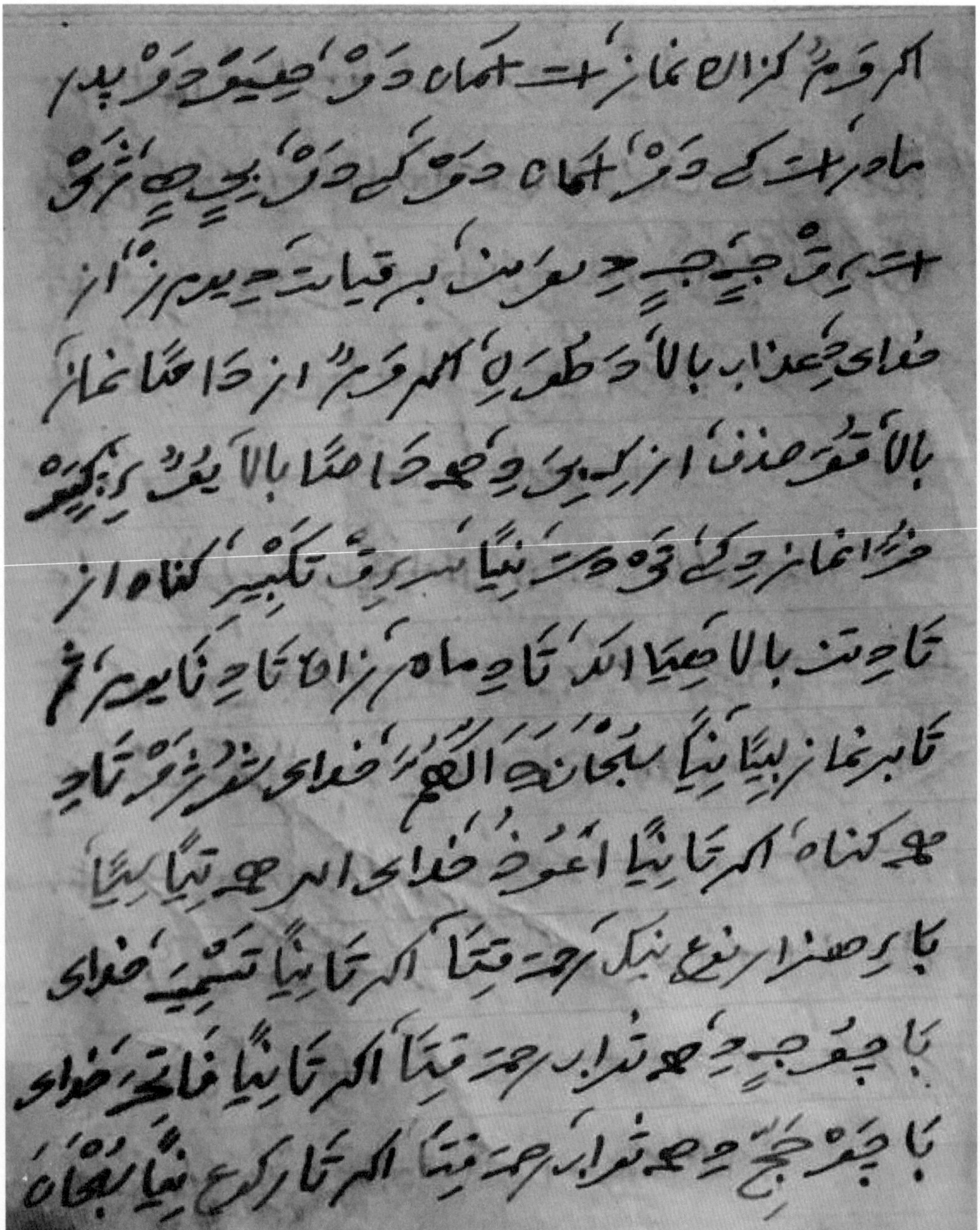

要是我們交還乃麻子，是天道，孝道父

母，是人道。天道人道並行，才

是一個真正的穆民。在給亞麥提的日子，從

胡大的爾雜布上得脫離。要是我們從打算乃麻子

上過去，從其別的一些打算上，容易交

還乃麻子的人，抬手，念頭一個泰克比熱，古那海從

他的身上下來，[①]他的母親生他的那樣。然後

他在乃麻子裡邊念：蘇布哈乃坎拉混麥。胡大恕饒他的

一些古那海。要是他念艾歐祖。胡大命令一些天仙

把一千樣好，慈憫給他。要是他念泰斯米。胡大

把出征的一些賽瓦布慈憫給他。要是他念法提哈。胡大

把朝哈志的一些賽瓦布慈憫給他。要是他鞠躬念：蘇布哈乃

————————————————

① 此處脫「像」字，未補。

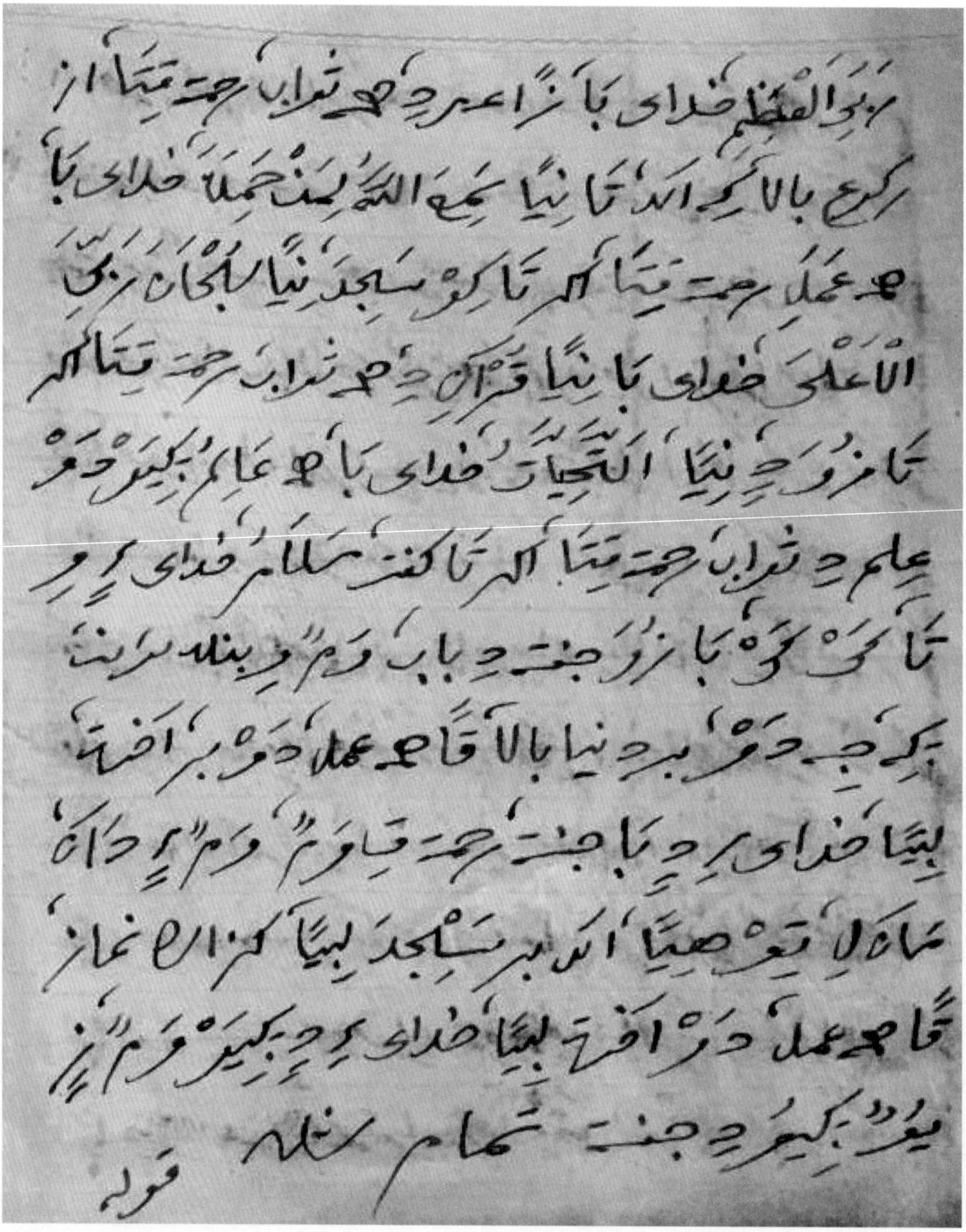

然比葉裡爾最米。胡大把贊聖的一些賽瓦布慈憫給他。從

鞠躬上起來，他念：賽米安拉乎裡麥納哈米代海。胡大把

一些爾麥裡慈憫給他。要是他叩頭念：蘇布哈乃然比葉

裡艾爾倆，胡大把念《古熱阿尼》的一些賽瓦布慈憫給他。要是

他坐定念：安台黑亞圖，胡大把一些爾林教導

爾林的賽瓦布慈憫給他。要是他說賽倆目，胡大因為

他，開開八座天堂的門。我們為班代穆民，

既知道，在頓亞上，幹一些爾麥裡，到在阿黑熱提

裡邊，胡大一定把天堂慈憫給我們。我們應當

忙裡偷閒，來在麥斯志德裡邊，交還乃麻子，

幹一些爾麥裡。到阿黑熱提裡邊，胡大一定叫我們進

永久的天堂。全美了。寫成了。

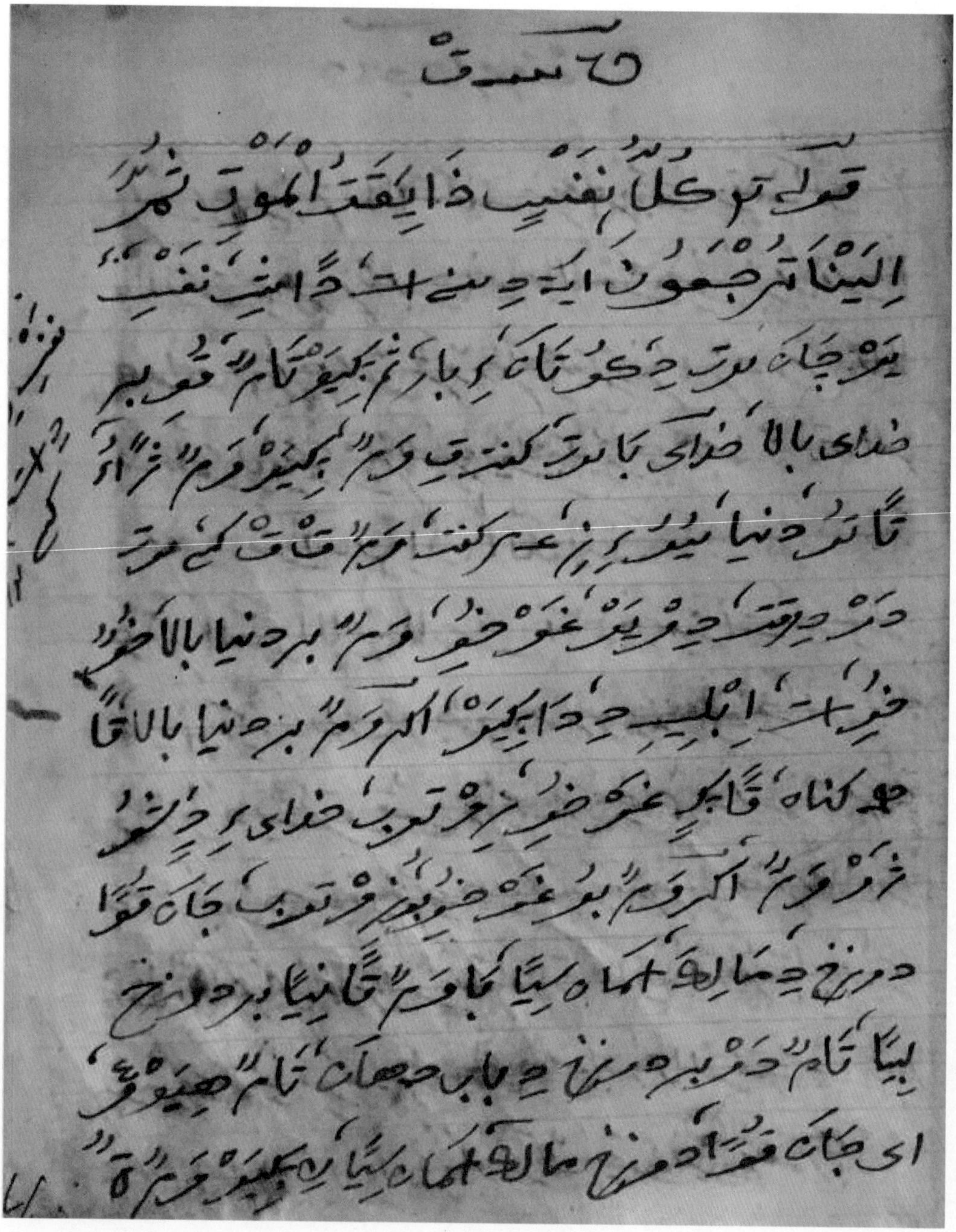
قوله تو كل نفس ذائقة الموت ثم
الينا ترجعون

第十三個臥爾茲　做討白的益處

真主說：كُلُّ نَفْسٍ ذَائِقَةُ الْمَوْتِ ثُمَّ

[إِلَيْنَا تُرْجَعُونَ]（29:57）。阿耶提的麥爾尼是：但是，人（奈福斯的是人），

要嘗毛提的苦湯一遭，然後叫他們歸在

胡大上。胡大把毛提說給我們，叫我們參悟。

貪圖頓亞，沒有益濟。聖人爾來伊黑賽倆目說：「我們個個人，毛提

到的時候，都要懊悔。」我們在頓亞上，昏

晦，是伊布裡斯的打攪。要是我們在頓亞上幹

一些古那海，趕緊懊悔做討白，胡大一定恕

饒我們。要是我們不懊悔，不做討白，掌管

多災海的馬立克天仙，把我們趕撞在多災海

裡邊，他們到在多災海的門口，他們曉諭：

「哎！掌管多災海馬立克天仙！你叫我們痛

اِنَّ الدِّينَ

عِنْدَ اللهِ الْإِسْلَامَ

第十四①個臥爾茲　贊布熱國土歸信教門的故事

哭一場②。」然後馬立克說：「你們在這個時候哭，在你們

上沒有益濟。你們在頓亞上，懺悔做討白，

胡大泰爾倆，一定恕饒你們，叫你們從多災海上，

得脫離，叫你們進永久的天堂。」全美了。

真主說：[إِنَّ الدِّينَ

عِنْدَ اللَّهِ الْإِسْلَامُ] （3:19）。阿耶提的麥爾尼是：的實，

教門，近胡大泰爾倆的跟前③，受喜的，是伊斯倆目。

我們的教門，貴過了，其別的一些教門，我們應

當保守④我們的教門。在前⑤輩的光陰，有

一個大人，名叫，蘇萊瑪乃。他給聖人爾來伊黑賽倆目，把門。一

日我們的貴聖人爾來伊黑賽倆目同著一些索哈伯談論教門，聖人爾來伊黑賽倆目

跟一些索哈伯，聽見門外，吵鬧。然後聖人爾來伊黑賽倆目叫

---

① 此處筆誤，「第四[چهارم]」應為「四[چهار]」，已改。
② 此處「長」表示「場」的音。
③ 此處「錢」表示「前」的音。
④ 此處「手」表示「守」的音。
⑤ 此處「錢」表示「前」的音。

صحابه لر سلماك اى سلطان نا يرت كه بر ياب تقى
چون نوغ خم سلطان در ياب وقت كو ديدي كشت درت
صحبات صنياد كى بر صحبات صنياد كى دست بينا نا
يوق تش سر نغ سلطان دو بر عمر دتى در هر
كفت اى قوم عمر بر ياب وقت يغ وقت صحبات صنيا
در تاوت بينا نا جه وق تش سر جه كى قبرا قاتا
خم نر زه قوم عمر كنت اى سلطان نبا جغ صحبات صنيا
در بكبير الله خم سلطان با جغ صحبان صنيا بكبير الله
قم جه قوم عمر نه تا اى صحبات صنيا كى وه خم
جين نه يبغ زمان جغ صحبات صنيا كى بى يغ
دت بر خو كفت خن نه عم كنت وقت خداى بالا نبغ
وقت دعا زيشت خداى اند جبر يلا الله د تا كفت اى

索哈伯問蘇萊瑪乃：「哎！蘇萊瑪乃！哪一個人，在門外，

吵鬧？」然後，蘇萊瑪乃到門外一看，是一個

鄉下的人。在鄉下的人，手裡邊拿

一個舌頭。然後蘇萊瑪乃到在聖人爾來伊黑賽倆目的跟前①，

說：「哎！貴聖人爾來伊黑賽倆目！在門外有一個鄉下

的人，他手裡邊，拿著一個舌頭，一些人，觀看他。」

然後我們的貴聖人爾來伊黑賽倆目說：「哎！蘇萊瑪乃！你把這個鄉下

的人叫來。」然後蘇萊瑪乃把這個鄉下的人叫來。

我們的貴聖人爾來伊黑賽倆目問他：「哎！鄉下的人！你是何人

之子？你叫什麼？」然後這個鄉下的人，擺擺

手，不會說話。然後聖人爾來伊黑賽倆目說：「往胡大上，做

一個杜阿。」即時，胡大命令哲布熱依裡來了。他說：「哎！

―――――――――――――――

① 此處「錢」表示「前」的音。

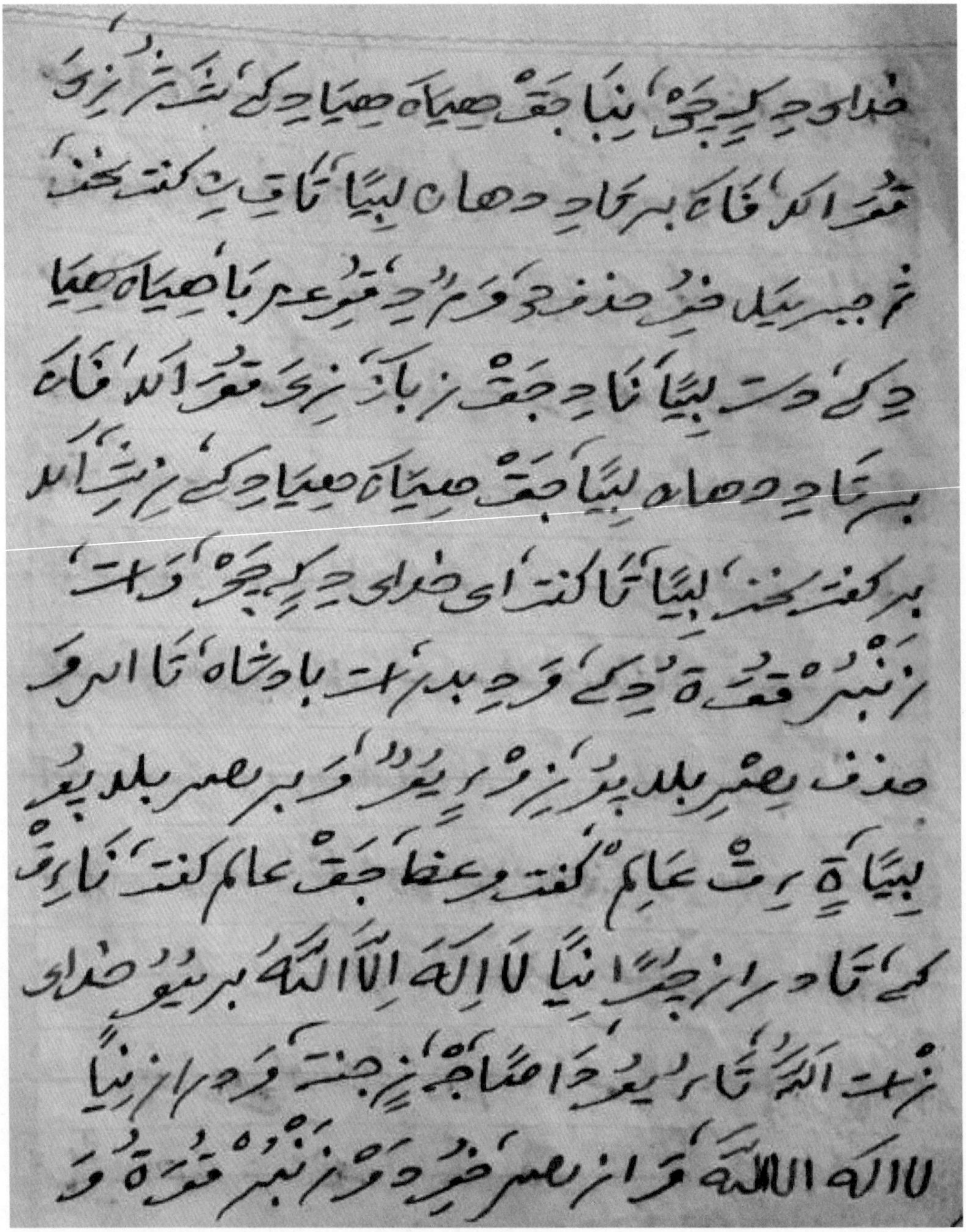

胡大的欽差！你把這個鄉下的人，舌肉接

過來，放在他的嘴裡邊，他給你說話。」

然後哲布熱依裡回去了。我們的貴聖人爾來伊黑賽倆目把鄉下

的人，手裡邊拿的這個舌頭，接過來，放

在他的嘴裡邊。這個鄉下的人即時來

在說話裡邊。他說：「哎！胡大的欽差！我是，

贊布熱國土的人，我的父親是皇王，他命令我

去密蘇爾城堡，做營運。我在密蘇爾城堡

裡邊，聽一個爾林說臥爾茲。這個爾林說：哪一個

人，常①傳念倆伊倆海印蘭拉乎，再②沒有胡大，

只是安拉乎，他無有打算著進天堂。我常③念

倆伊倆海印蘭拉乎，我從密蘇爾，回到贊布熱國土，我

---

① 此處「長」表示「常」的音。
② 此處「在」表示「再」的音。
③ 此處「長」表示「常」的音。

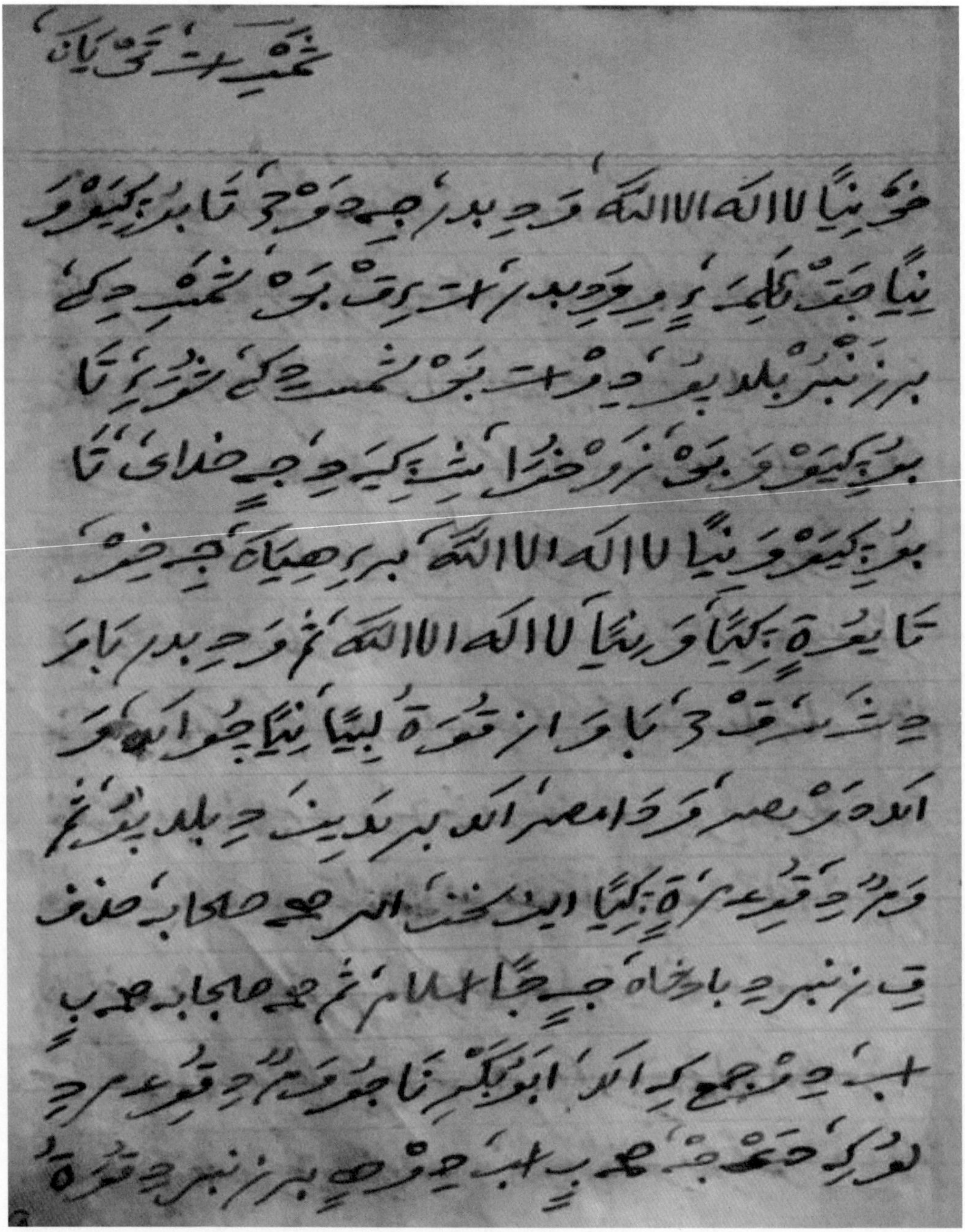

（舍目思是太陽）

還念倆伊倆海印蘭拉乎。我的父親，知道了，他不叫我

念這個言語，因為我父親是一個拜舍目思①的人。

在贊布熱城堡，都是拜舍目思的人，所以他

不叫我拜造化世界的真主。他

不叫我念倆伊倆海印蘭拉乎，在一晌之後，

他又聽見，我念倆伊倆海印蘭拉乎，然後我的父親把我

的舌頭割了，把我從國土裡邊，攆出來。我

來到密蘇爾，我打密蘇爾來在麥迪那的城堡。」然後

我們的貴聖人爾來伊黑賽倆目，聽見這個話，命令一些索哈伯去

給贊布熱的皇王，征戰伊斯倆目。然後一些索哈伯、一些兵

馬，都聚起來。艾布拜克爾拿住我們的貴聖人爾來伊黑賽倆目的

綠旗，帶著一些兵馬，都行在贊布熱的國土。

---

① 這一頁頂端的文字是對此處[شمس]一詞的注解。

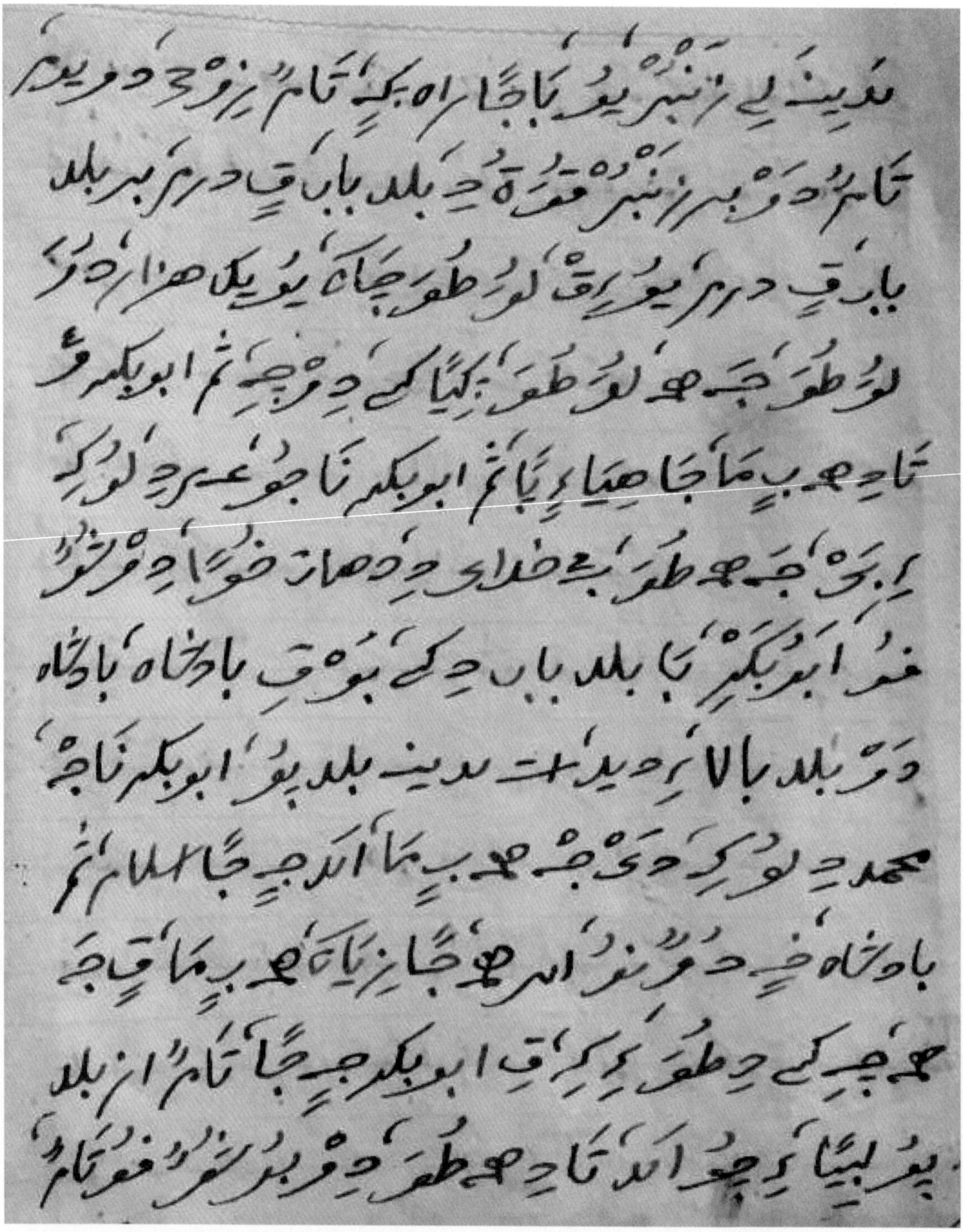

麥迪那離贊布熱，有八站路徑。他們走了兩日，

他們到在贊布熱國土的城門跟前①，在城

門跟前②，有一個駱駝場，有一千多

駱駝。這一些駱駝，見人都吃。然後艾布拜克爾與

他的一些兵馬紮下營盤。然後艾布拜克爾拿出聖人爾來伊黑賽倆目的綠旗

一擺，這一些駝憑著胡大的口喚，都順

服艾布拜克爾。把城門的人，報給皇王。皇王

到城上，一看，是麥迪那城堡，艾布拜克爾拿著

穆罕默德的綠旗，帶著一些兵馬來征戰伊斯倆目。然後

皇王很動怒，命令一些戰將、一些兵馬，跟這

一些吃人的駝，一起給艾布拜克爾征戰。他們從城

堡裡邊一出來，他的一些駝都不順服他們，

---

① 此處「錢」表示「前」的音。
② 此處「錢」表示「前」的音。

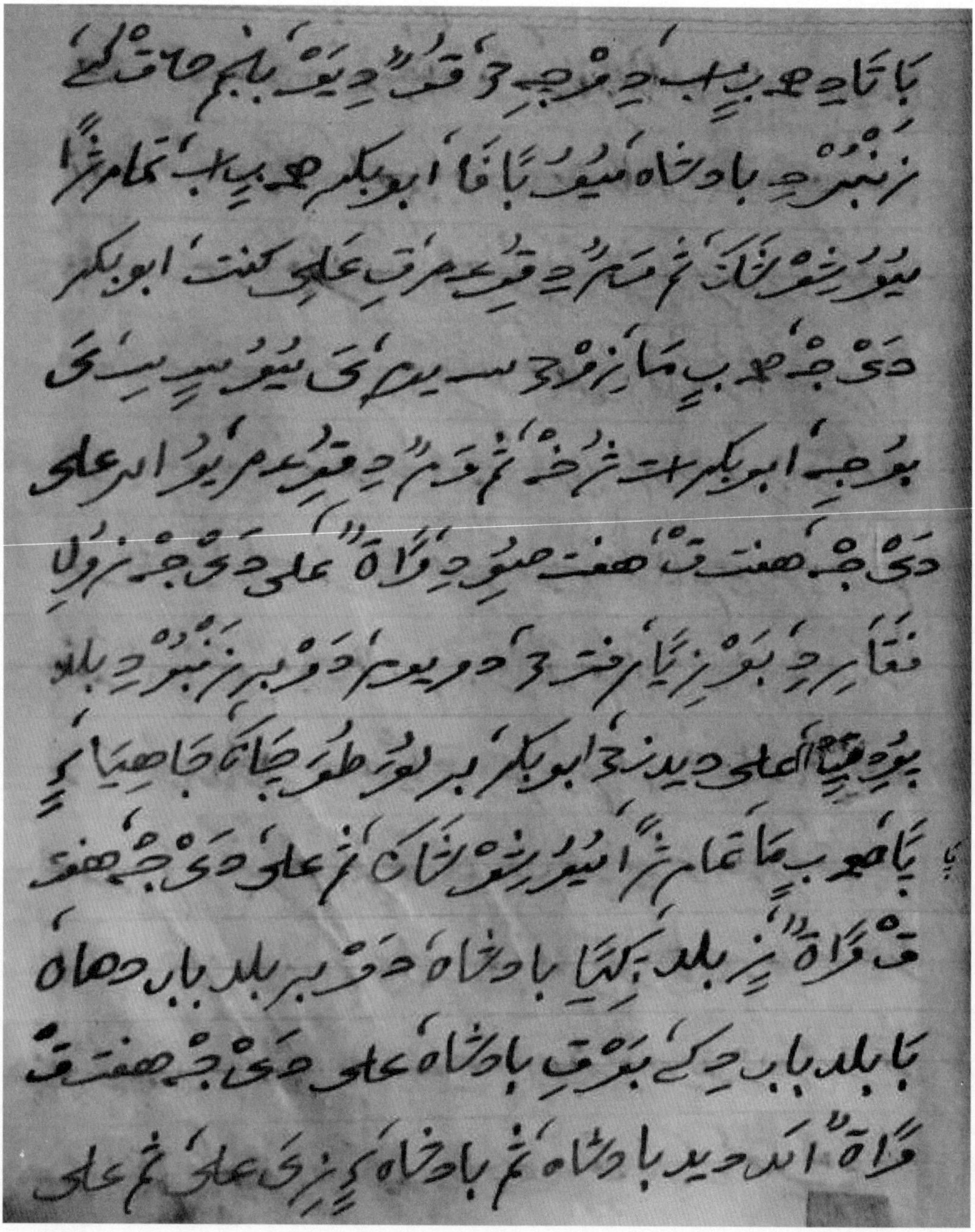

把他的一些兵馬，都吃了，共掉①五②十個人。

贊布熱的皇王，沒有辦法，艾布拜克爾一些兵馬全然

沒有受傷。然後我們的貴聖人爾來伊黑賽倆目給阿里說：「艾布拜克爾

帶著，一些兵馬，走了三天，也沒有信息，也

不知，艾布拜克爾是如何？」然後我們的貴聖人爾來伊黑賽倆目，又命令阿里

帶著七個七歲的玩童，阿里帶著祖裡

飛尕熱的寶劍去了。兩日到在贊布熱的城

堡的跟前③，阿里看見了艾布拜克爾在駱駝場紮下營

盤。一些兵馬全然沒有受傷。然後阿里帶著七

個玩童，進城見皇王。到在城門口，

把城門的人報給皇王，阿里帶著七個

玩童來見皇王。然後皇王迎接阿里。然後阿里

---

① 河南方言，意思是「剩下」。
② 此處筆誤，「第五[ﺧﻤﺲ]」應為「五[ﭘﻨﺞ]」，已改。
③ 此處「錢」表示「前」的音。

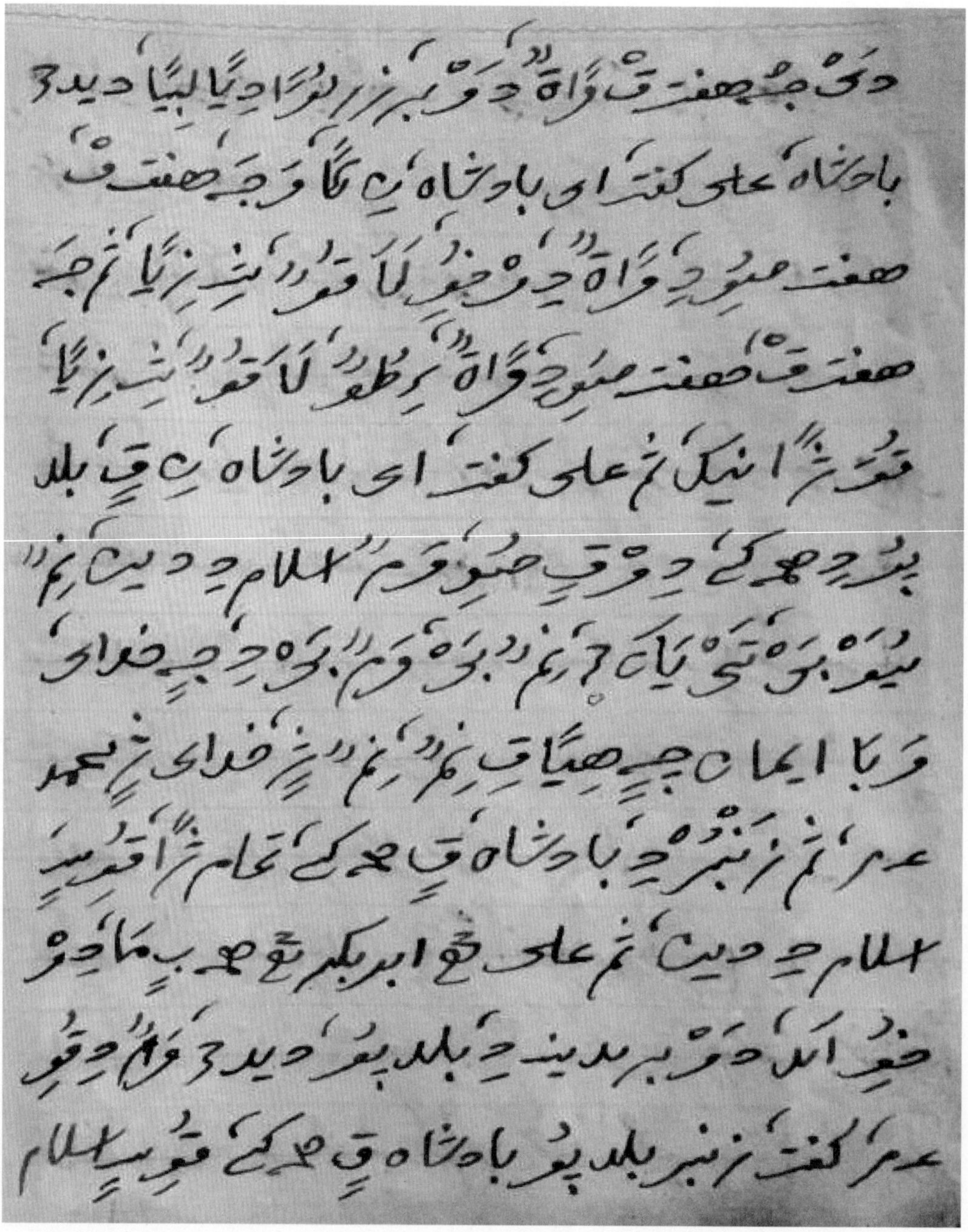

帶著七個玩童，到在金鑾殿裡邊，見了

皇王。阿里說：「哎！皇王！你看，我這七個，

七歲的玩童都會拉弓射箭。」然後這

七個，七歲的玩童一同拉弓射箭，

果然好。然後阿里說：「哎！皇王！你跟城

堡的一總人，都跟隨我們伊斯倆目的教門，你們

莫要拜太陽了，你們拜我們拜的真主，

我把伊瑪尼呈現給你們，你們認胡大、認穆罕默德

聖人爾來伊黑賽倆目。」然後贊布熱的皇王跟一總人，全然歸信

伊斯倆目的教門。阿里同著艾布白克爾同著一些兵馬都

回來，到在麥迪那的城堡，見了我們的貴

聖人爾來伊黑賽倆目說：「贊布熱城堡皇王跟一總人，歸信伊斯倆目

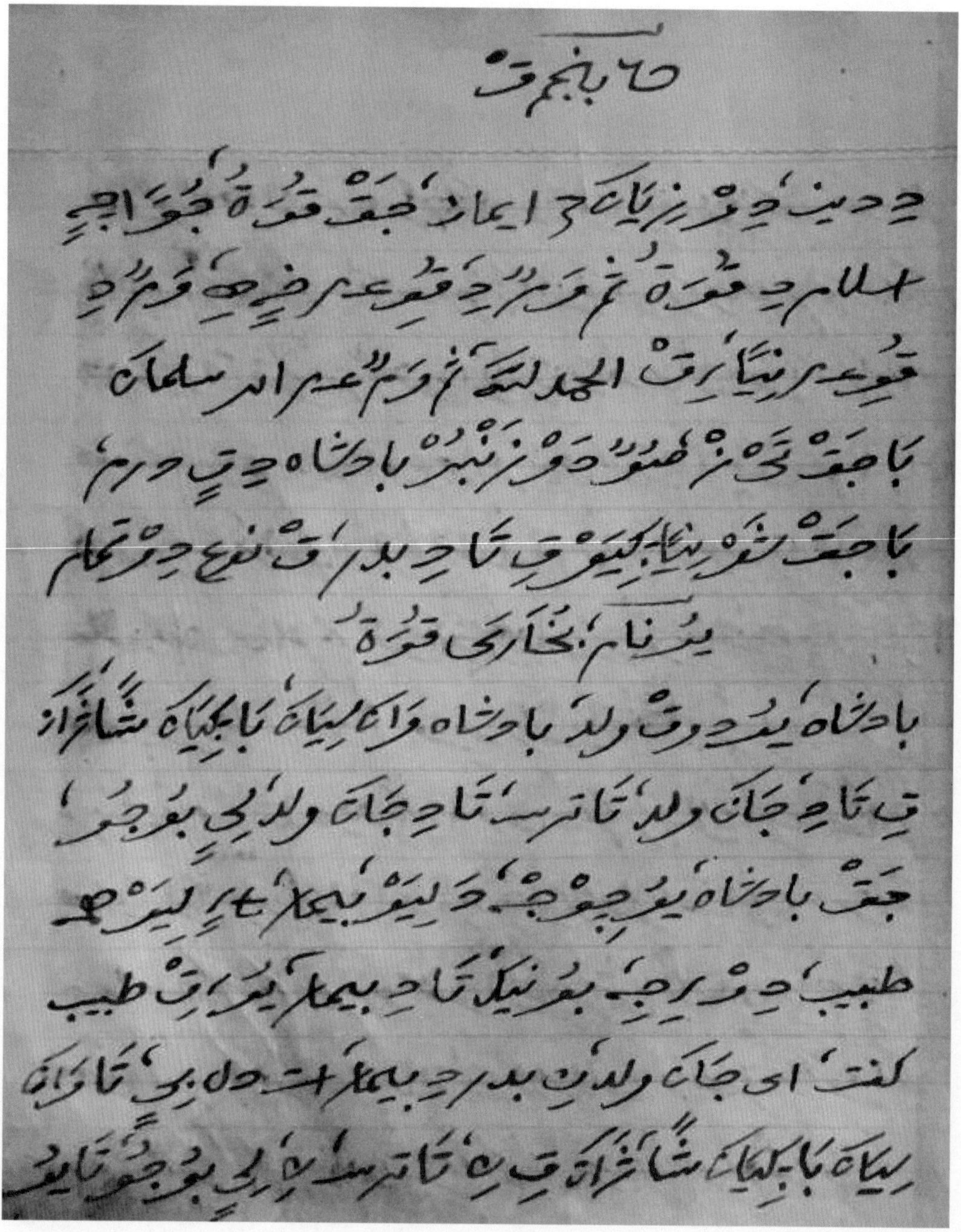

第十五①個臥爾茲　長蟲與蛤蟆報恩的故事

的教門，都將②了伊瑪尼。這個國土轉成

伊斯倆目的國土。」然後我們的貴聖人爾來伊黑賽倆目很喜，我們的

貴聖人爾來伊黑賽倆目念一個艾裡哈目度領倆希。然後我們聖人爾來伊黑賽倆目命令蘇萊瑪乃

把這個太子送到贊布熱皇王的跟前③，

把這個少年交給他的父親，各樣都全。

又明④，布哈拉國土，

皇王，有兩個兒子，皇王望想，把江山，讓

給他的長子，他害怕他的長子領不住。

這個皇王，憂愁著，得了病，請了一些

醫生都醫治不好他的病。有一個醫生

說：「哎！長子！你父親的病是心病，他望

想把江山讓給你，他害怕你領不住，他憂

---

① 此處筆誤，「第五[محي]」應為「五[خمي]」，已改。
② 河南方言，意思是「歸、進」。
③ 此處「錢」表示「前」的音。
④ 此處「名」表示「明」的音。

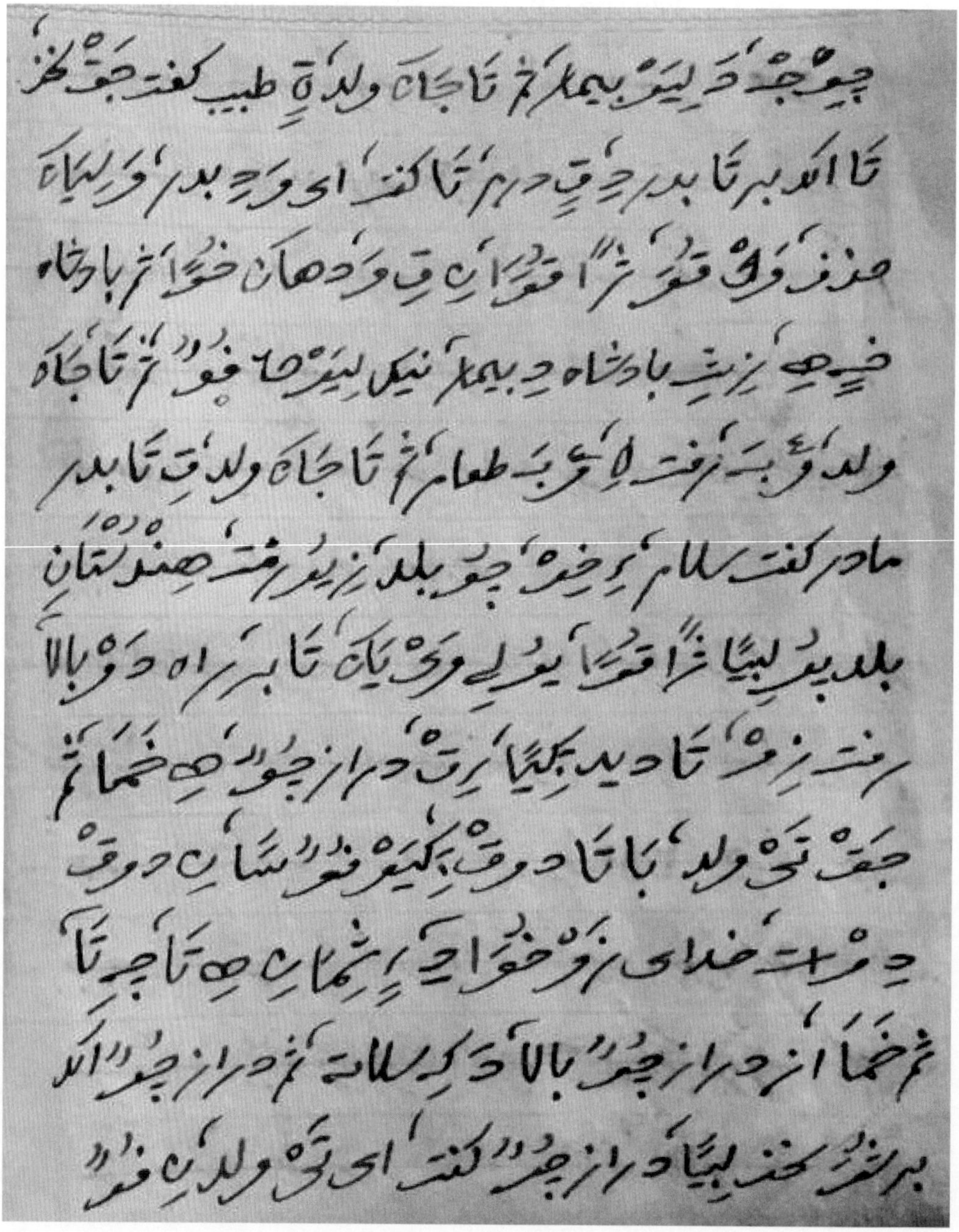

愁著得了病。」然後他①長子，聽醫生說這個話，

他來在他父親的跟前②，他說：「哎！我的父親！我想

去外國參觀，你給口喚。」然後皇王

很喜，即時皇王的病，好了十分。然後他③長

子預備行李，預備托阿目。然後他④長子，給他父⑤

母說賽倆目以後，出城。就去印度斯坦

城堡裡邊參觀，遊歷外洋。他在路道上，

行走，他看見，一個長蟲吸蛤蟆。然後

這個太子，把它兩個，叫分散。「你兩個

都是胡大造化的，因什麼你吸它、吃它？」

然後蛤蟆，從長蟲上，得起安寧。然後長蟲來

在說話裡邊，長蟲說：「哎！太子！你分

---

① 此處脫「的」字，未補。
② 此處「錢」表示「前」的音。
③ 此處脫「的」字，未補。
④ 此處脫「的」字，未補。
⑤ 此處脫「的」字，未補。

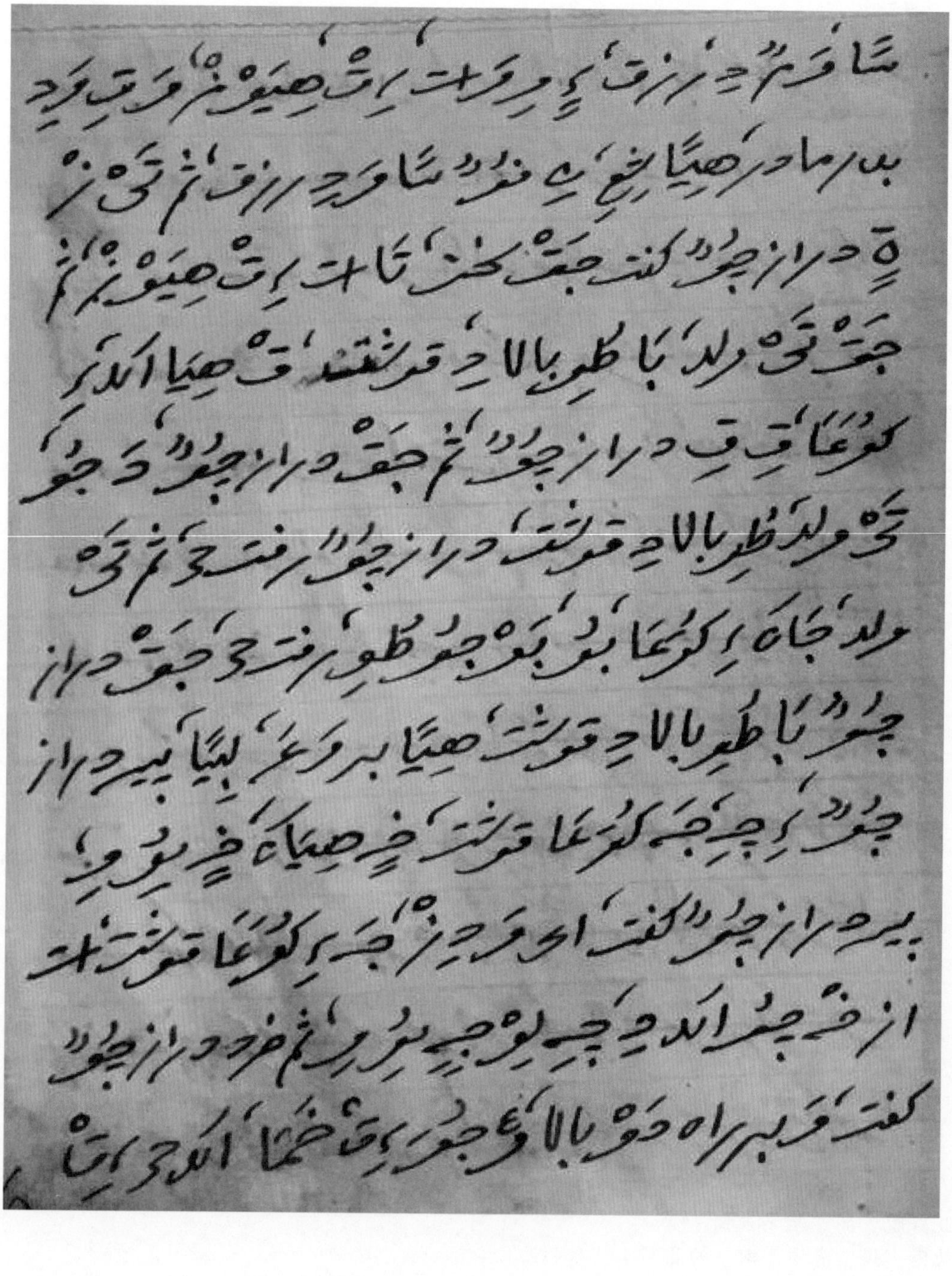

散我們的雷孜給，因為我是一個孝子，我給我的

父母銜食兒，你分散我的雷孜給。」然後太子

聽長蟲說這個話，它是一個孝子。然後

這個太子，把腿上的肉割下來一

塊兒，給給①長蟲。然後這個長蟲得住

太子腿上的肉，長蟲走了。然後太

子，找一塊兒布包住腿，走了。這個長

蟲，把腿上的肉，銜在窩兒裡邊。老長

蟲，一吃這塊兒肉，很香、很美味。

老長蟲說：「哎！我的子！這一塊兒肉，是

從何處來的？吃了真美味。」然後小長蟲

說：「我在路道上遇著一個蛤蟆，來了一個

---

① 此處衍「給」字，未去。

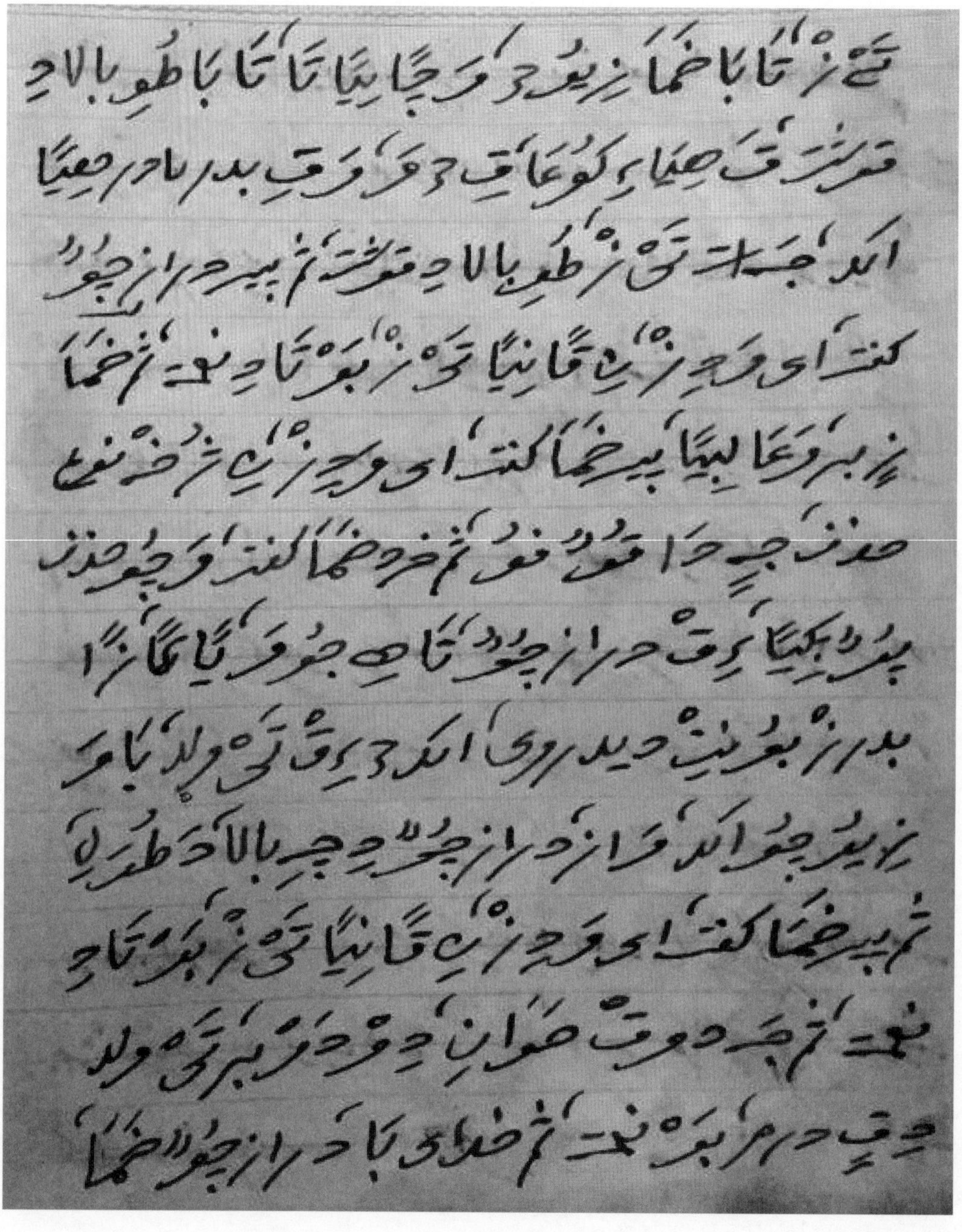

太子，他把蛤蟆救了。我纏綿他，他把腿上的

肉，割下一塊兒給了我，我給父母銜

來，這是太子腿上的肉。」然後老長蟲

說：「哎！我的子！你感念太子，報他的恩。」然後蛤蟆

進在窩兒裡邊，老蛤蟆說：「哎！我的子！你如何樣

去，真①大工夫？」然後小蛤蟆說：「我出去

碰見一個長蟲，它吸住我，眼看咱

父子不能見面。來了一個太子，把我

救出來，我從長蟲的吃上，得脫離。」

然後老蛤蟆說：「哎！我的子！你感念太子，報他的

恩。」然後這兩個哈瓦尼都到在太子

的跟前②報恩。然後胡大把長蟲、蛤蟆，

---

① 「真（zhěn）」，河南方言，意思是「這麼、如此」。
② 此處「錢」表示「前」的音。

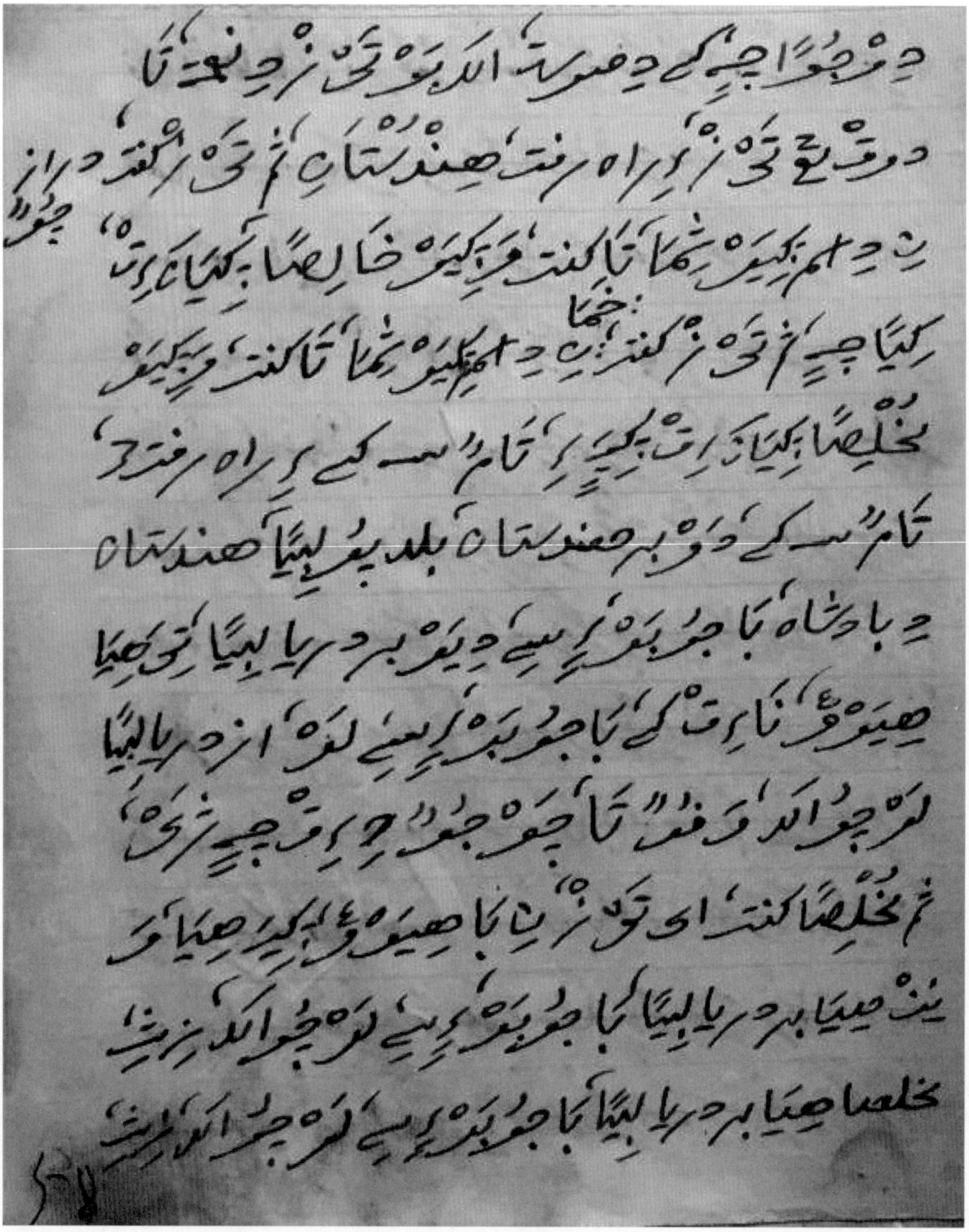

都轉成人的形象，來報太子的恩。它

兩個同著太子一路去印度斯坦。然後太子說：「長蟲

你的名字叫什麼？」它說：「我叫哈裡算，講一個

虔誠。」然後太子說：「蛤蟆你的名字叫什麼？」它說：「我叫

穆合裡算，講一個敬意。」他們三人一路走了，

他們三人，到在印度斯坦城堡裡邊。印度斯坦

的皇王把珠寶銀細，掉在海裡邊，貼下

曉諭：哪一個人把珠寶銀細撈，從海裡邊

撈出來，我封給他，朝中的一個臣差。

然後穆合裡算說：「哎！太子！你把曉諭揭下，我

能下在海裡邊，把珠寶銀細撈出來。」即時，

穆合裡算下在海裡邊，把珠寶銀細撈出來。即時，

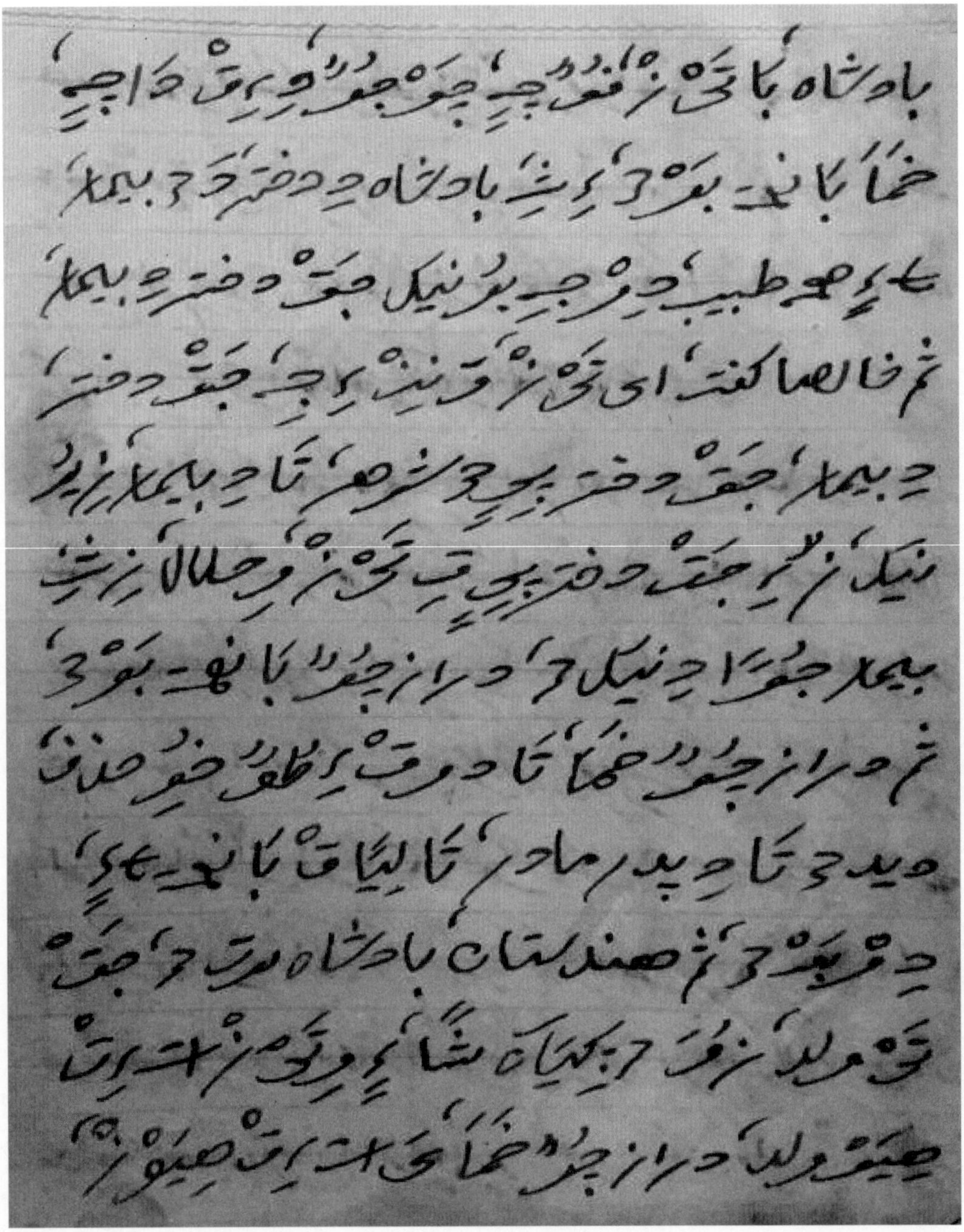

皇王把太子封成，朝中的一個大臣，

蛤蟆把恩報了。一時，皇王的女兒得了病，

請一些醫生，都治不好這個女兒的病。

然後哈裡算說：「哎！太子！我能醫治這個女兒

的病。這個女兒聘了丈夫，她的病即時

好。」總義：這個女兒聘給太子為哈倆裡。即時，

病轉地好了，長蟲把恩報了。

然後長蟲、蛤蟆它兩個一同回去，

見了它的父母，它兩個把恩情，

都報了。然後印度斯坦皇王毛提了，這個

太子，坐了江山。因為太子是一個

孝子，長蟲、蛤蟆也是一個孝子，

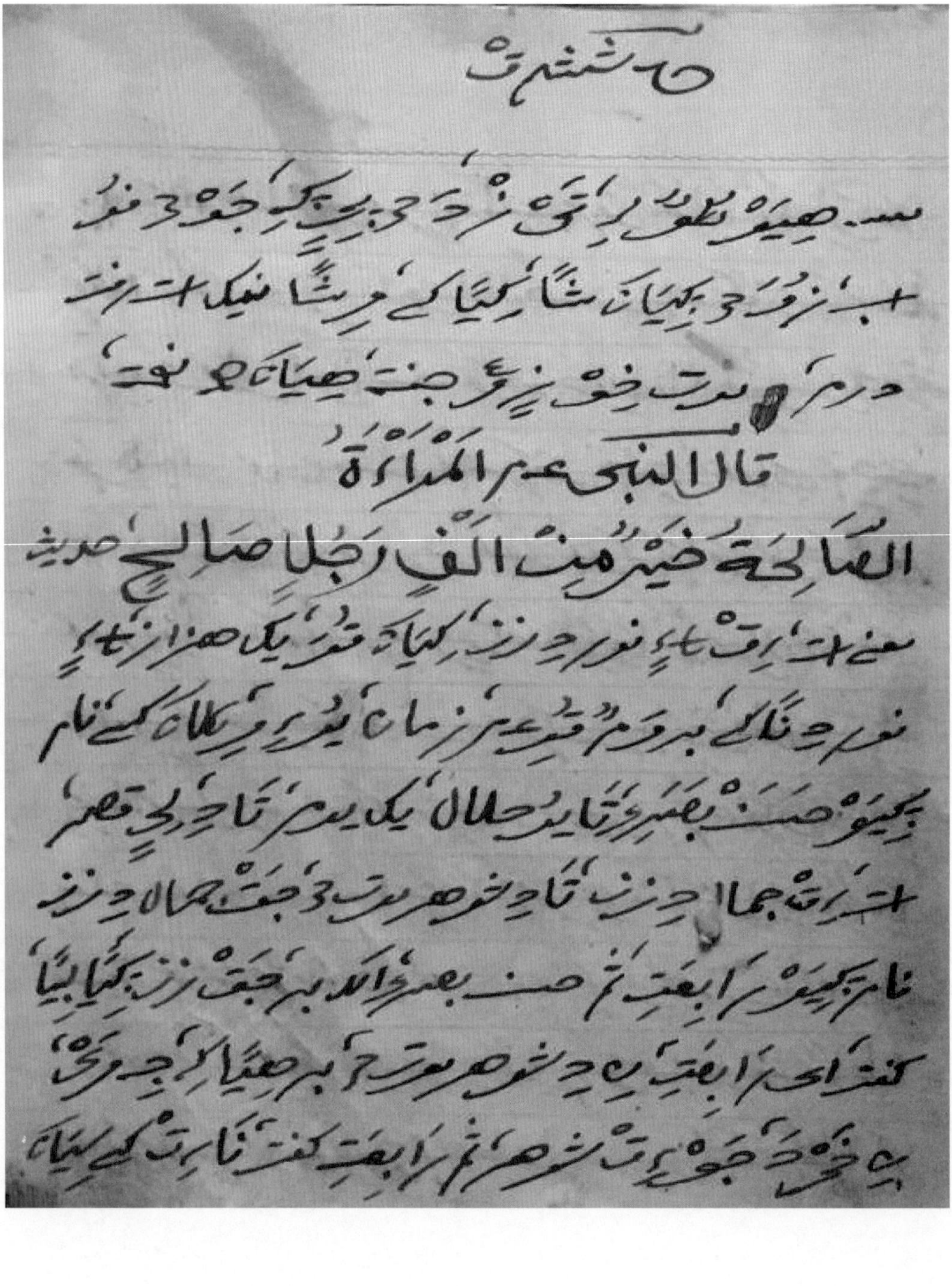

قال النبي عم المرأة
الصالحة خير من ألف رجل صالح حديث

第十六①個臥爾茲　貞潔女人拉比爾的故事

三孝統一。太子得了品級，招了駙

馬，坐了江山。勸人為善，好事②行

前③，毛提後進天堂，享一些恩典。

聖人爾來伊黑賽倆目說：اَلْمَرْأَةُ

[ٱلْصَالِحَةُ خَيْرٌ مِنْ أَلْفِ رَجُلٍ صَالِحٍ④。哈迪斯

麥爾尼是：一個清廉⑤的女人強過一千⑥清

廉⑦的男人。在我們貴聖人爾來伊黑賽倆目光陰，有一位大人名

叫哈桑‧拜蘇熱，他有哈倆裡。一日，他的鄰居⑧

是一位俊美的女人。她的丈夫毛提了，這個俊美的女人

名叫拉比爾。然後哈桑‧拜蘇熱來在這個女人家裡邊，

說：「哎！拉比爾！你的丈夫毛提了，在限期之外，

你還得，找一個丈夫。」然後拉比爾說：「哪一個人想

---

① 此處筆誤，「第六[شش م]」應為「六[شش]」，已改。
② 此處「是」表示「事」的音。
③ 此處「錢」表示「前」的音。
④ 抄本文字有誤，已改。
⑤ 此處「亮」表示「廉」的音。
⑥ 此處脫「個」字，未補。
⑦ 此處「亮」表示「廉」的音。
⑧ 此處「拘」表示「居」的音。

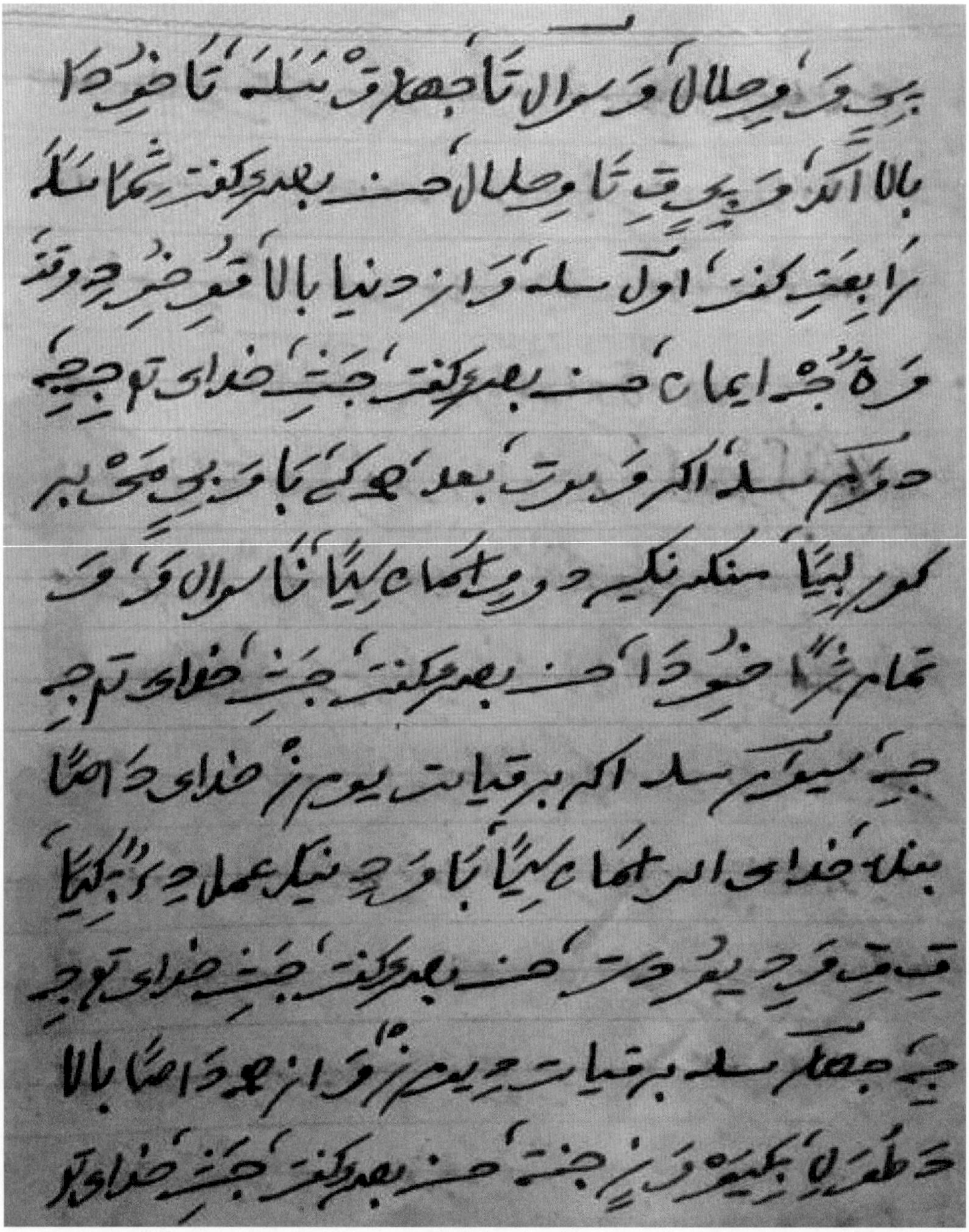

聘我，為哈倆裡，我問他，四個麥賽來。他回答

上來，我就給他為哈倆裡。」哈桑・拜蘇熱說：「什麼麥賽來？」

拉比爾說：「頭一個麥賽來，我從頓亞上歸回的時候，

我同著伊瑪尼？」哈桑・拜蘇熱說：「這是胡大泰爾倆至知。」

「第二①麥賽來，要是我毛提，之後，一些人把我殯埋在

墳坑裡邊，蒙凱熱、乃凱熱二位天仙拿問我，我

全然回答？」哈桑・拜蘇熱說：「這是胡大泰爾倆至

知。」「第三②麥賽來，要是在給亞麥提日子，胡大打算

班代，胡大命令天仙把我的好爾麥裡的文卷，

給給③我的右手？」哈桑・拜蘇熱說：「這是胡大泰爾倆至

知。」「第四④麥賽來，在給亞麥提的日子，我從一些打算上

得脫離，叫我進天堂？」哈桑・拜蘇熱說：「這是胡大泰爾倆

---

① 此處脫「個」字，未補。
② 此處脫「個」字，未補。
③ 此處衍「給」字，未去。
④ 此處筆誤，「四[چهار]」應為「第四[چهارم]」，已改。此處脫「個」字，未補。

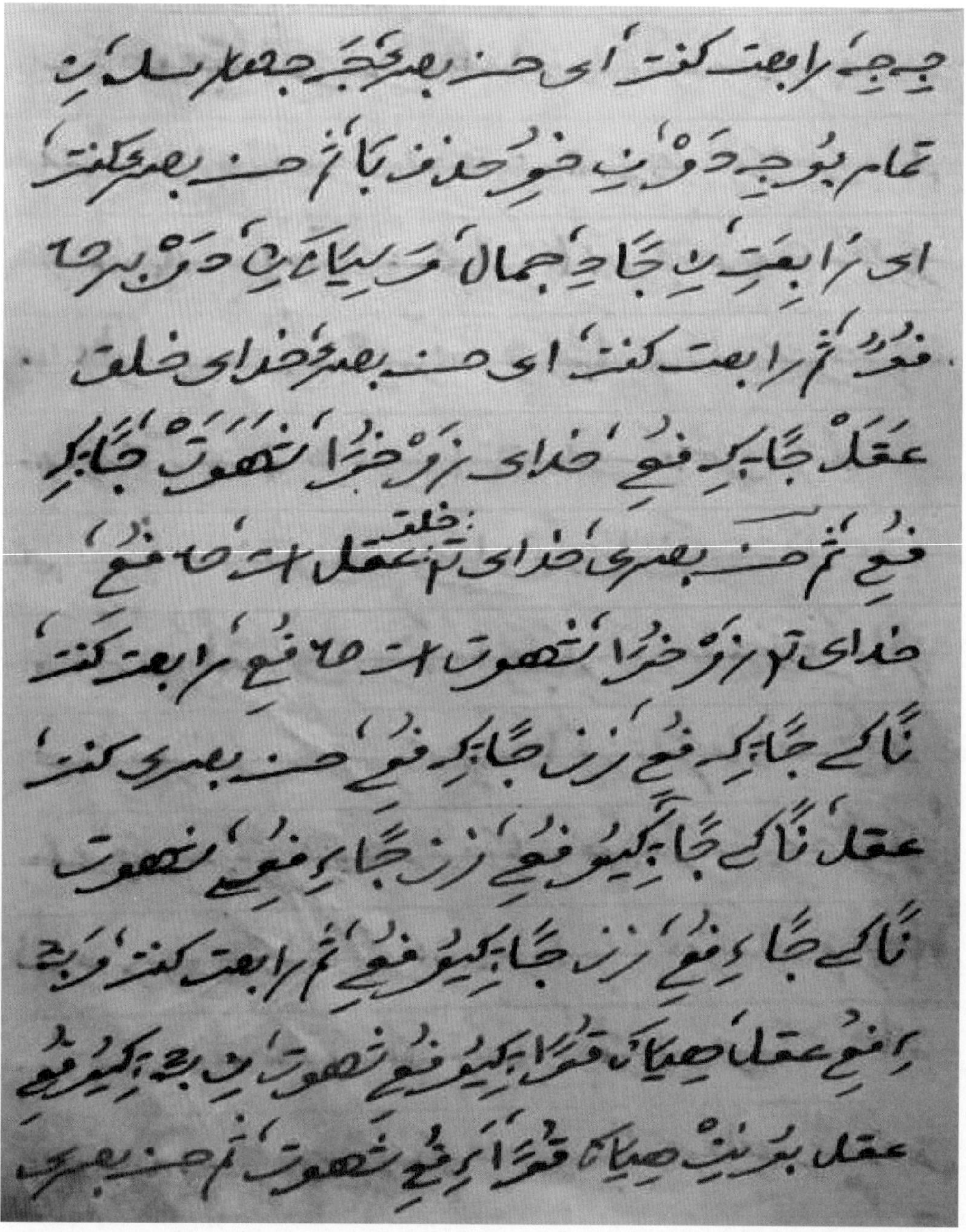
جِ جِ رابعت گفت ای حسن بصری جِ جمال بسل رِ
تمام بو جِ دو نِ خو حذف با آن حسن بصری گفت
ای رابعت نِ جا دِ جمال مِ بیا ار نِ دو بر جه
فعو تِ رابعت گفت ای حسن بصری خدای خلق
عقل جا بر فعو خدای زن خرا شهوت جا بر
فعو تم حسن بصری خدای تم خلق عقل ات جا فعو
خدای تم زن خرا شهوت ات ٦٥ فعو رابعت گفت
ناکی جا بر فعو زن جا بر فعو حسن بصری گفت
عقل ناکی جا بکیو فعو زن جا بر فعو شهوت
ناکی جا رِ فعو زن جا بکیو فعو تم رابعت گفت و بر
رِ فعو عقل حیا قورا بکیو فعو شهوت بجه بکیو فعو
عقل بو نن حیا قورا رِ فعو شهوت تم حسن بصری

至知。」拉比爾說：「哎！哈桑‧拜蘇熱！這四①麥賽來，你

全不知道，你回去吧。」然後哈桑‧拜蘇熱說：

「哎！拉比爾！你長得俊美，我想你到在十

分。」然後拉比爾說：「哎！哈桑‧拜蘇熱！胡大創造

阿格裡占幾份兒？胡大造化舍海沃提占幾

份兒？」然後哈桑‧拜蘇熱②：「胡大泰爾倆，創造阿格裡是十份兒，

胡大泰爾倆造化舍海沃提是十份兒。」拉比爾說：

「男人占幾份兒？女人占幾份兒？」哈桑‧拜蘇熱說：

「阿格裡，男人占九份兒，女人占一份兒。舍海沃提

男人占一份兒，女人占九份兒。」然後拉比爾說：「我憑著

一份兒阿格裡降管九份兒舍海沃提，你憑著九份兒

阿格裡不能降管一份舍海沃提。」然後哈桑‧拜蘇熱

---

① 此處脫「個」字，未補。
② 此處脫「說」字，未補。

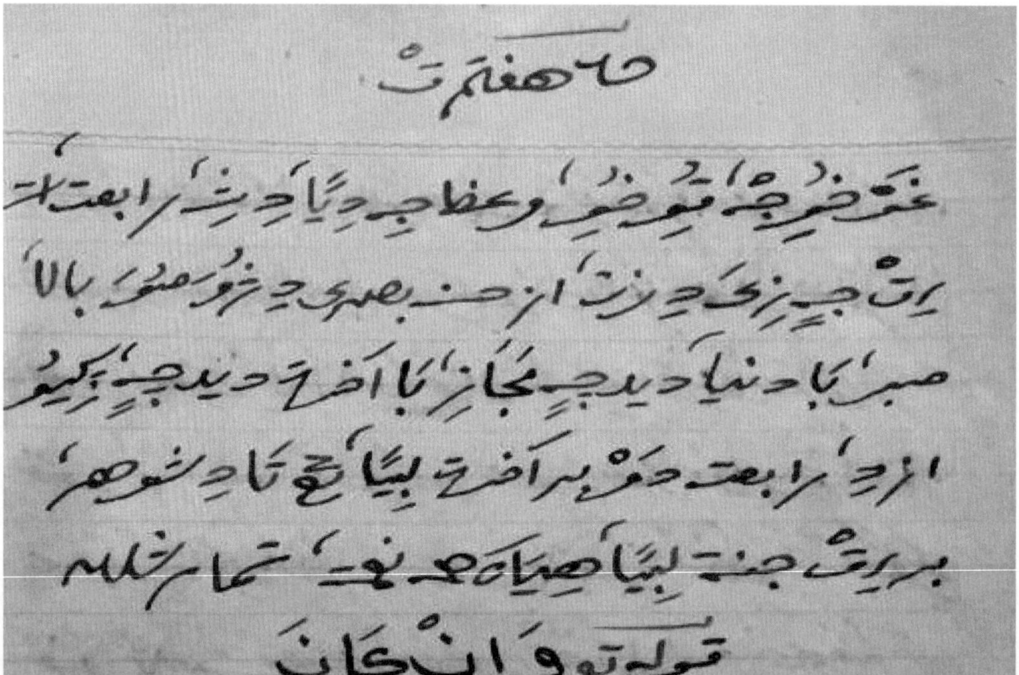

第十七①個臥爾茲　行奸女人的故事

懊悔著，歸回。臥爾茲指點的是，拉比爾，是

一個貞潔的女人，從哈桑‧拜蘇熱的戳竣上，

忍耐。把頓亞看成麥紮孜，把阿黑熱提看成久

存的。拉比爾到在阿黑熱提裡邊，同著她的丈夫，

在一個天堂裡邊，享一些恩典。全美了。寫成了。

真主說：وَإِن كَانَ

[مَكْرُهُمْ لِتَزُولَ مِنْهُ الْجِبَالُ]②（14:46）。阿耶提麥爾尼是：他們

的詭計，有的時候，一定山，從他們上跟了。這

是，這一段阿耶提，直文大意。合乎這一段阿耶提，

在前③輩的光陰，有一個人，名叫祖哈代，在他上，

有一個俊美的妻子。要是祖哈代出門的時候，他接

濟他的妻子。要是他回來的時候，他喜他的妻子。然後這個

---

① 此處筆誤，「第七[هفتم]」應為「七[تت]」，已改。
② 抄本文字有誤，已改
③ 此處「錢」表示「錢」的音。

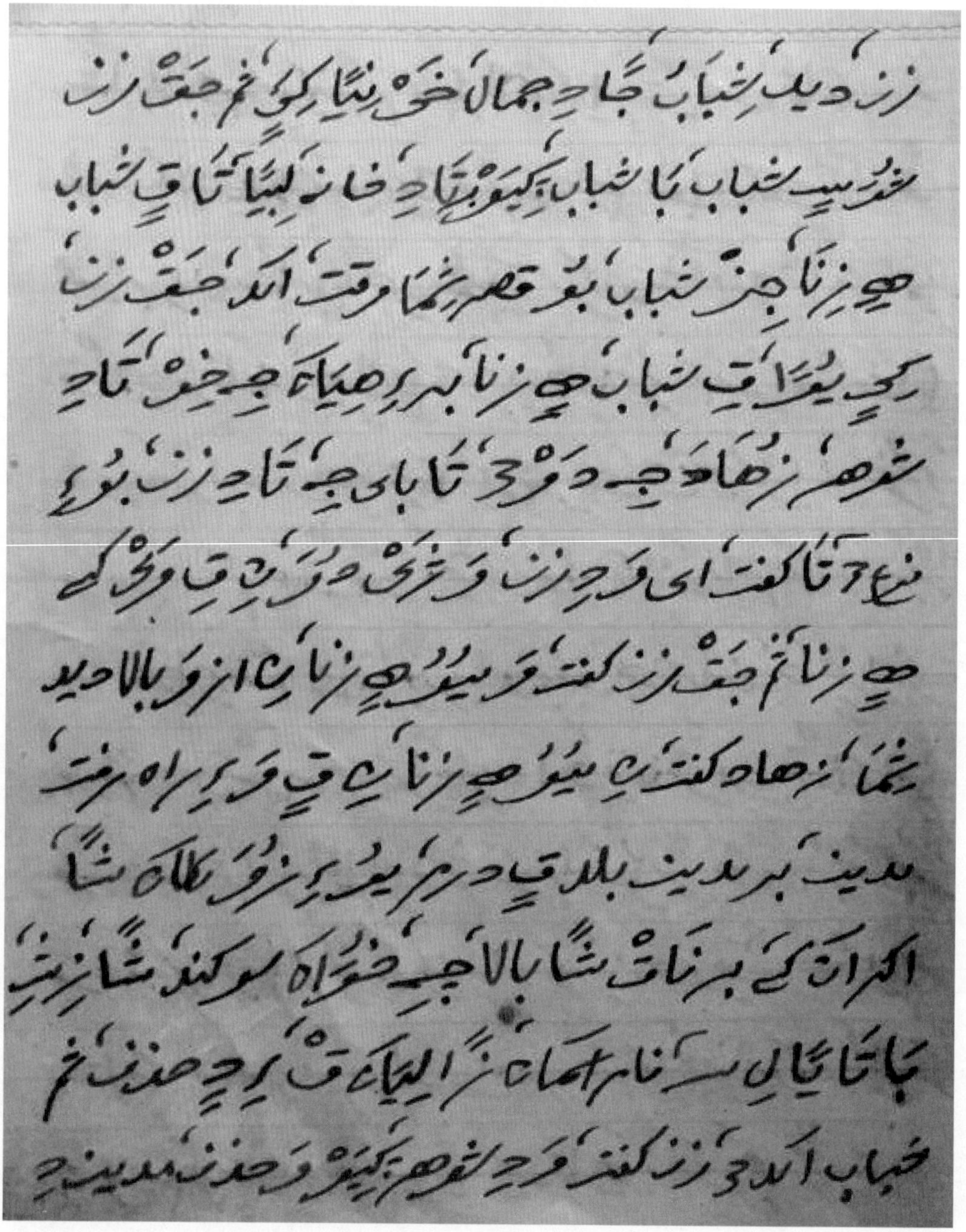

女人，看見年輕人長得俊美，還年輕。然後這個女人

索尋年輕人，把年輕人，叫在她的家裡邊她跟年輕人

行奸，直至年輕人，不拘什麼時候來，這個女人，

情願跟年輕人行奸。在一晌①之後，她的

丈夫，祖哈代，知道了，他覺②知他的妻子不一

樣了。他說：「哎！我的妻子！我猜度，你跟外人

行奸。」然後這個女人說：「我沒有行奸，你從我上看見

什麼？」祖哈代說：「你沒有行奸，你跟我一路去

麥迪那。在麥迪那城跟前③有一座大山，

要是哪個人在那個山上，吃謊發誓，山即時

把他咽裡頭。明④天咱兩個一定去。」然後

年輕人來了，女人說：「我的丈夫叫我去麥迪那的

---

① 「晌」在文本中讀作（xiǎng）音。下同，不再注釋。
② 此處「腳」表示「覺」的音，讀作（jué）。
③ 此處「錢」表示「錢」的音。
④ 此處「名」表示「明」的音。

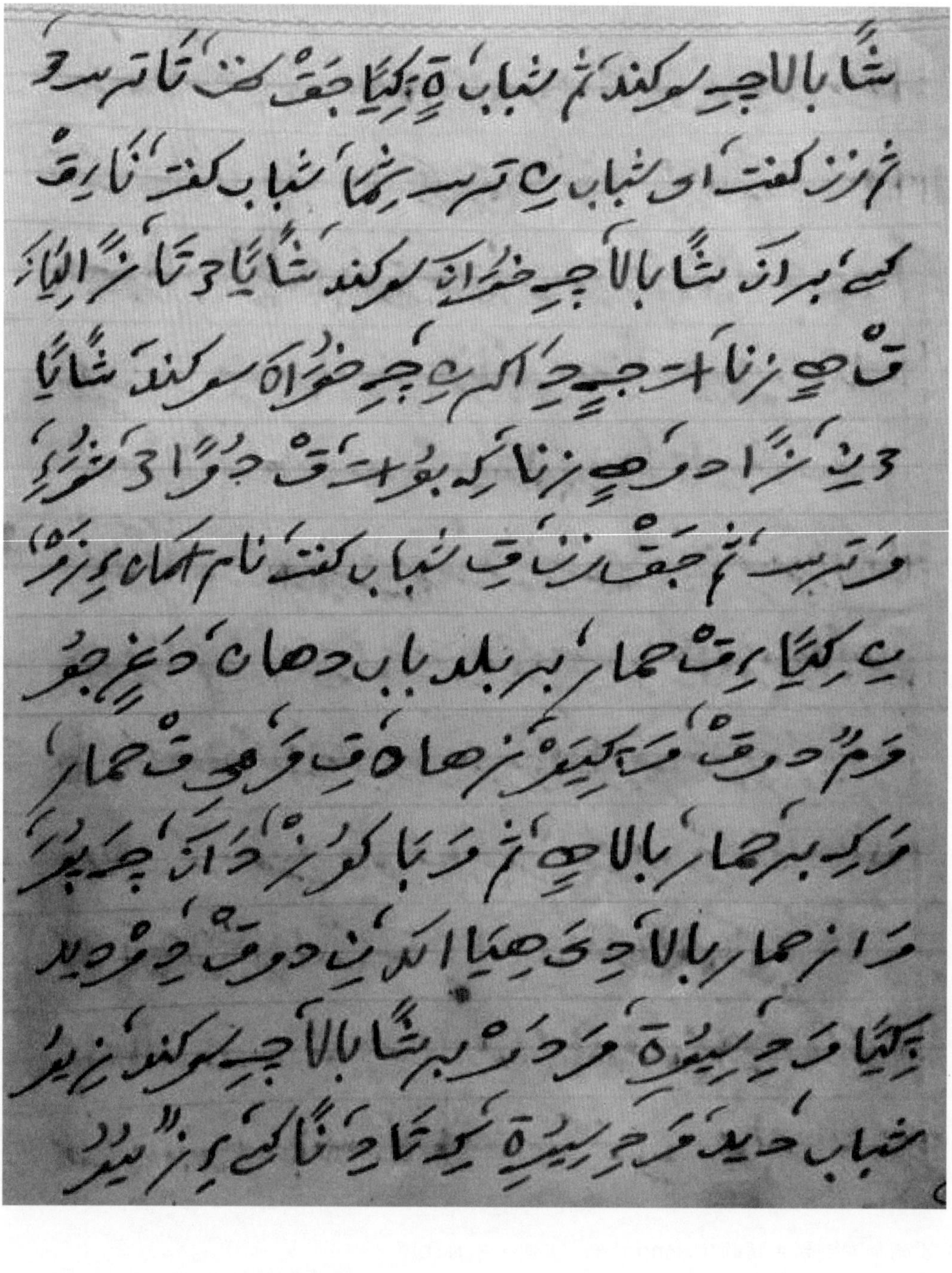

山上吃誓。」然後年輕人聽見這個話，他害怕了。

然後女人說：「哎！年輕人！你害怕什麼？」年輕人說：「哪一個

人，在那個山上吃謊發誓，山咽了他。咱兩

個行奸是真的。要是你吃謊發誓，山咽

了你，咱兩個行奸，豈不是割斷了？所以，

我害怕。」然後這個女人給年輕人說：「明①天一早，

你牽一個驢，在城門口，等著，

我們兩個，我叫祖哈代給我覓②個驢，

我騎在驢上行。然後我把褲子襠，扯破，

我從驢上，跌下來，你兩個都看

見我的羞體。我到在山上，吃誓，就

年輕人，看見我的羞體，其他的男人，一總沒有

_____

① 此處「名」表示「明」的音。
② 河南方言，意思是「租、借」。

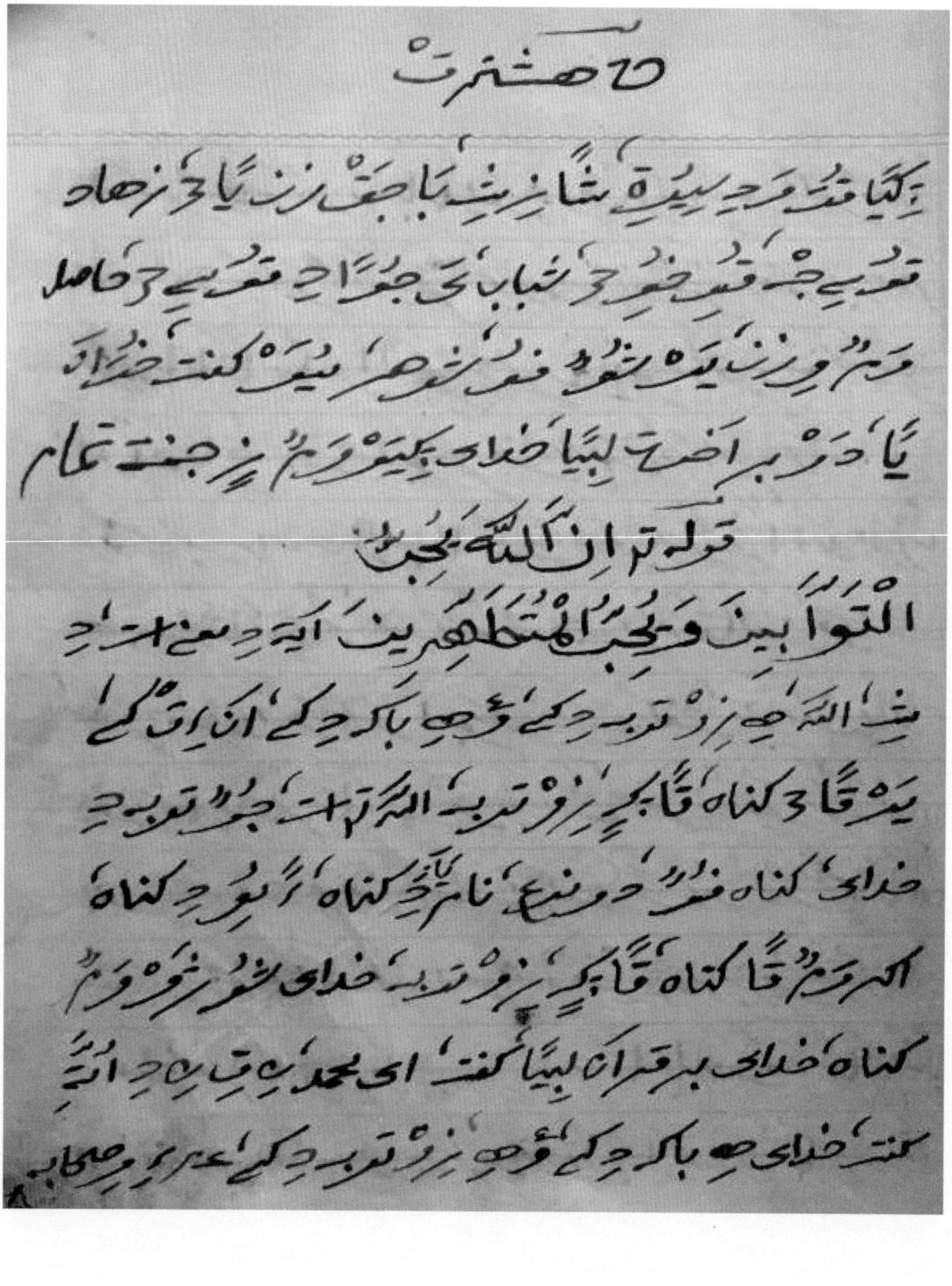
قوله تعالى ان الله يحب التوابين ويحب المتطهرين

第十八①個臥爾茲　艾布篩海目懊悔做討白的故事

見過我的羞體。」山即時把這個女人咽了。祖哈代

姑息著，歸回了。年輕人，也轉地姑息了。總義：

我們為妻子，要順服丈夫，莫要說謊

言，到在阿黑熱提裡邊，胡大叫我們進天堂。全美了。

真主說：إِنَّ اللَّهَ يُحِبُّ

التَّوَّابِينَ وَيُحِبُّ الْمُتَطَهِّرِينَ] （2:222）。阿耶提的麥爾尼是：的

實，安拉乎喜做討白的人，與喜潔淨②的人。哪一個人，

要幹了古那海，趕緊做討白，安拉乎是，准討白的

胡大。古那海分兩樣，明③揚的古那海，暗昧的古那海。

要是我們幹古那海，趕緊做討白，胡大恕饒我們

古那海。胡大在《古熱阿尼》裡邊說：「哎！穆罕默德！你給你的穩麥提

說，胡大喜潔淨的人，與喜做討白的人。」聖人爾來伊黑賽倆目④一个索哈伯

---

① 此處筆誤，「第八[هشتم]」應為「八[هشت]」，已改。
② 此處筆誤，「[باك]」應為「[پاك]」，表示「潔淨」。
③ 此處「名」表示「明」的音。
④ 此處脫「的」字，未補。

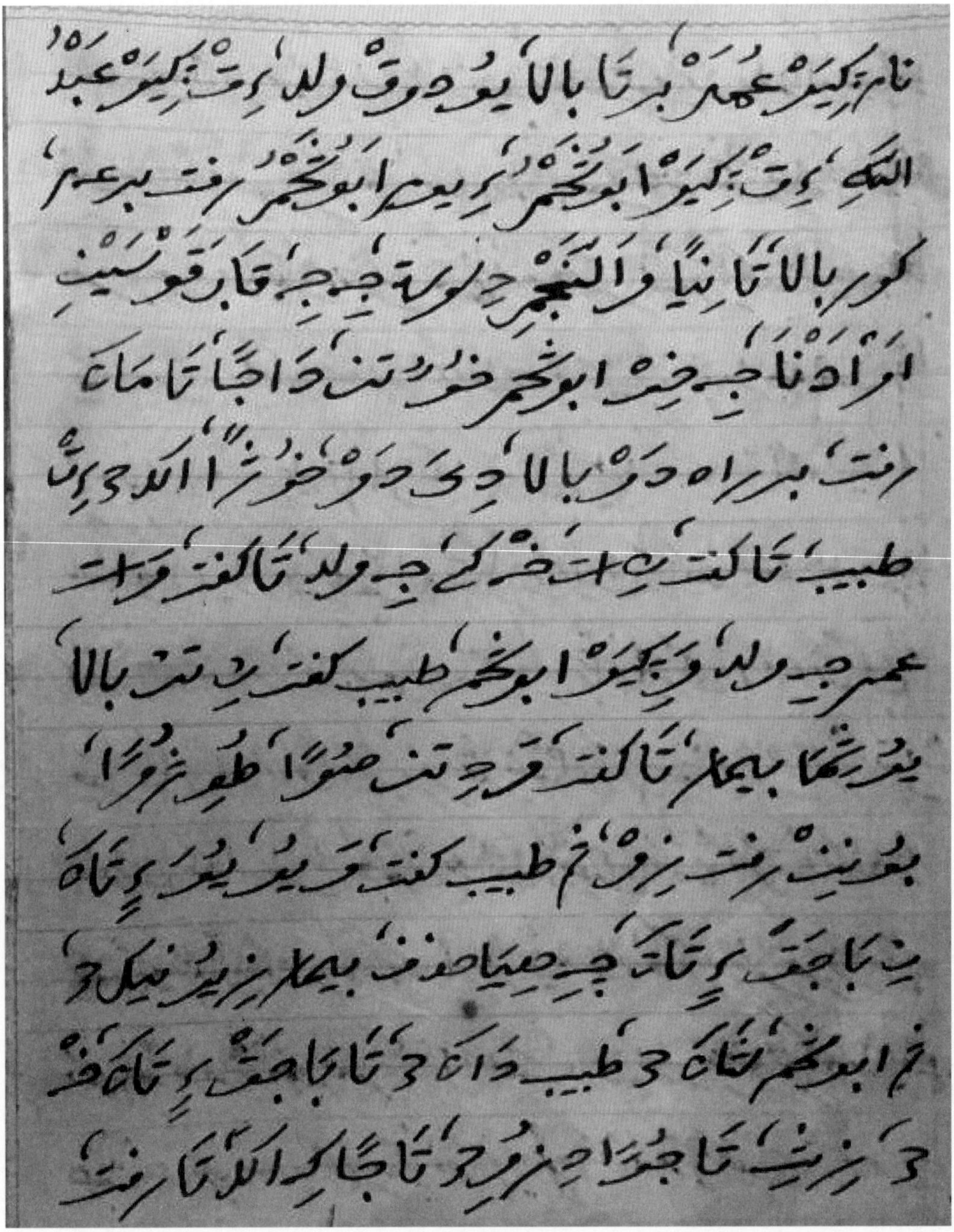

名叫歐麥爾。在他上，有兩個兒子，一個叫阿布都

拉希，一個叫艾布篩海目。一日艾布篩海目去在聖人爾來伊黑賽倆目

墳上，他念：[وَالنَّجْمِ] （53:1）的蘇熱，直至，قَابَ قَوْسَيْنِ

[أَوْ أَدْنَىٰ] （53:9）之後。艾布篩海目渾身打顫，他忙

走，在路道上跌倒。忽然來了一個

醫生，他說：「你是何人之子？」他說：「我是

歐麥爾之子，我叫艾布篩海目。」醫生說：「你身體上，

有什麼病？」他說：「我的身體酸，腿軟，

不能行走。」然後醫生說：「我有藥飲湯，

你把這個飲湯，吃下去，病就好了。」

然後艾布篩海目上了醫生當了。他把這個飲湯喝

了，即時，他轉地醉了。他站起來，他走。

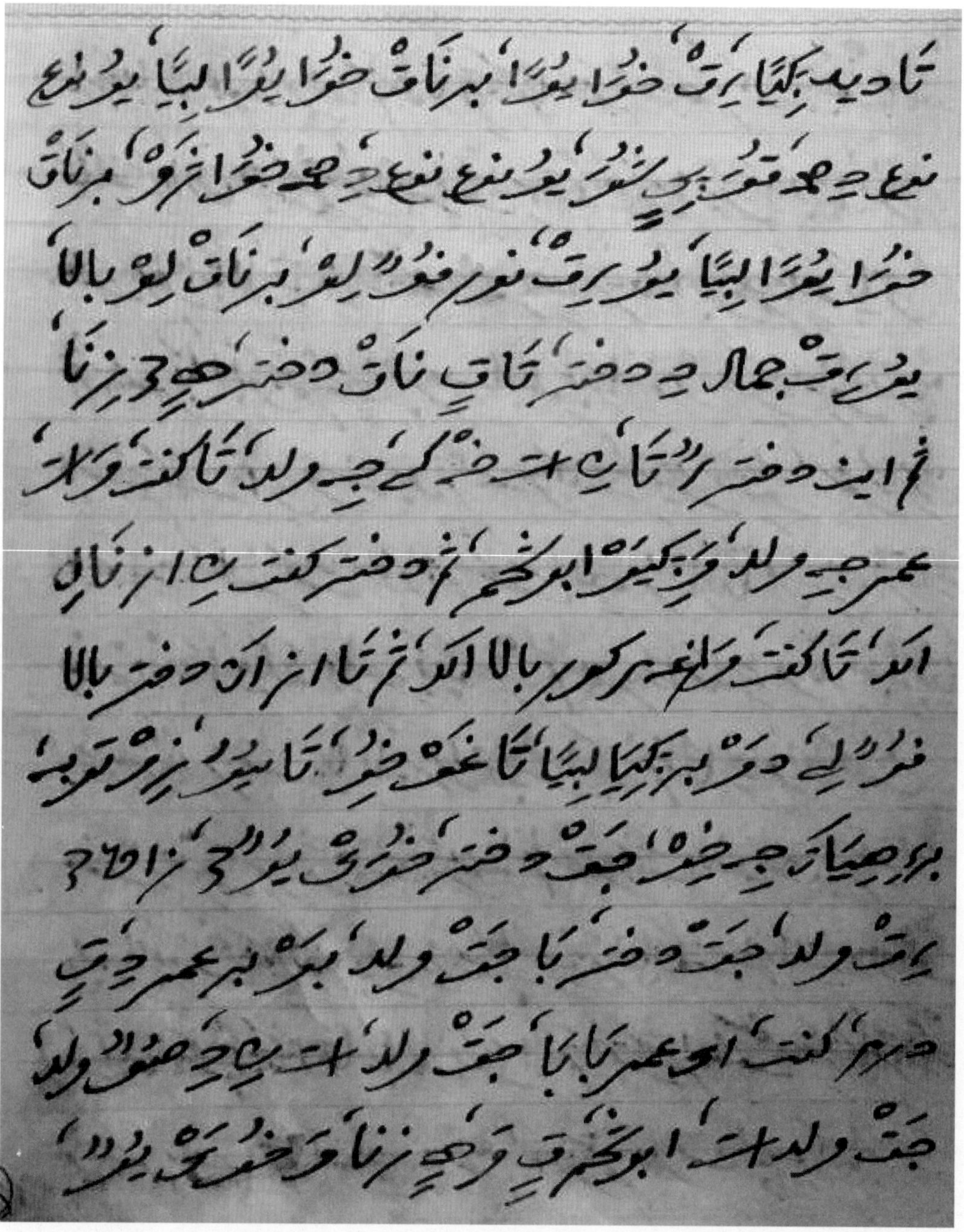

他看見一個花園。在那個花園裡邊，有樣

樣的一些果品樹，有樣樣的一些花草。在那個

花園裡邊，有一個涼①風樓。在那個樓上，

有一個俊美的女孩。他跟那個女孩，行了奸。

然後這個女孩問他：「你是何人之子？」他說：「我是

歐麥爾之子，我叫艾布篩海目。」然後女孩說：「你從哪裡

來？」他說：「我從聖人爾來伊黑賽倆目墳上來。」然後他從那個女孩上

分離，到在家裡邊，他懊悔，他沒有做討白。

在一晌之後，這個女孩懷孕了，生了

一個兒子。這個女孩把這個兒子，抱在歐麥爾的跟

前②，說：「哎！歐麥爾巴巴！這個孩子，是你的孫子。

這個孩子，是艾布篩海目跟我行奸，我懷孕，

---

① 此處「亮」表示「涼」的音。
② 此處「錢」表示「前」的音。

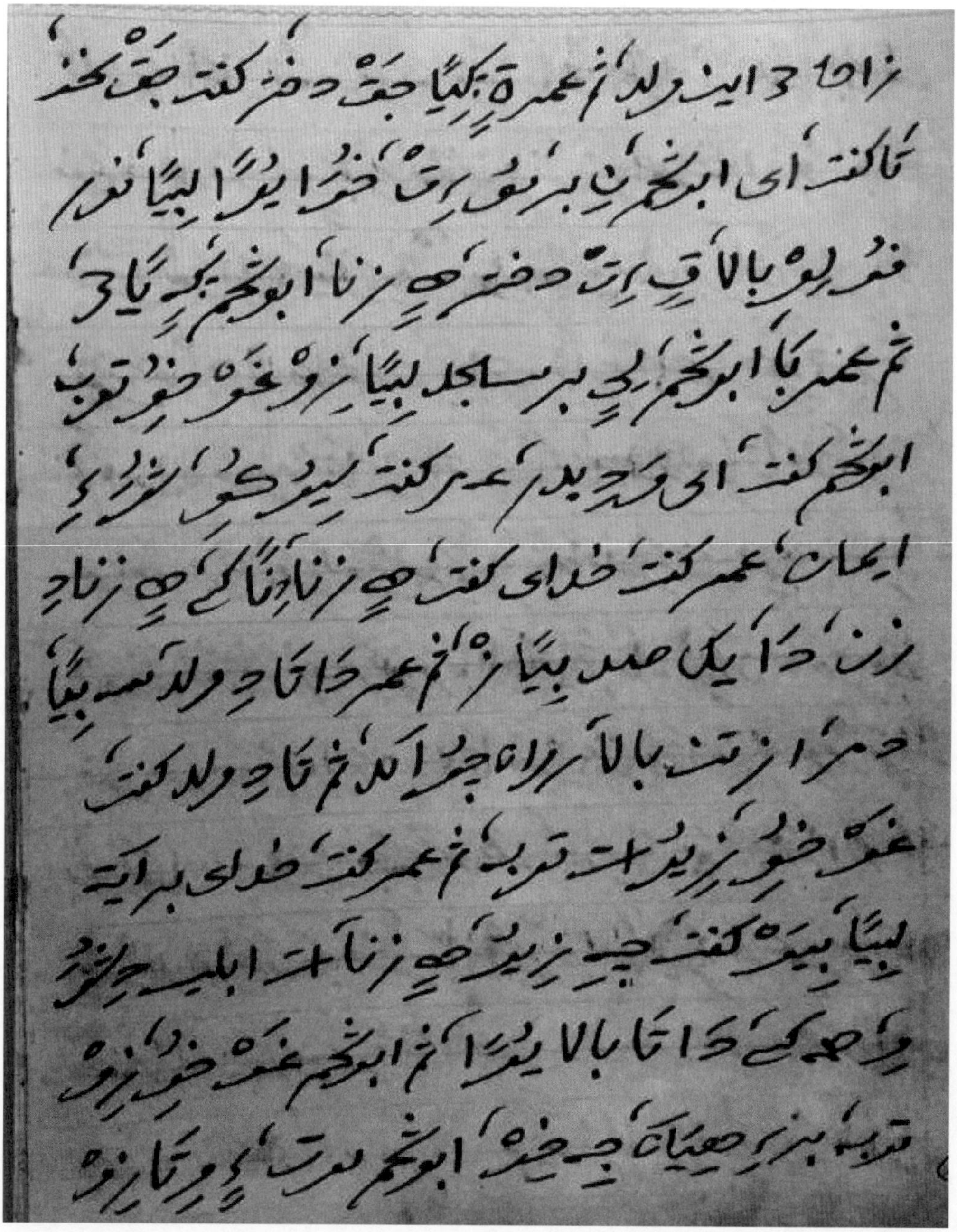

زاحا ده این ولد آن عمرة بکلیگا جب دختر کفت جب بخند
تا کفت ای ابوشحم تن بر میق رت خدا ایرگا لبیگا نور
فشر لیو بالا ق رت دختر هی زنا ابوشحم بیگا یا حی
تم عمر با ابوشحم لیحی بر مساجد لبیگا زو غنو خنو توب
ابوشحم کفت ای محمد بدر عمر کفت بیر کهو شر کر
ایمان عمر کفت خدای کفت هی زنا نا کی هی زنا ده
زن دا ایک صد بیگا تم عمر دا تا ده ولد صد بیگا
ده مر از تن بالا زراه جبر آکد تم تا ده ولد کفت
غنو خنو زیر است تربه تم عمر کفت خدای بر آیة
لبیگا بیو کفت جی زیر هی زنا است ابلیس جرشو ده
وحد کی دا اتا بالا یرا تم ابوشحم غنو خنو زو
تربه بر زر صدیاکا جی خرو ابوشحم لعرت دم تا زو

生了這個兒子。」然後歐麥爾聽見這個女孩，說這個話，

他說：「哎！艾布篩海目！你在某一個花園裡邊涼①

風樓上，跟一個女孩行奸？」艾布篩海目噤言了。

然後歐麥爾把艾布篩海目領在麥斯志德裡邊，做懊悔討白。

艾布篩海目說：「哎！我的父親！聖人爾來伊黑賽倆目說，羞愧，所以，

伊瑪尼。」歐麥爾說：「胡大說，行奸的男人，行奸的

女人，打一百鞭子。」然後歐麥爾打他的兒子，三鞭，

血從身上，流出來。然後他的兒子說：

「懊悔就是討白。」然後歐麥爾說：「胡大在阿耶提

裡邊表說，吃酒、行奸，是伊布裡斯的所

為，一些人打他上遠。」然後艾布篩海目懊悔，做

討白，在一晌之後，艾布篩海目毛提，因為他做

---

① 此處「亮」表示「涼」的音。

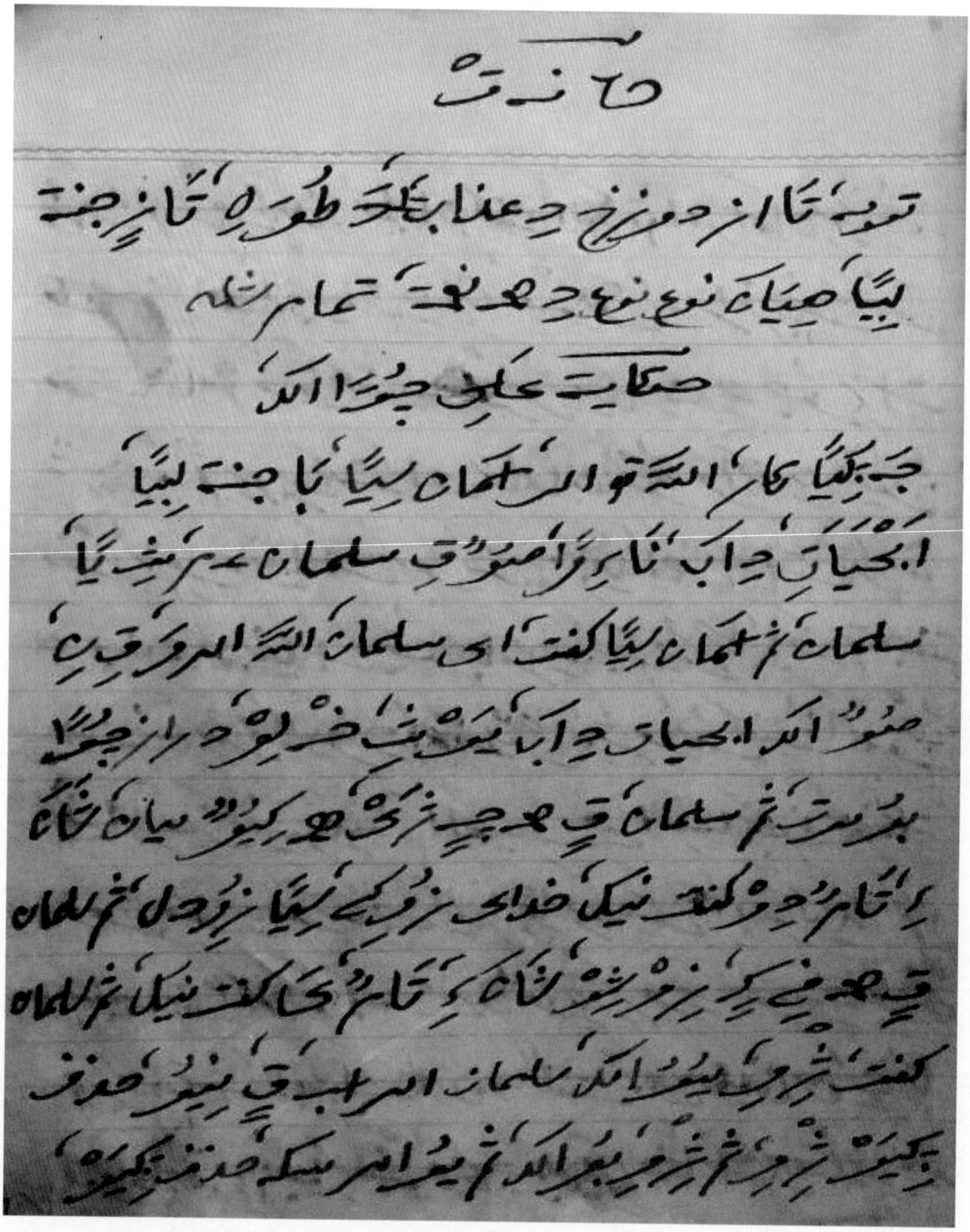

第十九個臥爾茲　蘇萊瑪乃與長生不老水的故事

討白，他從多災海的爾雜布上得脫離，他進天堂

裡邊享樣樣的一些恩典。全美了。

黑卡耶提，阿里傳來，

這件事情。安拉乎泰爾倆命令天仙，把天堂裡邊

長生不老的水，拿一碗送給蘇萊瑪乃聖人爾來伊黑賽倆目，試驗

蘇萊瑪乃。然後天仙說：「哎！蘇萊瑪乃！安拉乎命令我給你，

送來長生不老的水，要是，喝嘍，長傳

不死。」然後蘇萊瑪乃，跟一些臣差，一總群眾商

議，他們都說好。胡大醉人，先醉心。然後蘇萊瑪乃

跟一些飛禽走獸商議，它們也說好。然後蘇萊瑪乃

說：「刺蝟沒有來？」蘇萊瑪乃命令馬跟牛，去

叫刺蝟。然後刺蝟不來。然後又命令狗，去叫

نزول ثم شرع الحج سلمان كنت الله ثم امرهما بيبات

وصنوا الله الحيات حرابا خروية د از حجة ابو

مدت تمام دو كنت ضير نيك ت د جو ربات

نز ضمم نز مكنت اي سلمان قمر والا ينير

خة زود دنيا ت يورن د بكات افتة ت بربس

د جنت دنيا ت مت جاز د جريت ا افتة جنت

ت قت يق بكير د جريت ا نز ويه كنت فالمو ت

في العز خير من العيش في السجن ينها

نز فمو مدت به در تبا حصيحة جب كبات نم

سليمان ير ر ر كنت نيك وة نز رو حضرا د ورور

د زورت ابليـــس الله كنت اي سليمان با

الحيات حرابا يوخ ت ب جح بكبات مشا ت تربس تعريير

刺蝟，然後刺蝟來了。蘇萊瑪乃說：「安拉乎泰爾倆命令天仙，給

我送來，長生不老的水，喝嘍長傳不

死。它們都說，喝嘍好，你的主意，是

如何？」然後刺蝟說：「哎！蘇萊瑪乃國王！你莫要

喝，因為頓亞是穆民的監，阿黑熱提是穆民

的天堂。頓亞，是個虛假的宅院，阿黑熱提天堂

是個永久的宅院。」刺蝟又說：فَالْمَوْتُ]

فِى الْعِزِّ خَيْرٌ مِنَ الْعَيْشِ فِى السِّجْنِ ・麥爾尼是：

尊貴的毛提，比低賤的活著強。然後

蘇萊瑪乃一參悟說：「好！我聽刺蝟的話。」都走

了，一時，伊布裡斯來了，說：「哎！蘇萊瑪乃！你把

長生不老的水，一喝，你的江山是一個永久

درجات

قال النبي عم

من قراءة الفاتحة لهيبة فيعصمه الله همية من النار

第二十個臥爾茲　華哲進天堂的故事

常①在的，你的恩典，是一個，永久長存的。

你的品級，是一個，鳳②抬龍床，鳥

打扇，是一個至富貴的。」然後蘇萊瑪乃上了

伊布裡斯的當了，他把長生不老的水喝了。即時

仙衣、仙帽從他的身上，掉下來。即時，

蘇萊瑪乃聖人爾來伊黑賽倆目轉成一個窮人。我們為班代穆民

提防伊布裡斯，因為伊布裡斯是，命人幹歹。所以

我們提防伊布裡斯。我們相反奈福斯，我們來

麥斯志德裡邊，交還乃麻子，幹一些爾麥裡爾巴代提，要是

我們如此③著幹的時候，我們進永久的天堂。

聖人爾來伊黑賽倆目說：

④。[مَنْ قَرَأَ الْفَاتِحَةَ لِمِئَةٍ فَيَعْتَقَ اللهُ مِئَةً مِنَّ النَّارِ]

---

① 此處「長」表示「常」的音。
② 此處「風」表示「鳳」的音。
③ 此處「慈」表示「此」的音。
④ 抄本文字有誤，已改。

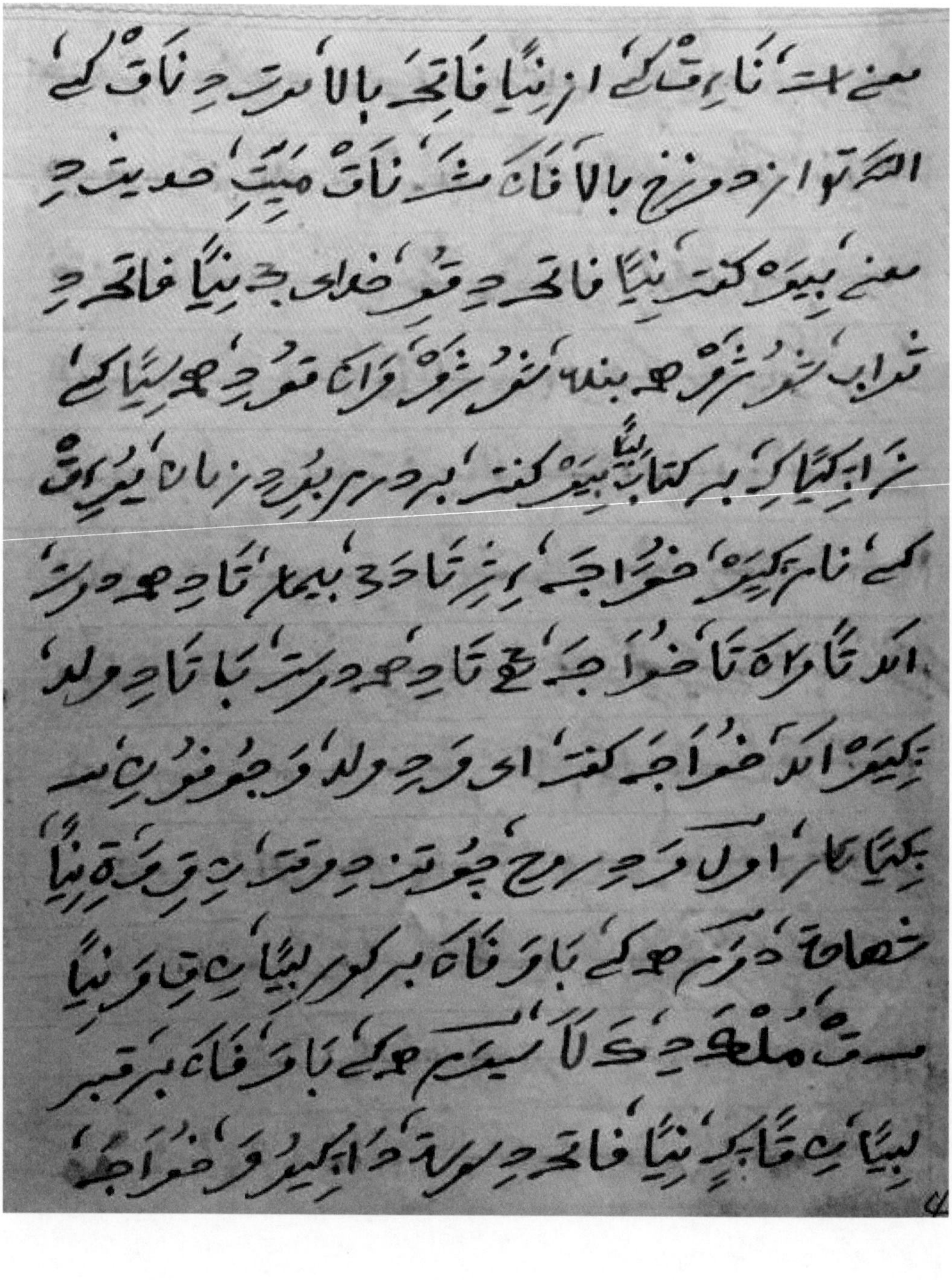

麥爾尼是：哪一個人，從念法提哈上，毛提的那個人，

安拉乎泰爾倆從多災海上，放赦那個埋體。哈迪斯的

麥爾尼，表說，念法提哈的貴，胡大憑著念法提哈的

賽瓦布，恕饒一些班代，恕饒亡故的一些先人。

咋見起？在克塔布裡邊表說，在前①輩的光陰，有一個

人，名叫華哲。一日他得了病，他的一些朵斯提，

來探望他。華哲同著他的一些朵斯提，把他的兒子

叫來。華哲說：「哎！我的兒子！我囑咐你三

件事情。第一，我的魯哈出體的時候，你給我提念

舍哈代提。第二，一些人，把我放在墳坑裡邊，你給我念

三個穆裡克的坷拉。第三，一些人，把我放在墳坑

裡邊，你趕緊念法提哈的蘇熱，搭救我。」華哲

---

① 此處「錢」表示「前」的音。

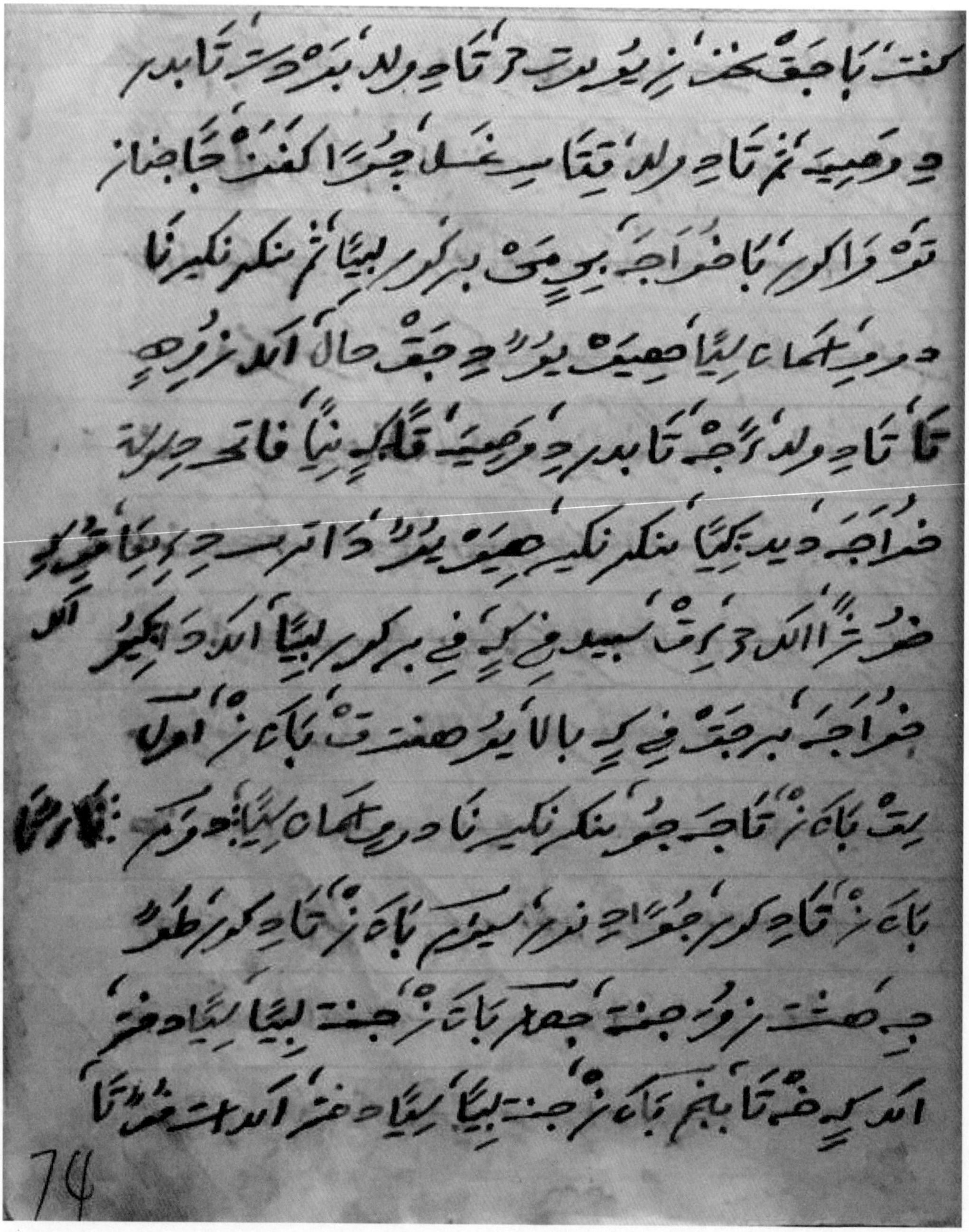

74

說罷這個話，就毛提了。他的兒子保守①他父親

的囑託。然後他的兒子給他洗烏蘇裡，穿克凡，站者纳茲，

掏挖墳坑。把華哲，殯埋在墳坑裡邊。然後蒙凱熱、乃凱熱那

兩位天仙，曉諭的這個時景，來罪行

他。他的兒子按著他父親的囑託，趕緊念法提哈的蘇熱。

華哲看見蒙凱熱、乃凱熱，曉諭，打害怕的一面跪起來。

忽然來了，一個白飛禽，飛在墳坑裡邊，來搭救

華哲。在這個飛禽上，有七個膀子。頭

一個膀子，它遮住蒙凱熱、乃凱熱那兩位天仙的拿問。第二②

膀子，他的墳坑，轉地光亮。第三③膀子，他的墳坑通

著八座天堂。第四④膀子，天堂裡邊仙女

來慶賀他。第五⑤膀子，天堂裡邊仙女來侍⑥奉他。

---

① 此處「手」表示「守」的音。
② 此處脫「個」字，未補。
③ 此處脫「個」字，未補。
④ 此處筆誤，「四[چهار]」應為「第四[چهارم]」，已改。此處脫「個」字，未補。
⑤ 此處脫「個」字，未補。
⑥ 此處「是」表示「侍」的音。

دوجايكات

ششم باز روجنت لبيا د نيا سي ينا أحمد قتا صفتم باز
تاد كوف طغوجي با زور جنت أز ضرا أجب كيو كوبر
سرال نكر نكر نا دورتما سينا جق سبيدم كاله
بزبد دور او جق طمه است تما نكر نكر كفت
يد ولد بر دنيا با الأرون نينا فالح د توراب
ضلاى دكيو جق توراب جق جيراق سبيد فى
صصرت الله بر كور لبيا كيو دور يو كير يا از
دوزخ د عذاب با الا د طغوى لا ضلاى دكيو يو
جنت لبيا صينا نع نع د جع نج تمام شده
جق ضرا أجب نيا رف الحمد لله أز اصلاى كيو
جدت ضلاى د بر ني جتا ضلاى تمام
حكايت يك يور آدم عم

第二十一個臥爾茲　阿丹之子施師的故事

第六①膀子，天堂裡邊的，仙席面，慈憫給他。第七②膀

子，他的墳坑通至八座天堂。然後華哲蹺蹊著，

問蒙凱熱、乃凱熱，那兩位天仙：「這個白飛禽來

救度我，這個黑克麥提是什麼？」然後蒙凱熱、乃凱熱說：

「你的兒子，在頓亞上，因為你念法提哈的賽瓦布，

為主的，叫這個賽瓦布，轉成一個白飛禽

的形象，來在墳坑裡邊，救度你，叫你從

多災海的爾雜布上，得脫離，為主的叫你進

天堂裡邊，享樣樣的一些恩典。」全美了。寫成了。

然後這個華哲，念一個艾裡哈目度領倆希，贊主清淨。

這是胡大的百恩，知感胡大。全美了。

黑卡耶提，一日阿丹聖人爾來伊黑賽倆目

---

① 此處脫「個」字，未補。
② 此處脫「個」字，未補。

رفت بهرد بايىغ بالاييد وا تا حورير در بايىغ بابا تا نا نا
كرر حم ادم ينتم نبرد بايىغ نثر جعرح تا ررش حررش
خولاب تا رش ببرجنت ببيا نع ببا دفتر كبيرت خ ح وع
ببا دفتر نكاح رخير تا احتلام هي نررح تا مام جى
مىغل تا نيت ببرد بايا نح ادم جعر د نا ر دعا
نرر رب اللّه تم امر باد بانا ر دعا نرر ر اب مقوا ابدر با
ببا اللّه تم دقدرت بد نا ر دعا نرر ر اب اللّه تم خلق رت
جمال حورا حو جبت ورا حو ماهر كبيت نيبا ررد با ببا
بيت جعرا للّه تم ادم حا خررا اهد د ربا نا جق نيغ
بت ببرجبكا ببيا نم ادم كنت اى حوا جق ولد بولد
ب نراح حا د اللّه تم رحمت د نر نينده در ببر جوويق
حا د ونر بابا أدم ورا نا ببا قاق نيبر با برق صلال

走在，海沿兒上，遊玩。他到在海沿兒上，他乏

困了。然後阿丹睡覺，在海沿睡著了。他做了一個

夢，他走在天堂裡邊，同著仙女，交合了。同著

仙女，尼卡哈之後，他夢遺，下精了。他忙著，

洗烏蘇裡，他跳在海裡邊。然後阿丹，出的，那一滴兒，

精水，安拉乎泰爾倆命令風，把那一滴兒，精水，刮在海

裡邊。安拉乎泰爾倆的大能，憑著那一滴兒，精水，安拉乎泰爾倆造化一個

俊美的玩童。這個玩童的名字叫施師，從海裡邊，

跑出來。然後阿丹，打歡喜的一面，把這個施師，

抱在家裡邊。然後阿丹說：「哎！好娃！這個兒子，不是

你生的，是安拉乎泰爾倆慈憫的。」然後施師到在，出幼，

十二歲上，阿丹望想，給施師聘一個哈倆裡。

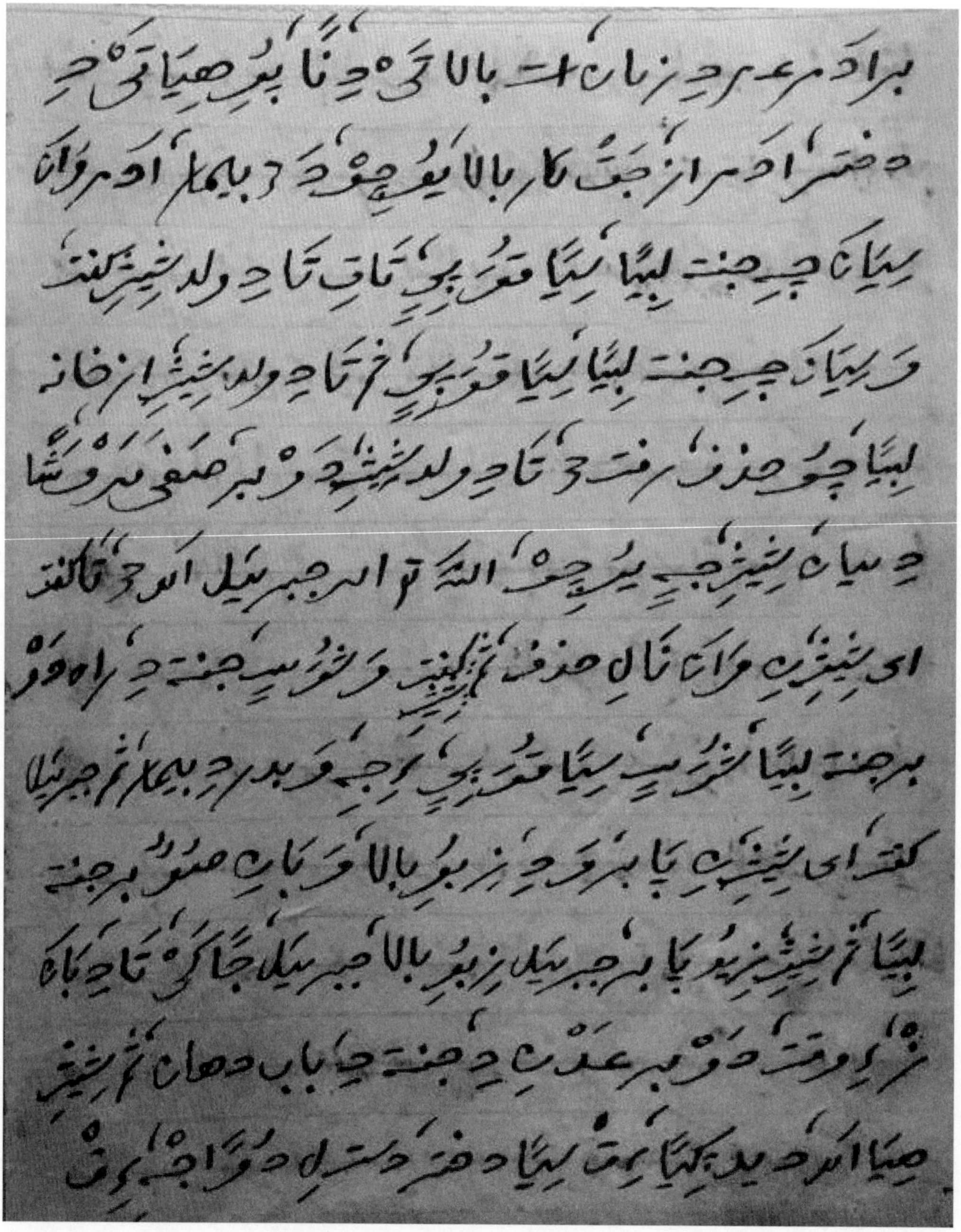

在阿丹聖人爾來伊黑賽倆目的光陰，是上胎的男，配下胎的

女。阿丹從這個事情上，憂愁，得了病。阿丹望

想吃天堂裡邊，仙果品。他給他的兒子施師說：

「我想吃天堂裡邊，仙果品。」然後他的兒子施師，從家

裡邊，出去，走了。他的兒子施師，到在索法、麥爾臥山

的中間，施師正憂愁，安拉乎泰爾倆命令哲布熱依裡來了。他說：

「哎！施師！你往哪裡去？」然後施師說：「我索尋天堂的，路道，

在天堂裡邊，索尋，仙果品，醫治我父親的病。」然後哲布熱依裡

說：「哎！施師！你趴在我的，脊背上，我把你送在天堂

裡邊。」然後施師就趴在，哲布熱依裡脊背上。哲布熱依裡展開他的膀

子，一時，到在阿德尼的，天堂的門口。然後施師

下來，看見，一個仙女，手裡端著，一個

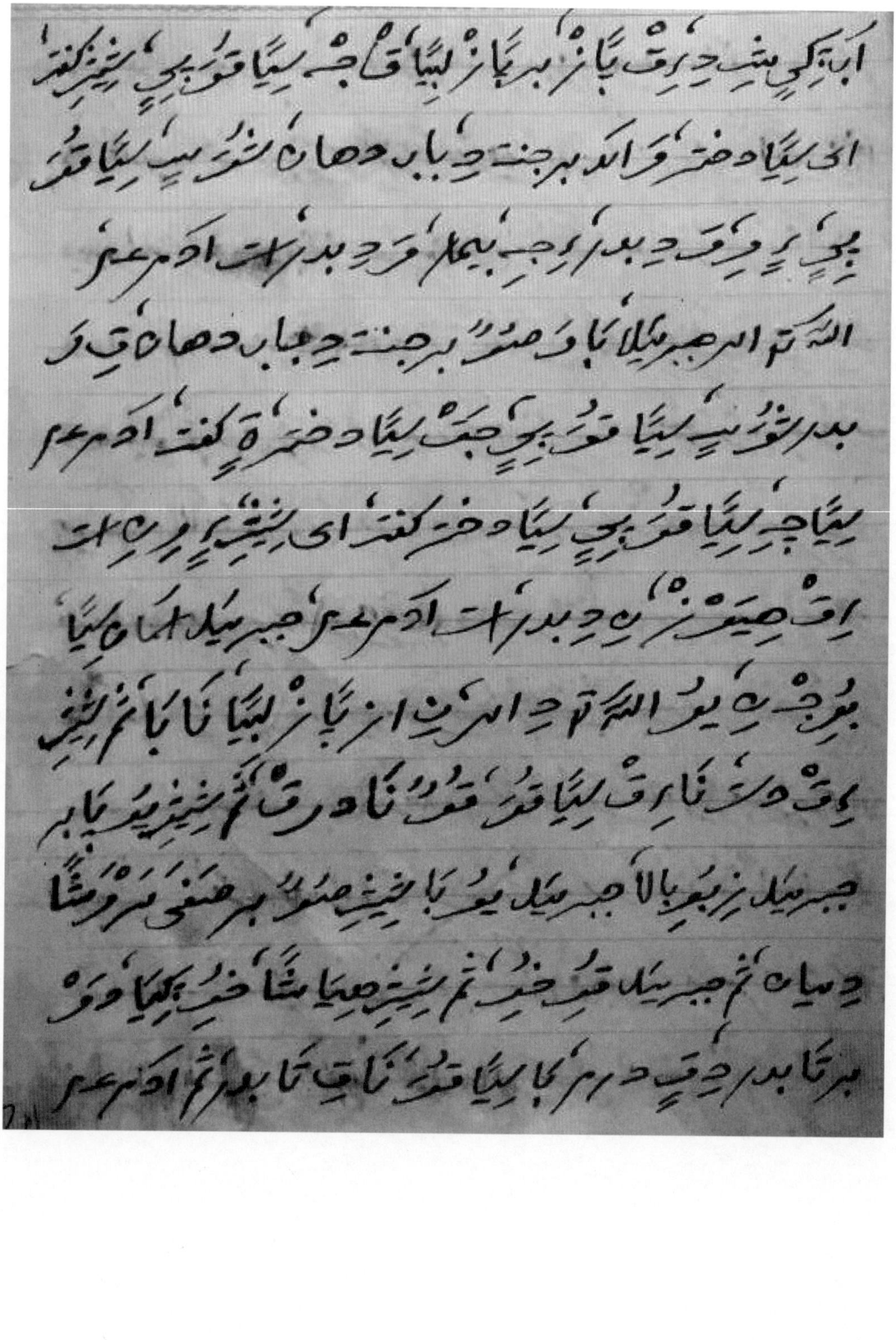

水晶石的，一個盤子。在盤子裡邊擱著，仙果品。施師說：

「哎！仙女！我來在天堂的門口，索尋，仙果

品，因為，我的父親，醫治病，我的父親是阿丹聖人爾來伊黑賽倆目，

安拉乎泰爾倆命令哲布熱依裡把我送在天堂的門口，給我

父親索尋，仙果品。」這個仙女，聽見，阿丹聖人爾來伊黑賽倆目

想吃，仙果品。仙女說：「哎！施師！因為你是

一個孝子，你的父親，是阿丹聖人爾來伊黑賽倆目，哲布熱依裡天仙，

背著你，有安拉乎泰爾倆的命令，你從盤子裡邊，拿吧。」然後施師

一個手，拿一個仙果，共拿兩個。然後施師又趴在

哲布熱依裡脊背上，哲布熱依裡，又把施師送在索法、麥爾臥山

的中間。然後哲布熱依裡歸回。然後施師下山回家，到

在他父親的跟前①，把仙果拿給他父親。然後阿丹聖人爾來伊黑賽倆目

---

① 此處「錢」表示「前」的音。

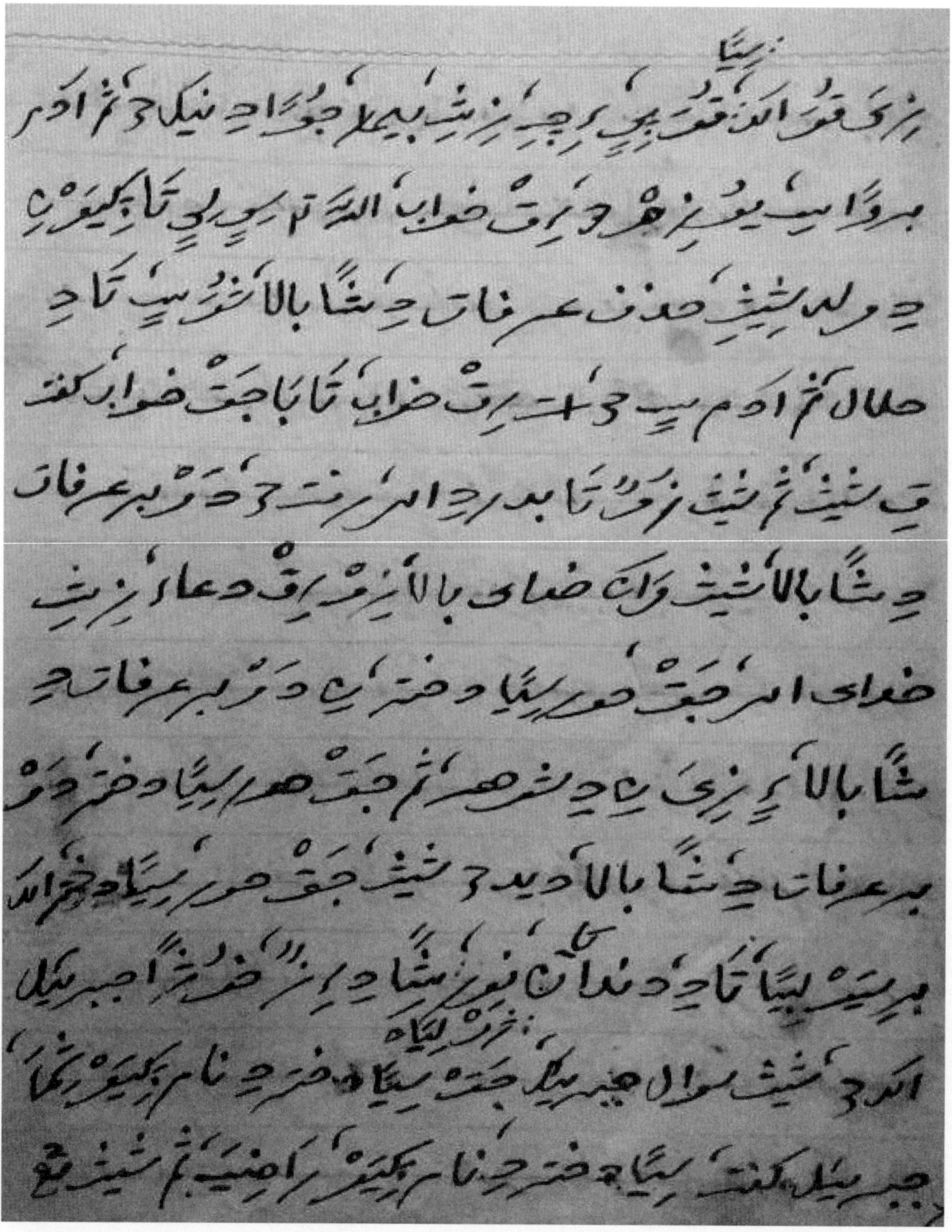

接過來，仙果品，一吃，即時，病轉地好了。然後阿丹

在晚夕，又做了一個夢。安拉乎泰爾倆醒令他：「叫你

的兒子施師，去阿拉法特的山上，索尋他的

哈倆裡。」然後阿丹醒了，是一個夢。他把這個夢說

給施師。然後施師遵他父親的命令，去了。到在阿拉法特

的山上，施師往胡大上做一個杜阿。即時

胡大命令，這個，號熱仙女，你去在阿拉法特的

山上，迎接你的丈夫。然後這個號熱仙女到

在阿拉法特的山上，見了施師。這個號熱仙女來

在笑裡邊。她的牙光嬈亮山的一總。忽然哲布熱依裡

來了，施師問：「哲布熱依裡，這個仙女的名字叫什麼？」

哲布熱依裡說：「仙女的名字叫拉孜耶。」然後施師同著

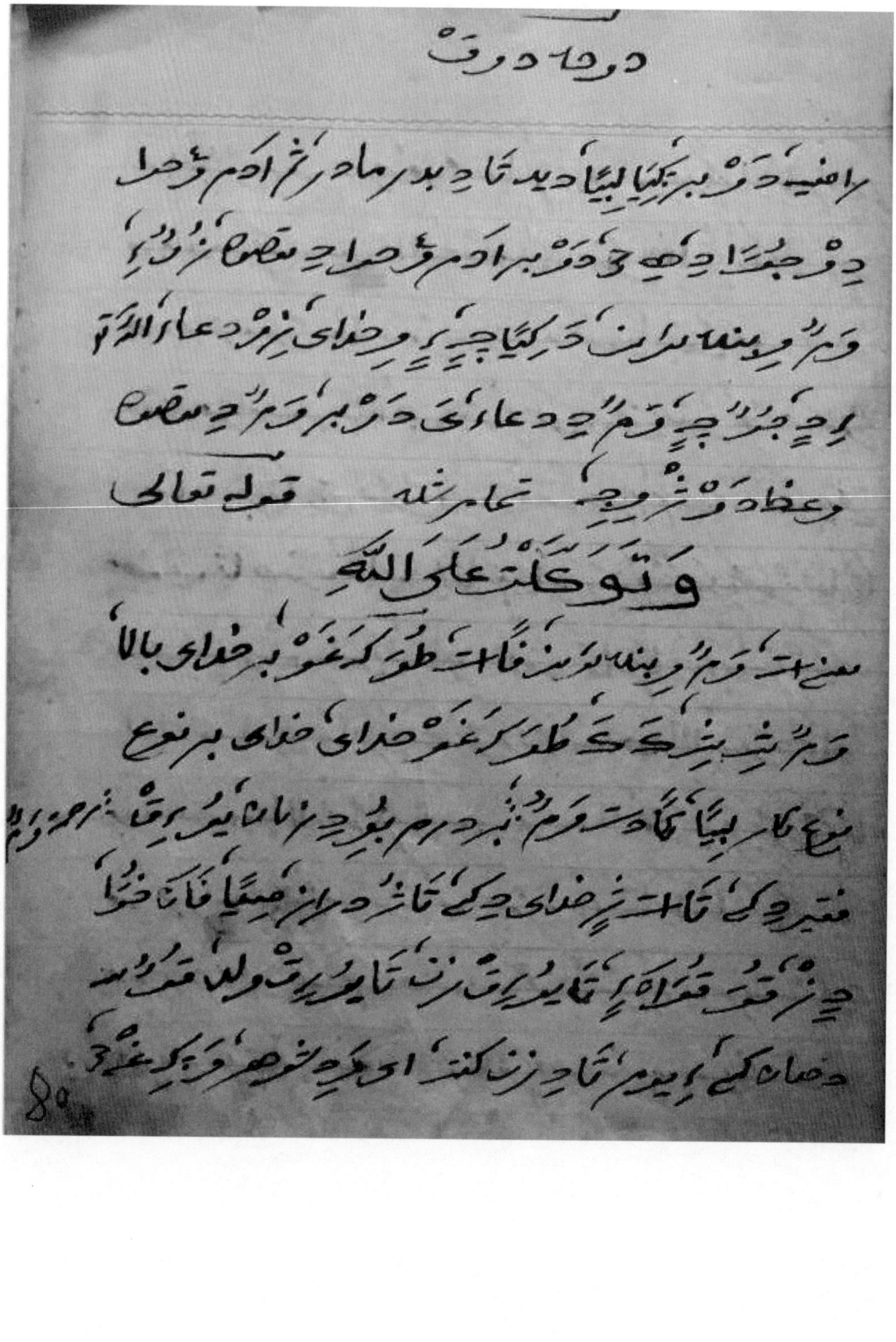
تمام شد قوله تعالی

وتوکلت علی الله

第二十二個臥爾茲　窮丈夫托靠胡大的故事

拉孜耶到在家裡邊，見他的父母。然後阿丹與好娃

都轉地喜了，到在阿丹與好娃的麥格蘇代。總義：

我們為班代穆民，得虔誠，因為胡大，做杜阿，安拉乎泰爾倆

一定準承我們的杜阿，也到在我們的麥格蘇代，

臥爾茲到此為止。全美了。寫成了。　　　　　　　真主說：

[اتَوَكَّلْتُ عَلَى اللَّهِ]① （11:56）

麥爾尼是：我們為班代穆民凡事②托靠，在胡大上，

我們時時刻刻托靠主，胡大在樣

樣事情裡邊看守③我們，接續我們。在前④輩的光陰，有一個

窮的人，他是認主的人。如常⑤絢紡花

頂子，過光陰。他有一個妻子，他有一個兒子，共三

口人。一日，他的妻子說：「哎！我的丈夫！我饑餓了，

---

① 抄本衍「و」，未錄。
② 此處「是」表示「事」的音。
③ 此處「手」表示「守」的音。
④ 此處「錢」表示「前」的音。
⑤ 此處「長」表示「常」的音。

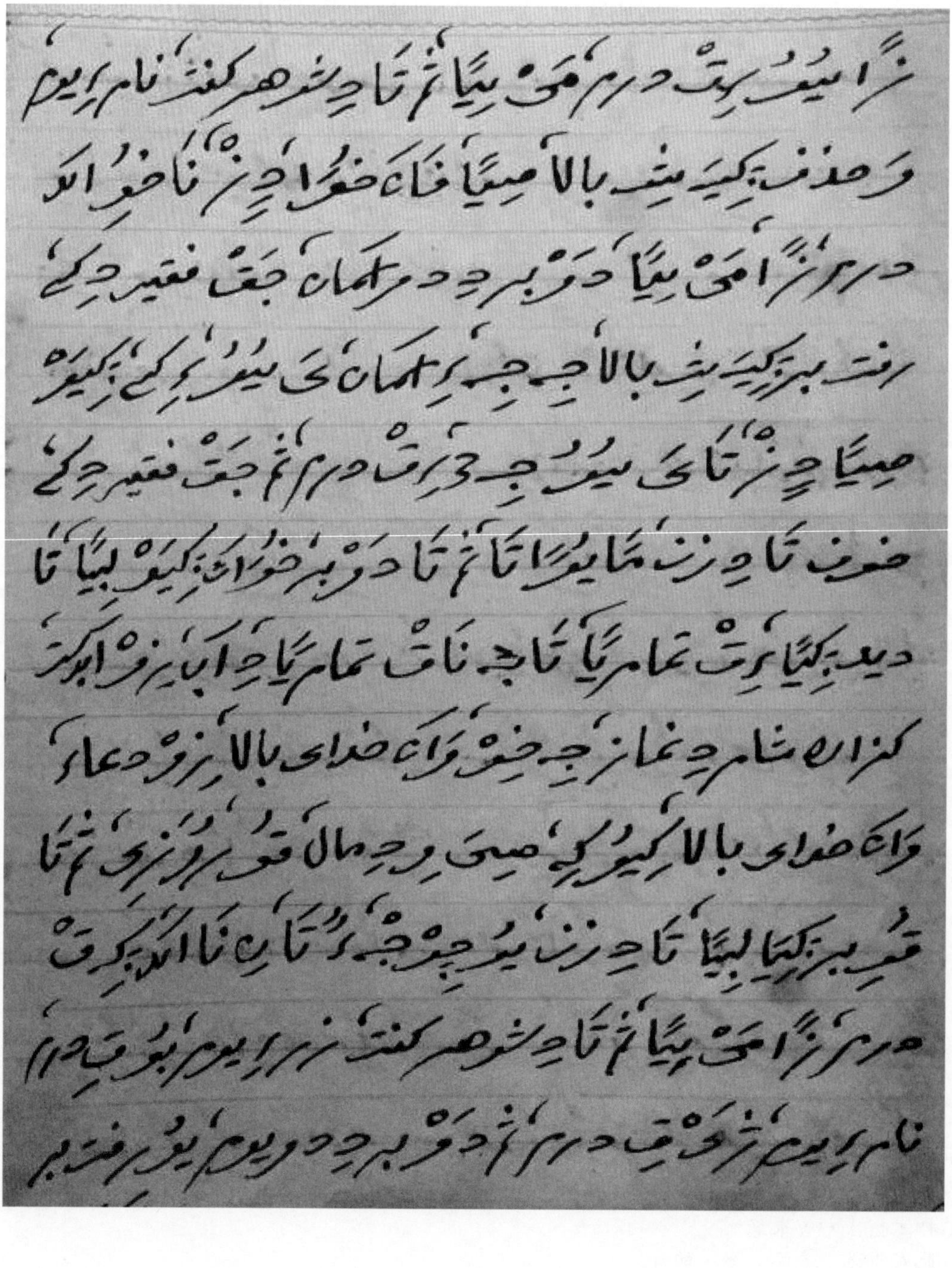

咱沒有一個錢，買面。」然後她的丈夫說：「明①一日，

我去街市上，絢紡花頂子，拿回來

錢，咱買面。」到在第二天，這個貧窮的人，

去在街市上，直至一天也沒有一人叫

絢頂子，他也沒有致②了一個錢。然後這個貧窮的人

害怕他的妻子埋怨他。然後他到在荒郊裡邊，他

看見，一個泉③眼，他憑著那個泉④眼的水，做阿布代斯，

交還沙目的乃麻子，之後，往胡大上，做杜阿，

往胡大上，求乞些微的財帛，過生活。然後他

歸在家裡邊，他的妻子，憂愁著，問他：「你拿來幾個

錢？咱買面。」然後他的丈夫說：「今一日，不給錢，

明⑤一日，再給錢。」然後到在第二日，又出去在

---

① 此處「名」表示「明」的音
② 河南方言，意思是「賺取、掙到」。
③ 此處「全」表示「泉」的音。
④ 此處「全」表示「泉」的音。
⑤ 此處「名」表示「明」的音。

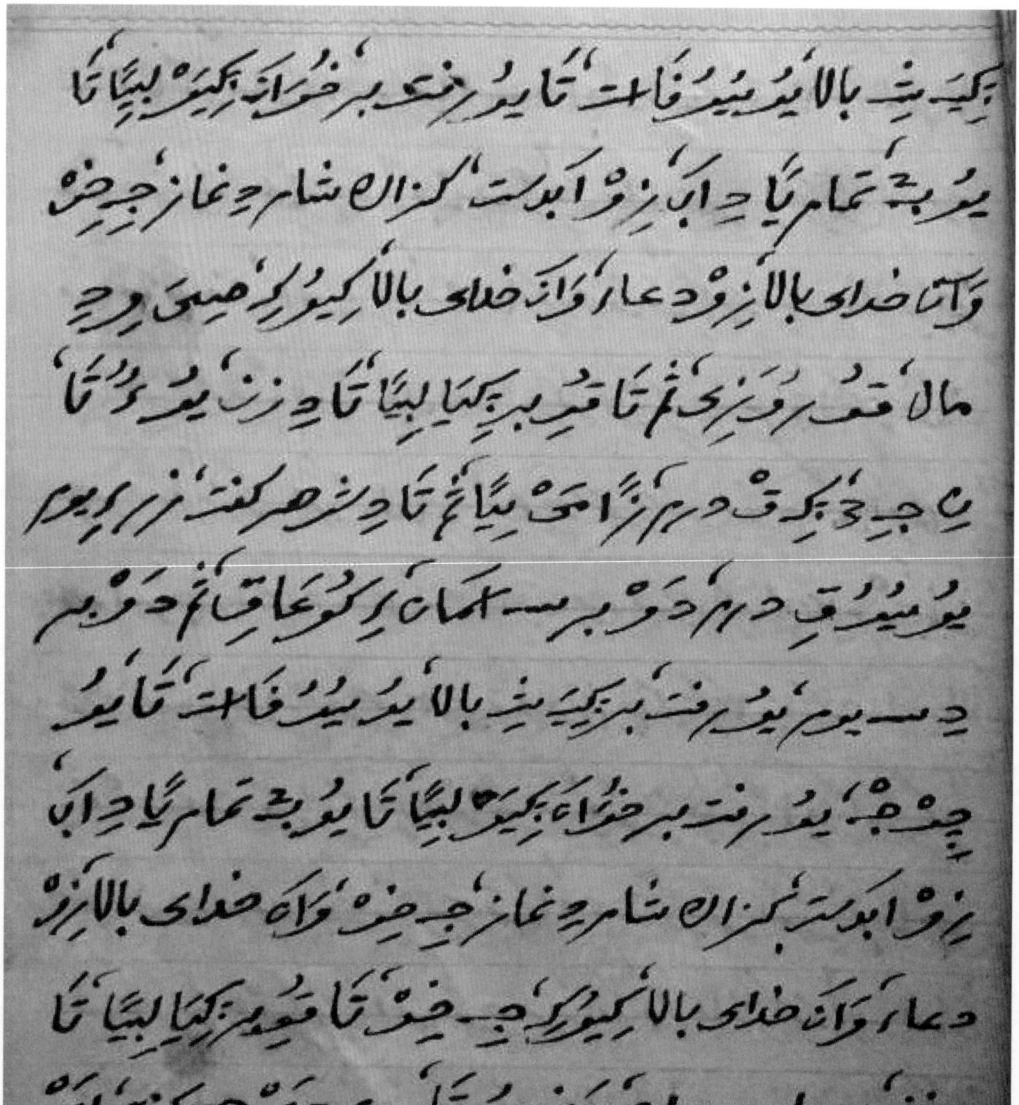

街市上，又沒有發事①，他又去在荒郊裡邊，他

又憑著，泉②眼的水，做阿布代斯，交還沙目的乃麻子，之後，

往胡大上，做杜阿，往胡大上，求乞些微的

財帛過生活。然後他歸在家裡邊，他的妻子又問他：

「你致③了幾個錢？咱買麵。」然後她的丈夫說：「今一日

沒有給錢，到在④三天，一塊兒給。」然後到在

第三天，又去，在街市上，沒有發事⑤，他憂

愁著，又去在荒郊裡邊，他又憑著泉⑥眼的水，

做阿布代斯，交還沙目的乃麻子，之後，往胡大上，做

杜阿，往胡大上，求乞。之後，他歸在家裡邊，他

的妻子，在門口等著他，面帶喜，說：「哎！

我的丈夫！你做的，三天的工錢，給送在

---

① 此處「是」表示「事」的音。
② 此處「全」表示「泉」的音。
③ 河南方言，意思是「賺取、掙到」。
④ 此處脫「第」字，未補。
⑤ 此處「是」表示「事」的音。
⑥ 此處「全」表示「泉」的音。

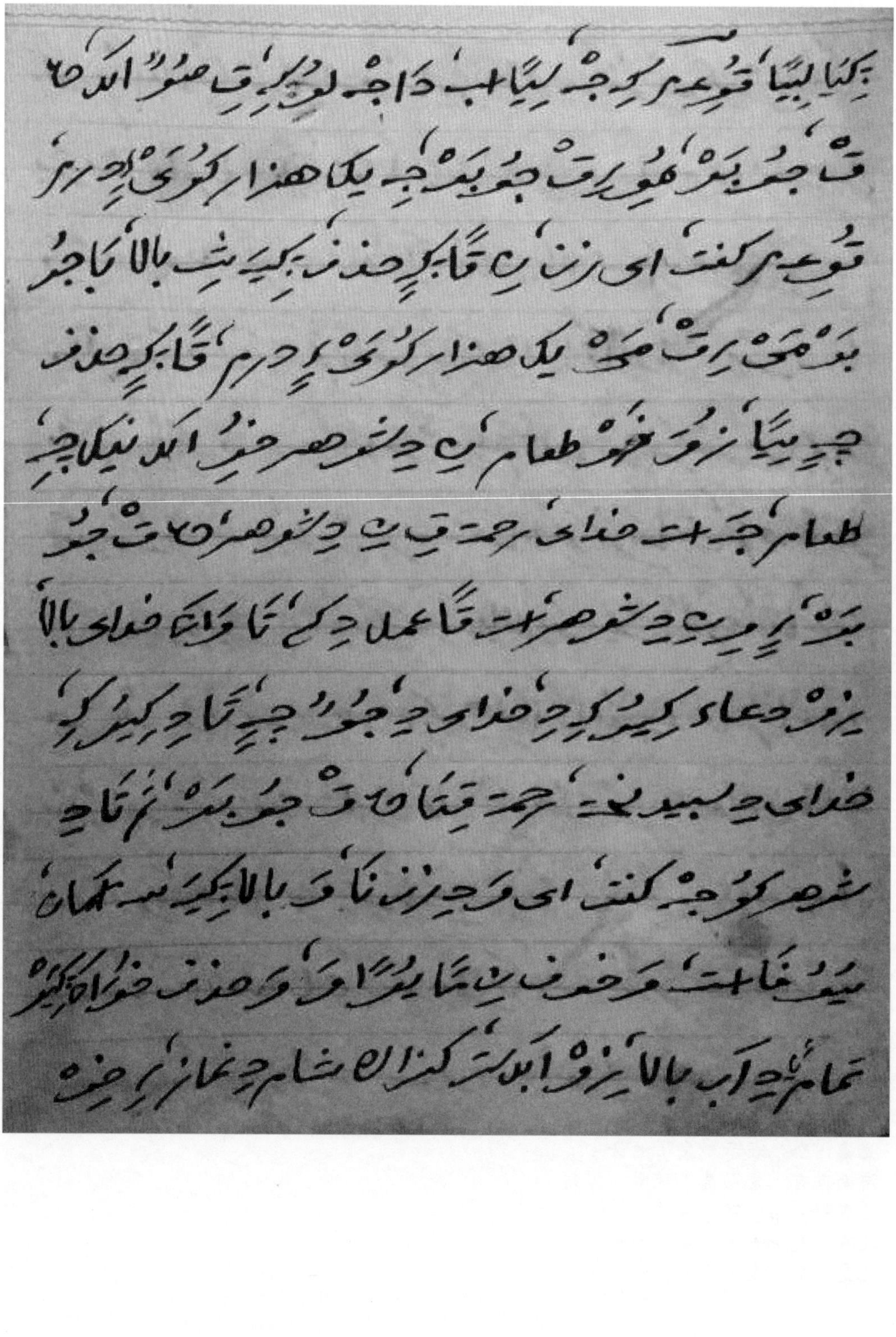

家裡邊。貴聖人爾來伊黑賽倆目騎著仙馬，打著綠旗，給送來十

個珠寶，每一個珠寶，值一千塊銀錢。」

貴聖人爾來伊黑賽倆目說：「哎！女人！你趕緊去街市上，把珠

寶賣一個，賣一千塊銀錢，趕緊去

稱面，做造托阿目，你的丈夫回來好吃

托阿目。這是胡大慈憫給你的丈夫十個珠

寶，因為你的丈夫，是幹爾麥裡的人。他往胡大上，

做杜瓦求乞的，胡大的准承，他的求乞，

胡大的百①恩，慈憫給他，十個珠寶。」然後她的

丈夫哭著說：「哎！我的妻子吶！我上街，三天，

沒有發事②，我害怕你埋怨我，我去荒郊，

泉③眼的水上，做阿布代斯，交還沙目的乃麻子以後，

---

① 此處「白」表示「百」的音。
② 此處「是」表示「事」的音。
③ 此處「全」表示「泉」的音。

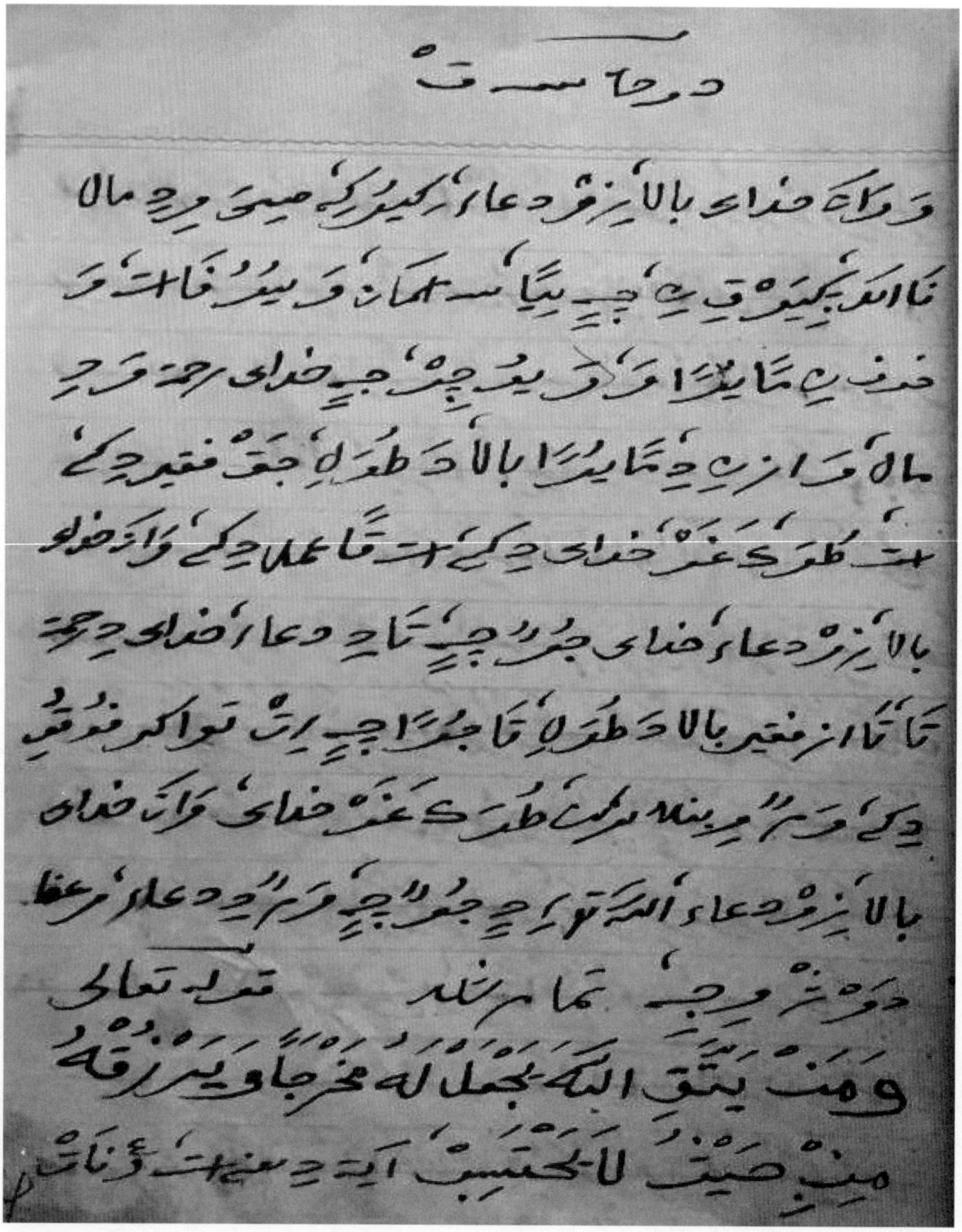
تمام شد
قوله تعالى
وَمَنْ يَتَّقِ اللّٰهَ يَجْعَلْ لَهُ مَخْرَجًا وَيَرْزُقْهُ
مِنْ حَيْثُ لَا يَحْتَسِبُ

第二十三個臥爾茲　百靈鳥的故事

我往胡大上，做杜阿，求乞，些微的財帛，

拿來，交給你，稱麵。三天，我沒有，發事①，我

害怕你埋怨我。我憂愁，真主慈憫我的

財帛，我從你的，埋怨上，得脫離。」這個貧窮的人，

是，托靠胡大的人，是幹爾麥裡的人。往胡大

上，做杜阿，胡大准承，他的杜阿。為主的慈憫

他，他從貧窮上得脫離，他轉成一個坦沃格熱富貴

的人。我們為班代穆民，托靠胡大，往胡大

上，做杜阿。安拉乎泰爾倆一定準承，我們的杜阿，臥爾茲

到此為止。全美了。寫成了。　　　　　　　　真主說：

[وَمَنْ يَتَّقِ اللَّهَ يَجْعَلْ لَّهُ مَخْرَجًا وَيَرْزُقْهُ

مِنْ حَيْثُ لَا يَحْتَسِبُ] （65:2.3）。阿耶提的麥爾尼是：與那個

---

① 此處「是」表示「事」的音。

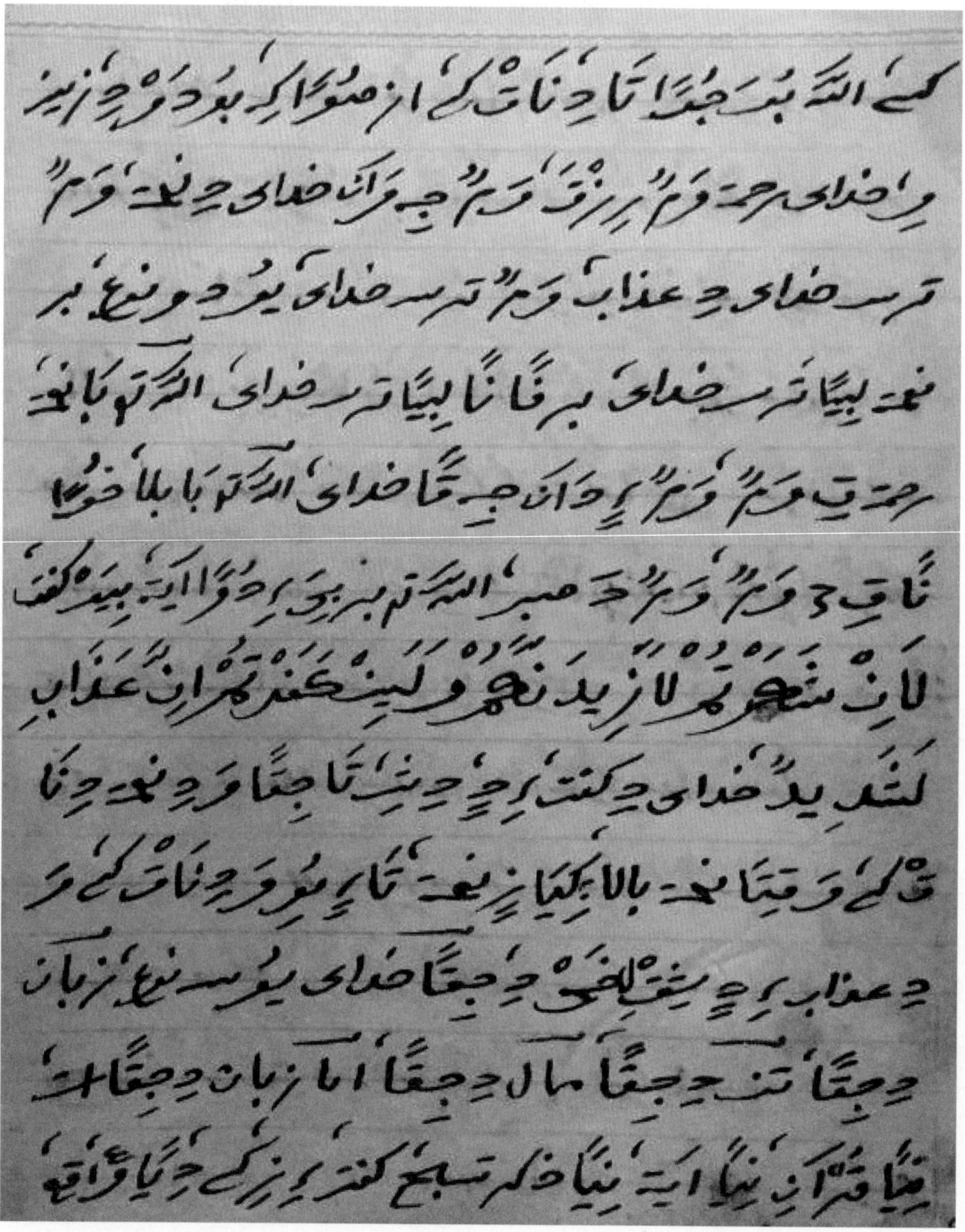
کسی الله ببه جبدا تاد نات کی از صوگا کر بود ور جی زیر
ور خدای رحمة ور رزق مر جی مران خدای جی نعمة ور
ترس خدای جی عذاب ور ترس خدای بر دو و نع بر
نعمة لیگا ترس خدای بر فا نا لیگا ترس خدای الله تو کانع
رحمة قی ور ور ردان جی تما خدای الله تو با بلا خو
تاق د ور ور د صبر الله تو بر بی ردوگا آیة بید کف
لئن شكرتم لأزيدنكم ولئن كفرتم إن عذابي
لشديد خدای د کتب رجی د ن تا جعا مرد نعمة دنا
ق کی و قینا نعمة بالا بکیا ز نعمة تا ر بو و د نات کی مر
د عذاب رجی شن لخی د جعا خدای بو سنع زبان
د جعا تن د جعا مال د جعا اما زبان د جعا
قنا قرآن نیا آیة نیا ذکر تسبیح کفر ز کی د یا واقع

人，安拉乎撥轉他的那個人，從算計不到的，地

位，胡大慈憫我們雷孜給。我們指望胡大的恩典，我們

害怕胡大的爾雜布。我們害怕胡大，有兩樣。在

恩典裡邊害怕胡大，在犯難裡邊害怕胡大。安拉乎泰爾倆把恩典，

慈憫給我們，我們應當知感胡大。安拉乎泰爾倆把白倆，患

難給了我們，我們得忍耐，安拉乎泰爾倆在別一段阿耶提，表說：

لَئِن شَكَرْتُمْ لَأَزِيدَنَّكُمْ وَلَئِن كَفَرْتُمْ إِنَّ عَذَابِى]

[لَشَدِيدٌ （14:7）。為主的說：「一定，的實，他知感我的恩典的那

個人，我給他恩典上加增恩典。他隱昧我的那個人，我

的爾雜布一定是個厲害的。」知感胡大有三樣，舌肉

的知感，身體的知感，財帛的知感。又明舌肉的知感是，

念《古熱阿尼》，念阿耶提，念孜克爾、泰斯比哈，說益濟人的言語①。

---

① 此處「遇」表示「語」的音。

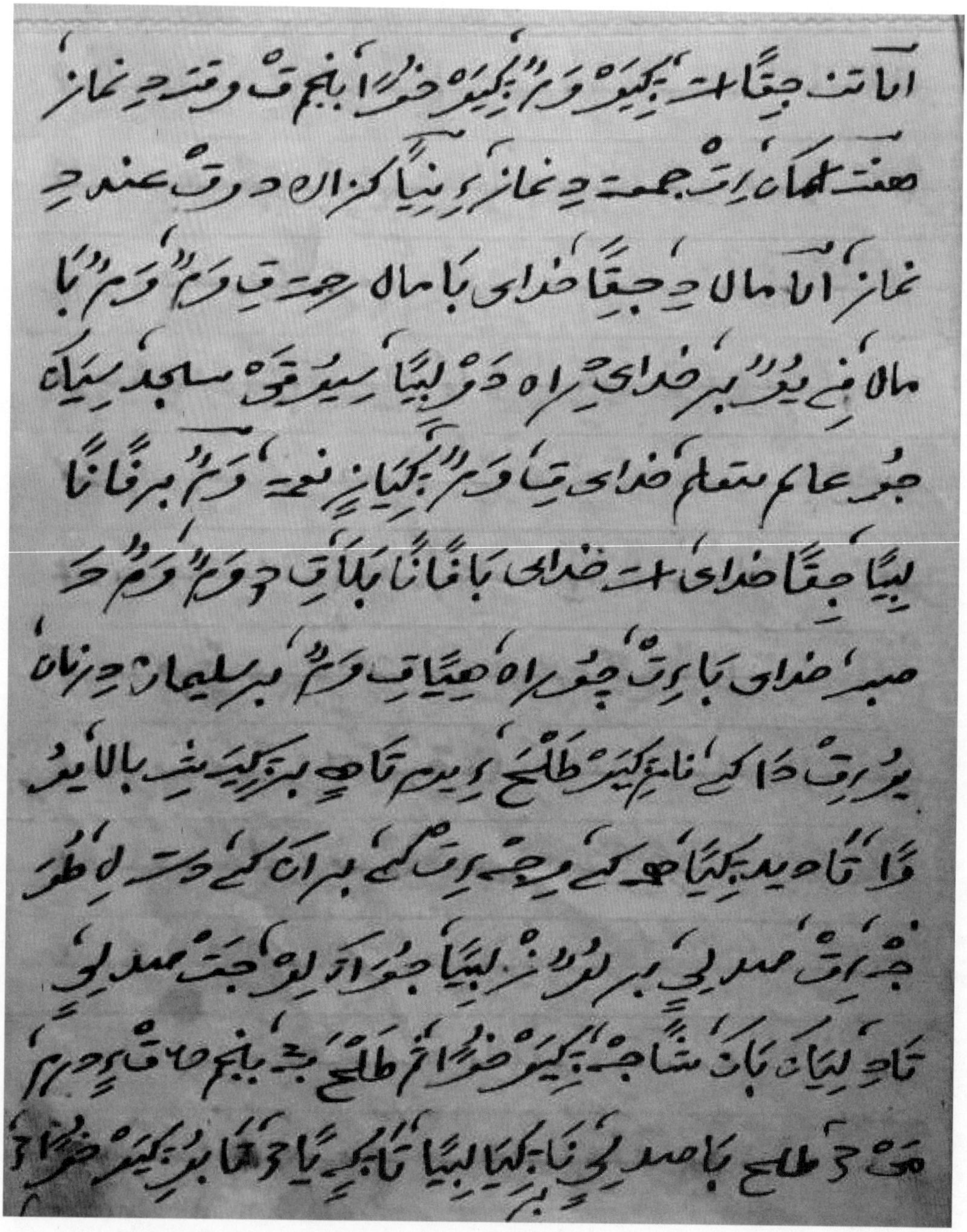

又明身體知感是，叫我們交還，五①個時候的乃麻子，

七天一個主麻的乃麻子，一年交還兩個爾德的

乃麻子。又明財帛的知感，胡大把財帛慈憫給我們，我們把

財帛，費用在胡大路道裡邊，修蓋麥斯志德，襄

助爾林、穆泰爾林，胡大給我們加增恩典。我們在犯難

裡邊，知感胡大，是胡大把犯難白倆，給了我們，我們得

忍耐，胡大把一個出路，顯給我們。在蘇萊瑪乃的光陰，

有一個大人，名叫托裡哈。一日他行在街市上，遊

玩。他看見一些人，圍著一個人。在那人手裡，托

著一個百靈，在籠子裡邊，裝嘍。這個百靈

它的兩膀，扇著叫喚。然後托裡哈憑著五②十個銀錢，

買了。托裡哈把百靈，放在家裡邊，它噤言了，它不叫喚了。

---

① 此處筆誤，「第五[مجنا]」應為「五[جنا]」，已改。
② 此處筆誤，「第五[جمنا]」應為「五[جنا]」，已改。

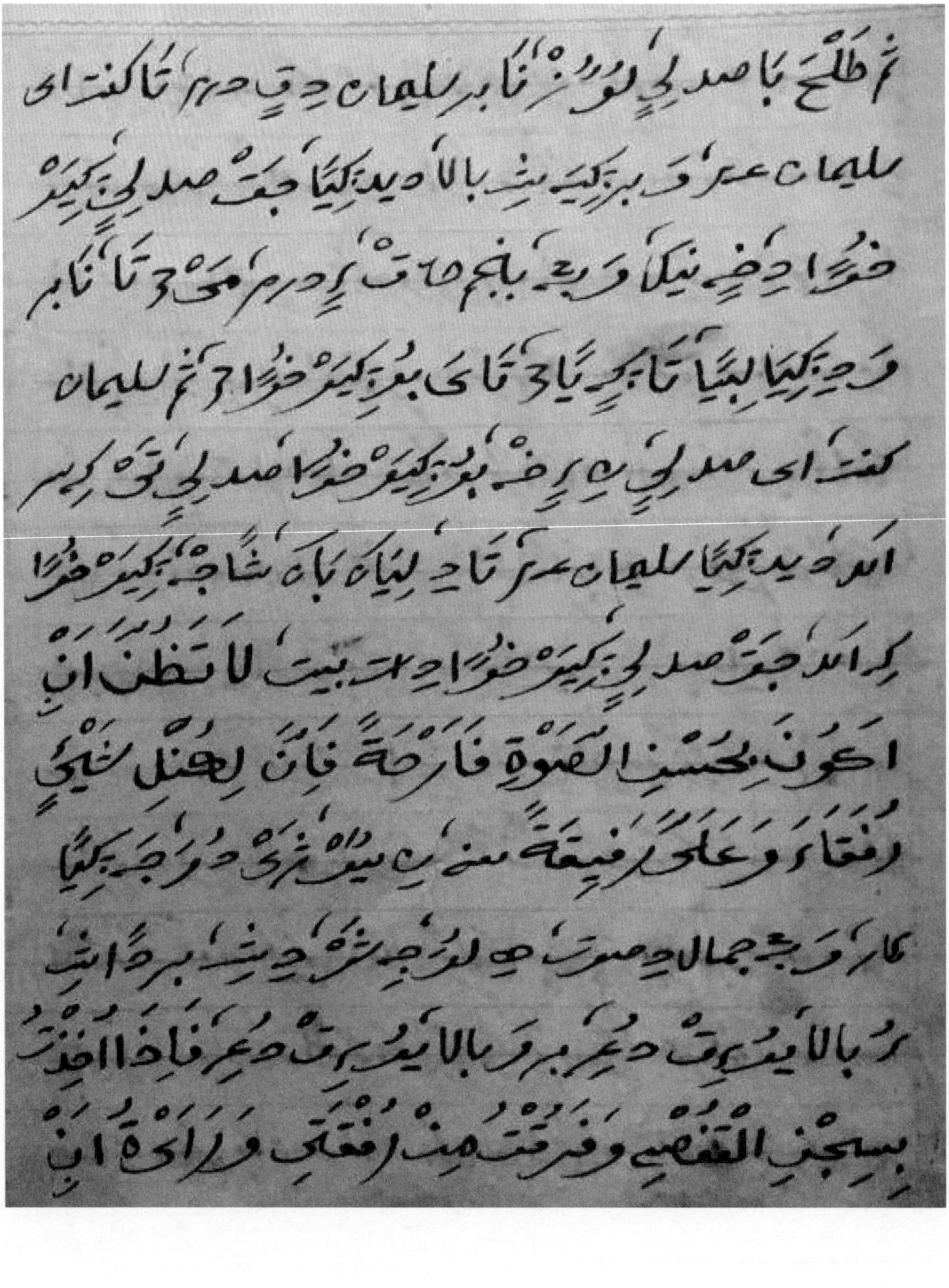
ثُمْ طَلَّحَ بَا صدلِحِ لُوُ وُرْ نَا بَرْ سليمان دِقِ حر تَا كنتَ اى
سليمان عىرقَ بر كىيه بش بالا ويد كيا جيقْ صدلح كيرْ
خوزا دِ خِي نيكا فَ ريجِ بانجم حا قْ يِ درم محح تا نابر
فَ جِ كيا ليبا تا بر ياي تا اى بع كيرْ خوزا اح ثم سليمان
كنتَ اى صدلح يى رِ في بع كيرْ خوزا صدلح تح كرىر
الله وَ يد كيا سليمان عر تا دِ ليا كه باه شا جِ كيرْ خوزا
كر الله جيقْ صدلح كيرْ خوزا دِ ات بيت لا تظن انْ
اكون لحسن الصورة فارحة فانّ لهنل شيئ
رفقا و علىحار فنيعة مىنر يى ييو ثزح دو فَ جِ كيا
نكار فَ جي جمال دِ صورتَ حِ لوجِ ثرْ دِ شِ بر داش
نر بالا يير قْ دِ عر بر فَ بالا يير يِ قْ دِ عر فاذا اخذتْ
بسجن القفص وفرقت من رفقتي وراحة انْ

然後托裡哈把百靈籠子拿在蘇萊瑪乃的跟前①。他說：「哎！

蘇萊瑪乃聖人爾來伊黑賽倆目！我在街市上，看見這個百靈，叫

喚得很好，我憑著，五②十個銀錢，買了它，拿在

我的家裡邊，它噤言了，它也不叫喚了。」然後蘇萊瑪乃

說：「哎！百靈！你因何不叫喚？」百靈抬起頭

來，看見蘇萊瑪乃聖人爾來伊黑賽倆目，它的兩膀，扇著叫喚

起來。這個百靈，叫喚的是拜依提：[لَا تَظُنَّ اَنْ

اَكُونَ بِحُسْنِ الصَّوْتِ فَارِحَةً فَاِنَّ لِكُلِّ شَيْءٍ

رُفَقَاءَ وَعَلَىَّ رَفِيقَةً]。麥爾尼：你莫要猜度，這件

事情。我憑著俊美的聲音，喜樂之哨。的實，在但是

物上，有一個對兒，在我上有一個對兒。[فَاِذَا اُخِذْتُ

بِسِجْنِ الْقَفَصِ وَفَرَقْتُ مِنْ رُفْقَتِى وَرَأَيْتُ اَنْ]

---

① 此處「錢」表示「前」的音。
② 此處筆誤，「第五[پنجم]」應為「五[پنج]」，已改。

اكون في مهار الضيّفى فبهيت حزنة سنده

برؤ از لرز ثر ليّا شوه وجت برنا و از وجه درت بالا فسه

لى وحى بدكنا وت برجه كنا و فمؤ وحا ايس جهرجه

بينا وكر فبينا كنت في البهآء واذا اجاء ترم

جانبت قفضت منهم رفعت فقالتنو ان لا تبه

فان الله لا تحب ماحيه سن وجيبر عليبا خض

زكنا غد في كير لاريب لورا وجدير از تام كر جؤ يز

صجى يار تاب وكنت ميت دوكو حيث الله آبد

حو در كرى كر وصبر وعنت الله و ارض بخطا

الله عرفه فيرغ الصبر ورزقه وجعله مخرجه

منى اى وجه در سنيا سبر جه ت ضف ضلاى جه به دا

صبر ريفا كير يو اضلاى يا در انا ده فانا

غلاى:

端：麥爾尼。[أَكُونَ فِى مَكَانِ الضِّيقِ فَبَكَيْتُ حُزْنَةً]①

在，我從籠子裡邊，受了這個疑難，我從我的朵斯提上，分

離。我看見，我是在窄狹的位份，我打憂愁的一

面，我哭。[فَبَيْنَمَا كُنْتُ فِي الْبُكَاءِ وَإِذَا جَاءَ مُرْغٍ]

[جَانِبَتِ قَصَتِي مِنْهُمْ رُفْقَتِي فَقَالَتْنِي أَنْ لَا تَبْكِ]

[فَإِنَّ اللهَ لَا يُحِبُّ بَاكِيَةً]②。麥爾尼：然後我正在，哭裡邊。忽然

間，一些飛禽，落在籠子的周圍，從它們其中，有

我的亞熱。它給我說：「你莫要多哭，的實，安拉乎泰爾倆不

喜多哭的人。」[وَاصْبِرْ وَاخْشَ اللهَ وَارْضِ بِحُكْمٍ]

[اللهِ عُرْفَتَ فَيَرْفَعَ ضُرُورَتَكَ وَيَجْعَلَ لَكَ مَخْرَجَةً]③。

麥爾尼：哎！我的朵斯提呀！你忍耐著，你害怕胡大著，你打

忍耐的一面，情願，胡大的判斷，胡大拿起你的煩難，

---

① 抄本文字有誤，已改。
② 抄本文字有誤，已改。
③ 抄本文字有誤，已改。

بارت جه لوجوا برت بالا واذا اسمعوا القول

فاعترفت بخطايي خوفة نذ يومرما بهيئا الى

الان سبكت الله ضغية من دوا ابرق بيكا

وجدورت بياعورى بوكهج از ناق وقتا ورا

مورجه نرا اخداى جز شريك بنجان من خلق الخلق

وخلق نى وعمله علما و تبصيرا عطائية من

نرا اناق اخداى بيايز نا نوهنا اليرو ونا نرهنا اولاد

نا باعلم قد ليروت نا باينث نا د د وجنم ق ليرو ور

وقبير نا خلت فى اربع سالة تن كان ذارهة اراد

ز النه وصومد روق من اخداى نرو هنا اناق اراد

حقد مروت ان نليمان عمرة بيكا صد لى كنت جق كنز

نليمان عمركتاى طلح قوت ن بينح جية د رر بيا

把一個出路轉在你上。[وَإِذَا سَمِعَ الْقَوْلَ]

اعْتَرَفْتُ بِخَطَايِي خَوْفَةً مُنْذُ يَوْمِ مَا بَكَيْتُ إِلَى

[فَالْآنَ سُبْحَانَ الله خُفْيَةً]。麥爾尼：端在，我聽見，

我的朵斯提言語，我也，不哭了，從那個時候，我暗

昧著，贊胡大，直至如今。[سُبْحَانَ مَنْ خَلَقَ الْخَلَقَ]

[وَخَلَقَني وَعَلَّمَكَ عِلْمًا وَمُبْصِرةً عَطَائِيَّةً]。麥爾尼：

贊那個胡大清淨，他造化了我，他造化萬物，

他把爾林給了你，他把能看的兩眼給了我。

[وَاصْبِرْ مَا خَلَقَ فِي أَرْبَعِ سَلَه تَنِ كَانَ ذَلِكَ أَرَانَنِي]

[الله وَهُوَ مُرْوَةٌ]。麥爾尼：胡大造化那個要為

是我的穆熱臥提。然後蘇萊瑪乃聖人爾來伊黑賽倆目聽見百靈說這個話，

蘇萊瑪乃聖人爾來伊黑賽倆目說：「哎！托裡哈！我給你五①十個銀錢，你把

---

① 此處筆誤，「第五[پنجم]」應為「五[پنج]」，已改。

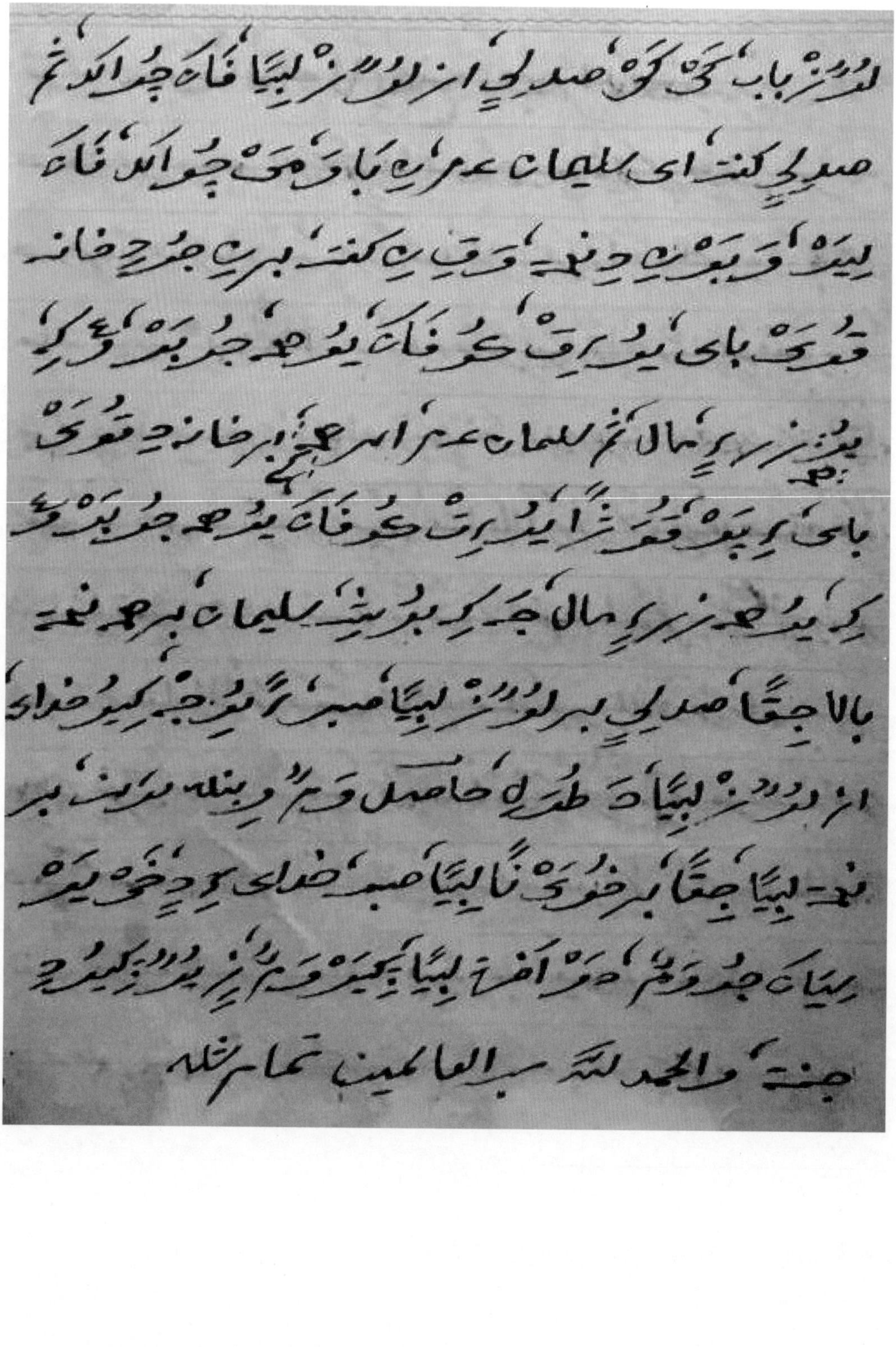

籠子門開開，百靈從籠子裡邊，放出來。」然後

百靈說：「哎！蘇萊瑪乃聖人爾來伊黑賽倆目！你把我買出來，放

咧，我報你的恩。我給你說，在你住的家

拐角①，有一個庫房，有一些，珠寶玉器，

有一些金銀財帛。」然後蘇萊瑪乃聖人爾來伊黑賽倆目命令一些人在家的拐

角②，一刨，果然有一個庫房，有一些珠寶玉

器，有一些金銀財帛。這豈不是蘇萊瑪乃，在一些恩典

上知感，百靈在籠子裡邊，忍耐。暗昧著，求胡大，

從籠子裡邊，得脫離。總義：我們為班代穆民，在

恩典裡邊，知感。在患難裡邊，忍耐，胡大一定還要

襄助我們，到在阿黑熱提裡邊，叫我們進永久的

天堂。一切讚頌全歸養育眾世界的主宰。全美了。寫成了。

----

① 此處「腳」表示「角」的音。
② 此處「腳」表示「角」的音。

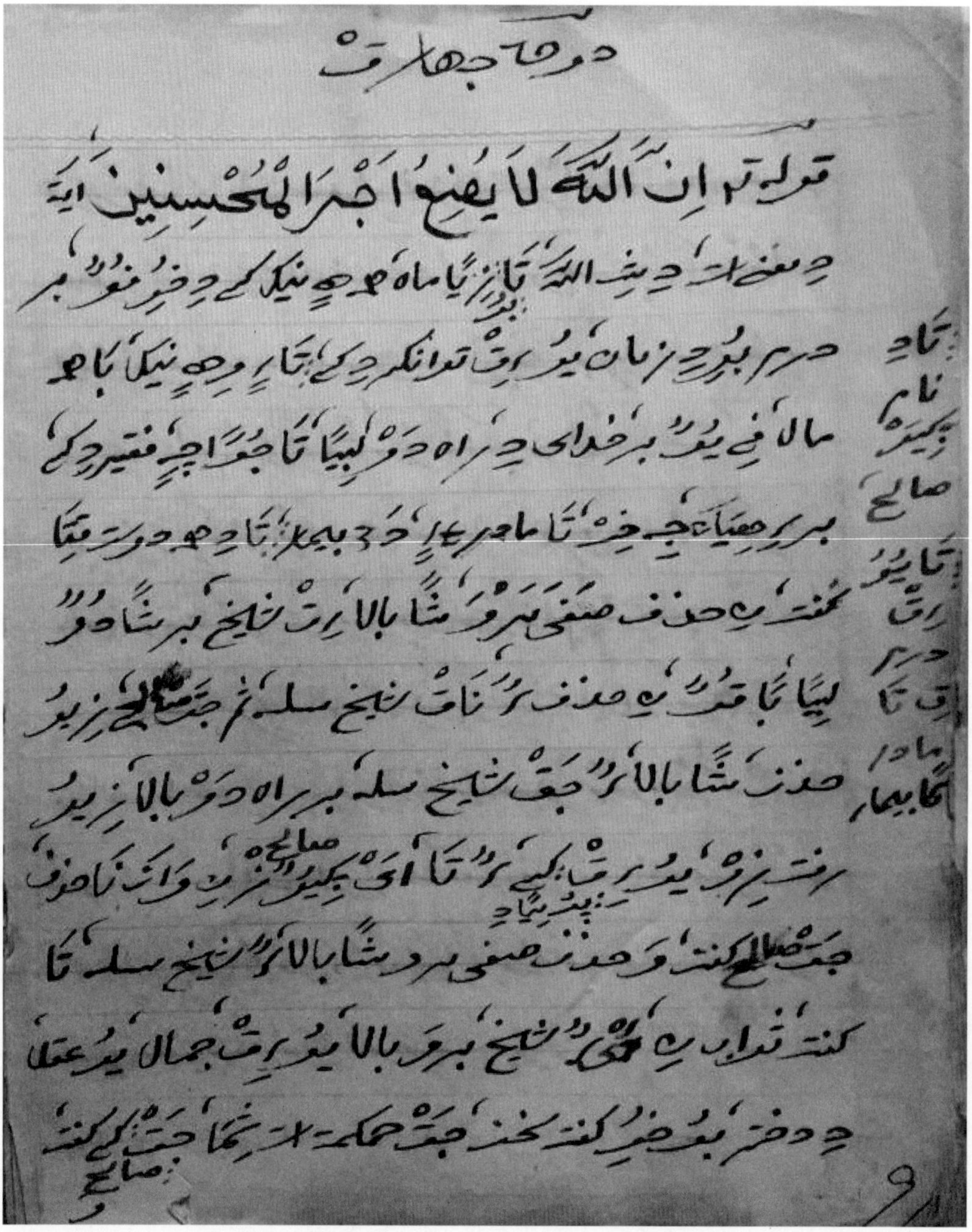
دو جا جهار
قوله تعالى إن الله لا يضيع أجر المحسنين آية

第二十四個臥爾茲　薩里哈的故事

真主說：[إِنَّ ٱللَّهَ لَا يُضِيعُ أَجْرَ ٱلْمُحْسِنِينَ]（9:120,11:115,12:90）阿耶提

的麥爾尼是：的實，安拉乎，他不僭越[1]，一些行好人的回奉。在

前[2]輩的光陰，有一個富裕的人（他的名叫薩裡哈）。他因為行好，把一些

財帛，費用在胡大的路道裡邊，他轉成貧窮的人。

在一晌之後，他母親，得了病（他沒有一個錢給他母親看病）。他的一些朵斯提給他

說：你去索法、麥爾臥山上，一個篩海，在山洞

裡邊辦功，你去問那個篩海麥賽來。然後這個薩裡哈就

去山上，問這個篩海麥賽來。在路道上就

行走，有一個鋪面的人問他：「哎！君子薩裡哈！你往哪去？」

這個薩裡哈說：「我去索法、麥爾臥山上，問篩海麥賽來。」他

說：「賽瓦布你，代問篩海，在我上，有一個俊美，有阿格裡，

的女兒，不會說話，這個黑克麥提是什麼？」這個薩裡哈人[3]說：

---

① 此處「月」表示「越」的音。
② 此處「錢」表示「前」的音。
③ 此處衍「人」字，未去。

وجه دَرحَمَّ صالح يۇجه بَرزقَ جَوْرَاه تَا بَابَا يَمَّ

رقَ تَرَانكمۇجه پيرجَه كَنَّ اى صالح عَ وَكَاه نَاد حَفَّنَ

صالح كَنَّ وَحَدَفَ شَا بَالَا رُشَيَخ مَسلَه تَرجَكَ پيرجَه

كَنَّ تَوَابَ عَ دَكَى رُشَيَخ بَرۇ بَالَا يَمَّ رقَ سَبِيَدۇ

بَابَ وُلۇرَّ بَابَ مَبِيۇرُّ شَوَا بَالَا زُيَمَّ مَّ تَمَجَّه

حَكمَّ تَمَا جَنَّ صالح كَنَّ وَجه دَرحَمَّ صالح يۇجه

بَرۇ بَا يَاكَ تَاديَمَّ كيَا بَرَّ كَلَاه مَاه جَبَّ مَاه اَمَّ

پَرَكَنَّ تَحَنَّ بِيَّا مَاه كَنَّ اى صالح عَ وَكَاه نَاد حَفَّ نَ صالح

كَنَّ وَحَدَفَ شَا بَالَا رُشَيَخ مَسلَه جَبَّ مَاه كَنَّ تَوَابَ

عَ دَكَى رُشَيَخ بَرۇ بَا بِيَّا مَدَ كَلَاه مَلَاه حَمَّ تَنَّنَ حَنَّرَ

عَجَّ كيَا يَمَّ بِيَّا لوُّ وَ بِرَيَنَّ دَعَرَكۇ كيَا يَمَّ

بِيَّا لوُّ جَبَّ حَكمَّ تَمَا جَنَّ صالح كَنَّ وَجه دَرحَمَّ

「我知道了。」然後薩裡哈又行在，一個莊灘上。有

一個富裕的老者，說：「哎！薩裡哈！你往哪地去？」

薩裡哈說：「我去山上問篩海麥賽來。」然後這個老者

說：「賽瓦布你，代問篩海，在我上，有一個馬鋪，

把馬，與騾子，把馬與騾子①，拴上，就毛提，這個

黑克麥提是什麼？」這個薩裡哈說：「我知道了。」然後薩裡哈又行

在海沿兒，他看見一個大魚。這個魚來

在說話裡邊，魚說：「哎！薩裡哈！你往哪地去？」薩裡哈

說：「我去山上，問篩海麥賽來。」這個魚說：「賽瓦布

你，代問篩海，在海裡邊，一些大魚，都能登

空，駕雲，變龍。我不能，登空，駕雲，

變龍，這個黑克麥提是什麼？」這個薩裡哈說：「我知道了。」

---

① 此處衍「把馬與騾子」等字，未去。

حاصل صالح در بر تا بالا يو دو ليبا جغت شلخ بر نم

با قد نم صالح مو شرقی شلخ كند سلام نم شلخ خو دا

سلام شلخ كند اى شفه بيا ان الله مقصد است بما

صالح كفت و الله رب سلد پغر بيا كر دى كو

سلد بر تا بالا يو رت جمال يو عقل د دفتر بو خير كفت

خند جغت حكم است بما شلخ كند جغت د دفتر بكيا

تا ج بو شهر تا يو خير كند خند نم صالح پير

كند و دو بر رت جغ ان با بالا يو رت مور انكر جپر

جا بر تا بكيا ليبا يو رت كو ب پر يو ش با او ب

شقد ا بر پر ليبا رو فت ان او ب بو ور جغت حكم

است بما شلخ كند بر ناك پر د صبا بيا يو ر فلاه

نر رف يو ر فلاه پر ان تا با ز ر يو جو ان تا د

總義：薩裡哈到在山上，窯洞裡邊，這個篩海在那兒

辦功。然後薩裡哈，高聲，給篩海說賽倆目。然後篩海回答

賽倆目。篩海說：「哎！少年！你來的麥格蘇代是什麼？」

薩裡哈說：「我來問你麥賽來。一個鋪面的人，代問

麥賽來，在他上，有一個俊美，有阿格裡的女兒，不會說

話，這個黑克麥提是什麼？」篩海說：「這個女兒見了

她的本丈夫，她就會說話了。」然後薩裡哈又

說：「我到在一個莊灘上，有一個富裕的老

者，在他家裡邊，有一個，騾馬鋪，要是把騾馬

拴在鋪裡邊，一時騾馬就毛提，這個黑克麥提

是什麼？」篩海說：「在那個鋪的下邊，有一缸

金子，有一缸銀子，要是他把金銀，刨出來，他的

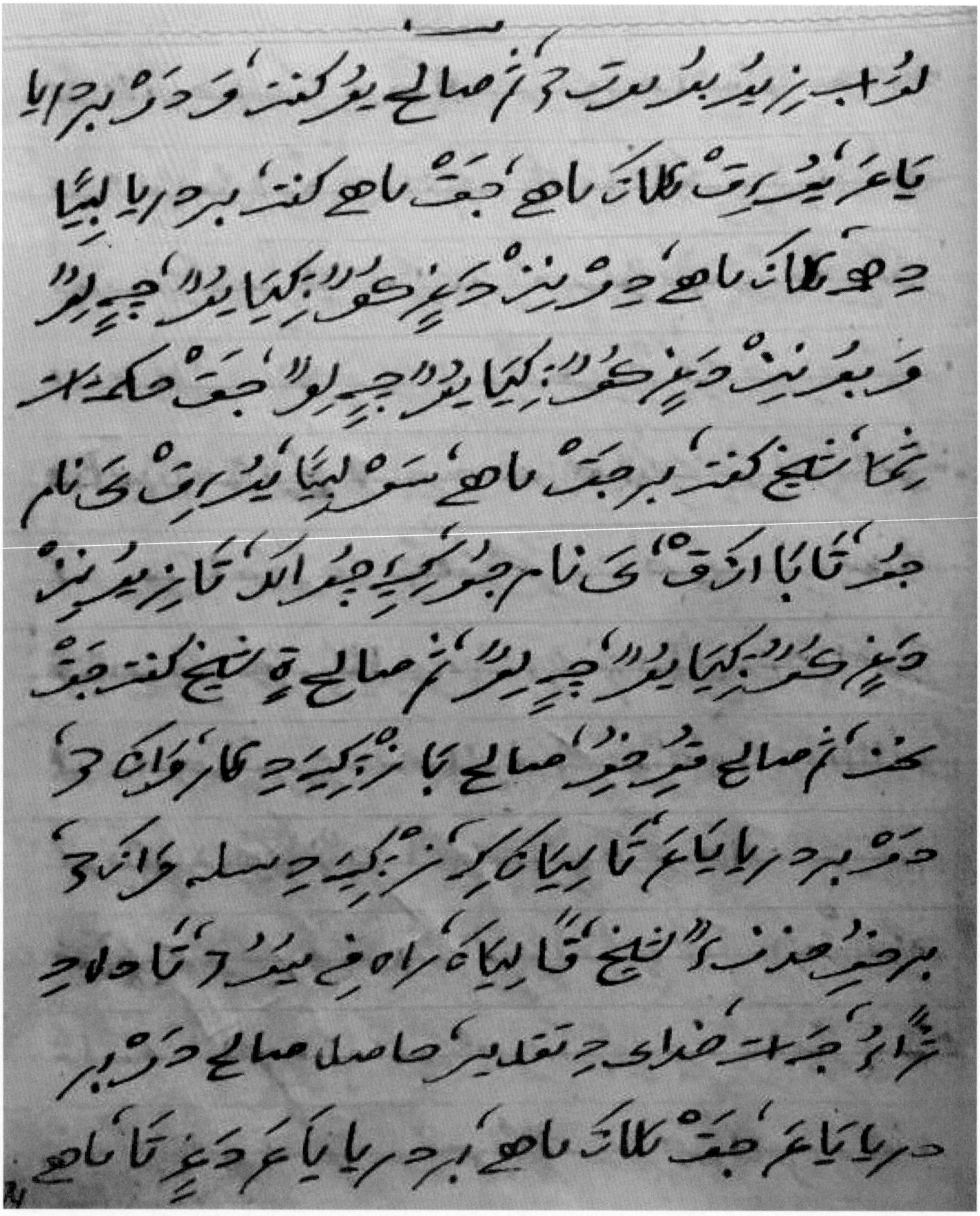

騾馬就不毛提了。」然後薩裡哈又說：「我到在海

沿兒，有一個大魚。這個魚說：『在海裡邊

的一些大魚，都能登空駕雲成龍，

我不能登空駕雲成龍，這個黑克麥提是

什麼？』」篩海說：「在這個魚鰓裡邊，有一個夜明①

珠，它把那個夜明②珠，取出來，它就能

登空駕雲成龍。」然後薩裡哈聽篩海說這個

話，然後薩裡哈歸回。薩裡哈把自己的事情，忘了。

到在海沿兒，他想起，自己的麥賽來忘了。

再③回去問篩海，乾糧、路費沒有了，他心底

參悟，這是胡大的泰格迪熱。總義：薩裡哈到在

海沿兒，這個大魚，在海沿兒等他，魚

---

① 此處「名」表示「明」的音。
② 此處「名」表示「明」的音。
③ 此處「在」表示「再」的音。

كفتـ اى صالح وﺟﺣ حكمـ اـ نبا صالح كفتـ بريح
ستـ لبيا ﭘﻴﺮﻳﺘﻰ نامجبر الم بانا كيـ جو الك ع
بزبرسنـ ﺩﻋﻴﻴ كعو ببيا ﭘﻴﺮﺟﻴﺒﻲ لوﻥ جق باهم كفنـ
اى صالح ﭘﻜﺎ و ستـ لبيا دجبر كيـ جو الك ن
صالح با جقز ارماهم د ستـ لبيا كيـ جو الك باهم
كفنـ و با جنـ جقز مصوﻝ جحتـ ين د بال
نم ماهم دعيـ كعو ببيا ﭘﻴﺮﺟﻴﺒﻲ لوﻥ صالح دجر جق
كـ نامجبر رمنـ د صالح درز جق جرافتا بابا جقـ
ﺗﻮ انكر ﭘﻴﺮﺟﻲ رﺗﺎ اى صالح وﺟﺣ حكمـ اـ نحا
صالح كفتـ بر ازقـ ﭘﻨﺮ لبيا يبر رﺗﺎﻩ نرز يبا
ﺗﻘﺎﻙ ﭘﺮﺯ الهنـ با تا ﭘﺮﺟﻮ الك نـ بر نبا الر اب
بزبر يبد بر سـ حـ ن جق لكـ انكر ﭘﻴﺴﻢ جـ الر د رحيا

說：「哎！薩裡哈！我的黑克麥提是什麼？」薩裡哈說：「在你的

鰓裡邊，有一個夜明①珠，要是把它取出來，你

就能登空駕雲成龍。」然後這個魚說：

「哎！薩裡哈！你把我鰓裡邊的珠子取出來。然後

薩裡哈把珠子，從魚的鰓裡邊取出來。魚

說：「我把這個珠子，送給你，這是你的財帛。」

然後魚登空駕雲成龍。然後薩裡哈得住這個

夜明②珠去了。薩裡哈到這個莊灘上，這個

富裕老者，問他：「哎！薩裡哈！我的黑克麥提是什麼？」

薩裡哈說：「在那個鋪裡邊，有一缸金子，有一

缸銀子。要是你把它刨出來，你再③栓騾馬，

就不毛提了。」然後這個富裕的老者，命令手下

---

① 此處「名」表示「明」的音。
② 此處「名」表示「明」的音。
③ 此處「在」表示「再」的音。

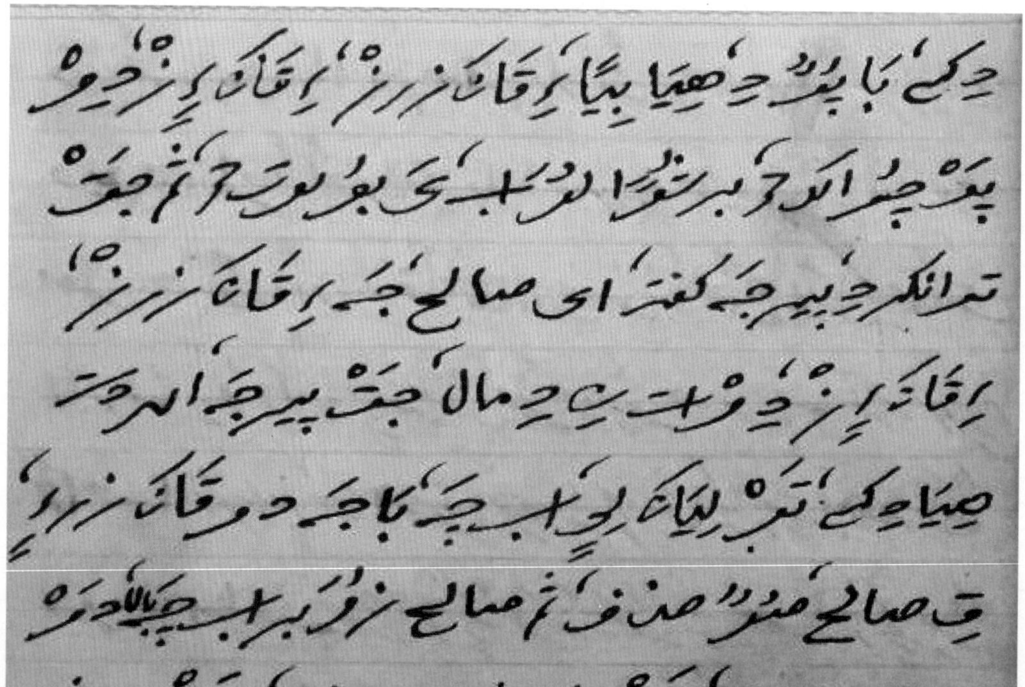

的人，把鋪的下邊，一缸金子，一缸銀子，都

刨出來了，再栓騾馬，也不毛提了。然後這個

富裕的老者說：「哎！薩裡哈！這一缸金子，

一缸銀子都是你的財帛。」這個老者命令手

下的人，套兩領①馬車，把這兩缸金銀，

給薩裡哈送去。然後薩裡哈坐在馬車上，到

在城堡裡邊，那個鋪②門口，那個女兒

跑在家裡邊，給她父親說：「哎！父親！那個問

麥賽來的人來了。」這個鋪③的人趕緊出來，問薩裡哈：

「我的這個黑克麥提是什麼？」然後薩裡哈說：「篩海說你的

女兒見了她的本丈夫，就會說話了。」

然後這個鋪面的人說：「哎！薩裡哈！我的女兒是你的

---

① 此處筆誤，應為「列[ﻞ]」，未改。
② 此處脫「面」字，未補。
③ 此處脫「面」字，未補。

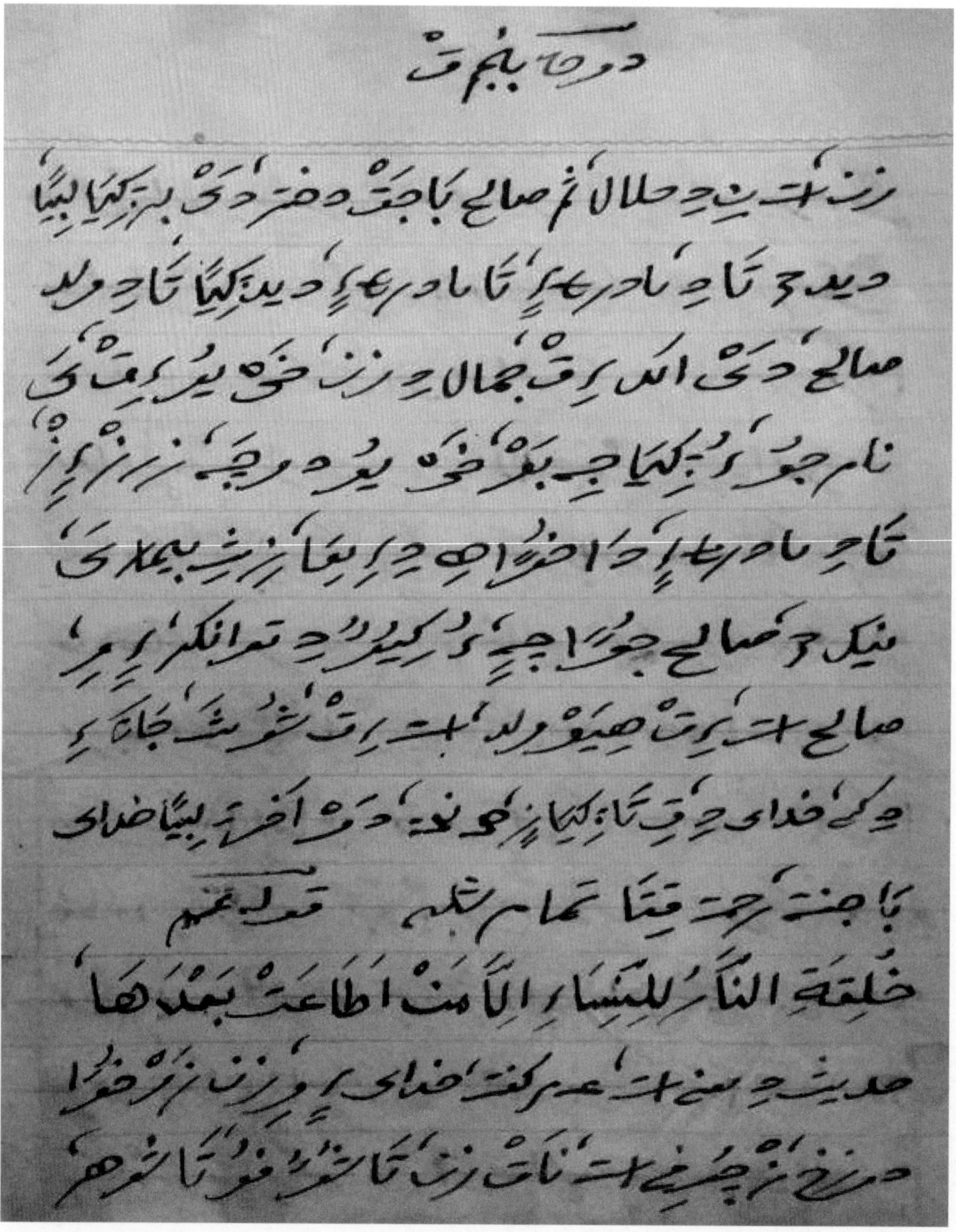

第二十五①個臥爾茲　三個歹女人與一個好女人的故事

妻子，是你的哈儷裡。」然後薩裡哈把這個女兒，帶在家裡邊，

見了他的母親。他母親，看見他的兒子

薩裡哈，帶來一個俊美的妻子，還有一個夜

明②珠，無價之寶，還有兩車，金子銀子。

他的母親，打喜歡的一面，即時病也

好了。薩裡哈轉成，無窮的富人。因為，

薩裡哈是一個孝子，是一個疏舍仗義

的人，為主的，給他加增一些恩典，到阿黑熱提裡邊，胡大

把天堂慈憫給他。全美了。寫成了。　　聖人爾來伊黑賽倆目說：

[خُلِقَتِ النَّارُ لِلنِّسَاءِ إِلَّا مَنْ أَطَاعَتْ بَعْدَهَا]。

哈迪斯的麥爾尼是：聖人爾來伊黑賽倆目說：胡大因為女人造化

多災海，只除非是，那個女人，她順服她丈夫，

---

① 此處筆誤，「第五[بنجم]」應為「五[بنج]」，已改。
② 此處「名」表示「明」的音。

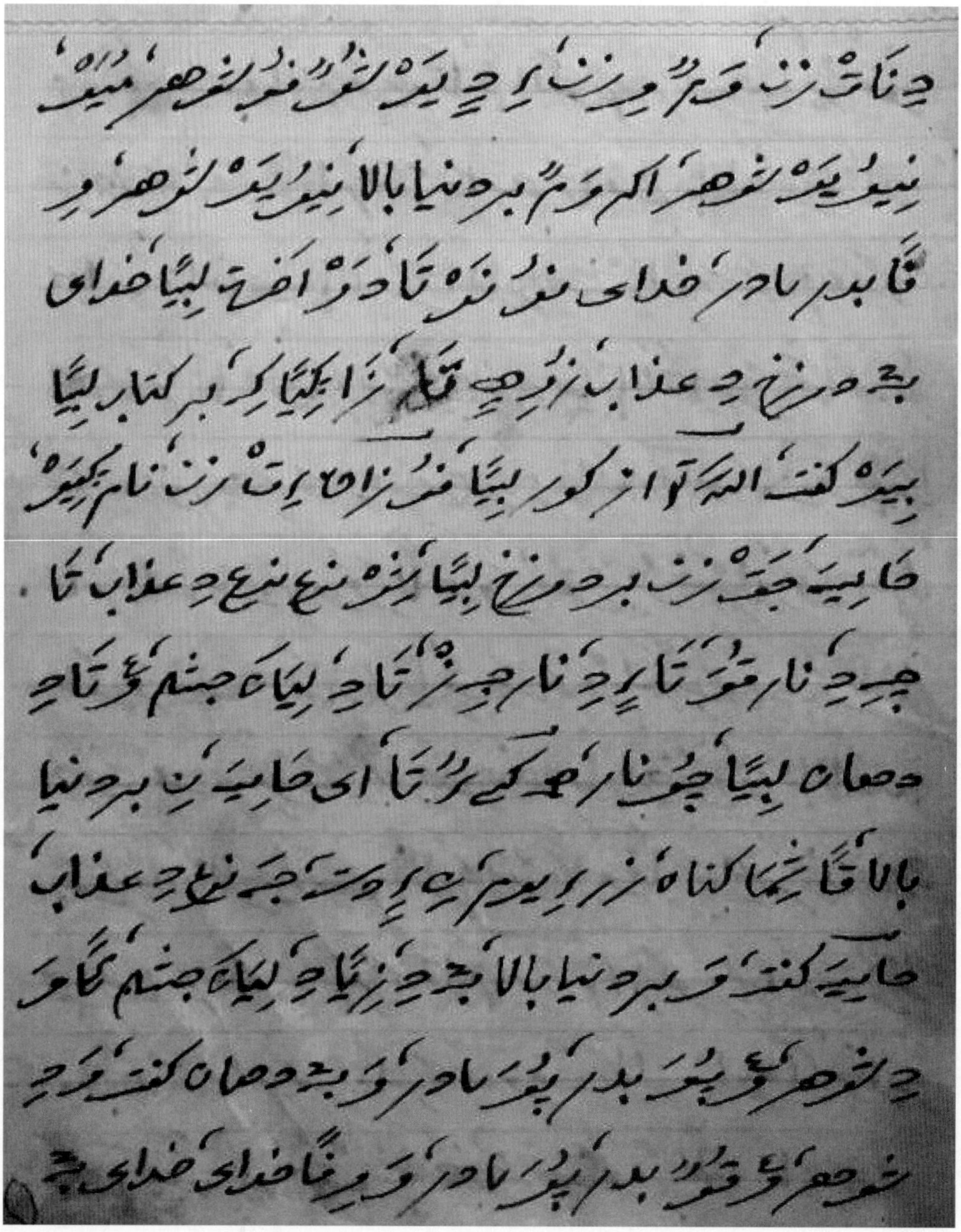
دِنَاتْ زِنْ قَبَرُ مِزِنْ رِ دِ يَيَّهْ شُوْ مُوْ شُوجِهْ مِيَّهْ
نِيُوْ يَيَّهْ شُوجِهْ اَكِرْ مُرْ بِرْدُنْيَا بَالَا نِيُوْ يَيَّهْ شُوجِهْ وُ
قَا بِدَرْ بَادَرْ خُدَاىْ شُوْ نَهْ تَا دَرْ اَخِرَتْ لِيَا خُدَاىْ
بِجِهْ دُوزَخْ دِ عَذَابْ زُرِ چِ تَا زَا اِيكِيَا كِرْ بِرْ كِتَابْ لِيَا
بِيَّهْ كُفْتَ اَللّٰهَ تَوَازْ كُورْ لِيَا مُوْ زَا حَا رِتْ زِنْ نَامْ كِيَّهْ
حَا يِيَهْ جِتْ زِنْ بِرْ دُوزَخْ لِيَا زُنْ شُوعْ شُوعْ دِ عَذَابْ تَا
جِرْ دِ نَارْ مُوْ تَا رِ دِ نَارْ جِرْ زُ تَا دِ لِيَاهْ جَهَنَّمْ وُ تَا دِ
دِصَاه لِيَا جُ نَارْ جِهْ كِي رُ تَا اِىْ حَا يِيَهْ نِ بِرْدُنْيَا
بَالَا قَا شِمَا كُنَاهْ زُرِ رِيمِرْ جِ رِ دُتْ جِهْ شُوعْ دِ عَذَابْ
حَا يِيَهْ كُفْتَ قَ بِرْدُنْيَا بَالَا بِجِهْ دِ زِ تَا دِ لِيَاهْ جَهَنَّمْ كَاعِ
دِ شُوجِهْ وُ يُعْ بِدَرْ يُعْ بَادَرْ وُ بِجِهْ دِصَاه كُفْتَ مُوْ جِ
شُوجِهْ وُ قُوْ بِدَرْ يُوْ بَادَرْ قَ مِ نَا خُدَاىْ جِ

的那個女人。我們為女人，一定要順服丈夫，莫要

扭拗①丈夫。要是我們在頓亞上，扭拗丈夫，違

反父母，胡大怒惱她。到阿黑熱提裡邊，胡大

憑著多災海的爾雜布，罪行她。咋見起？在克塔布裡邊

表說，安拉乎泰爾倆從墳坑裡邊，復活一個女人，名叫

哈米耶。這個女人在多災海裡邊，有樣樣的爾雜布。她

吃的火果，她飲的火汁子，她的兩眼，與她的

嘴裡邊出火。一些人問她：「哎！哈米耶！你在頓亞

上，幹什麼古那海？今②一日，你應受③這樣的爾雜布？」

哈米耶說：「我在頓亞上，憑著低賤的兩眼，看我

的丈夫，與婆父婆母。我憑著嘴說，我的

丈夫，與公公婆婆。我違反胡大。」胡大憑著

---

① 方言中「拗」讀「yào」音。下同，不再注釋。
② 此處「金」表示「今」的音
③ 此處「手」表示「受」的音。

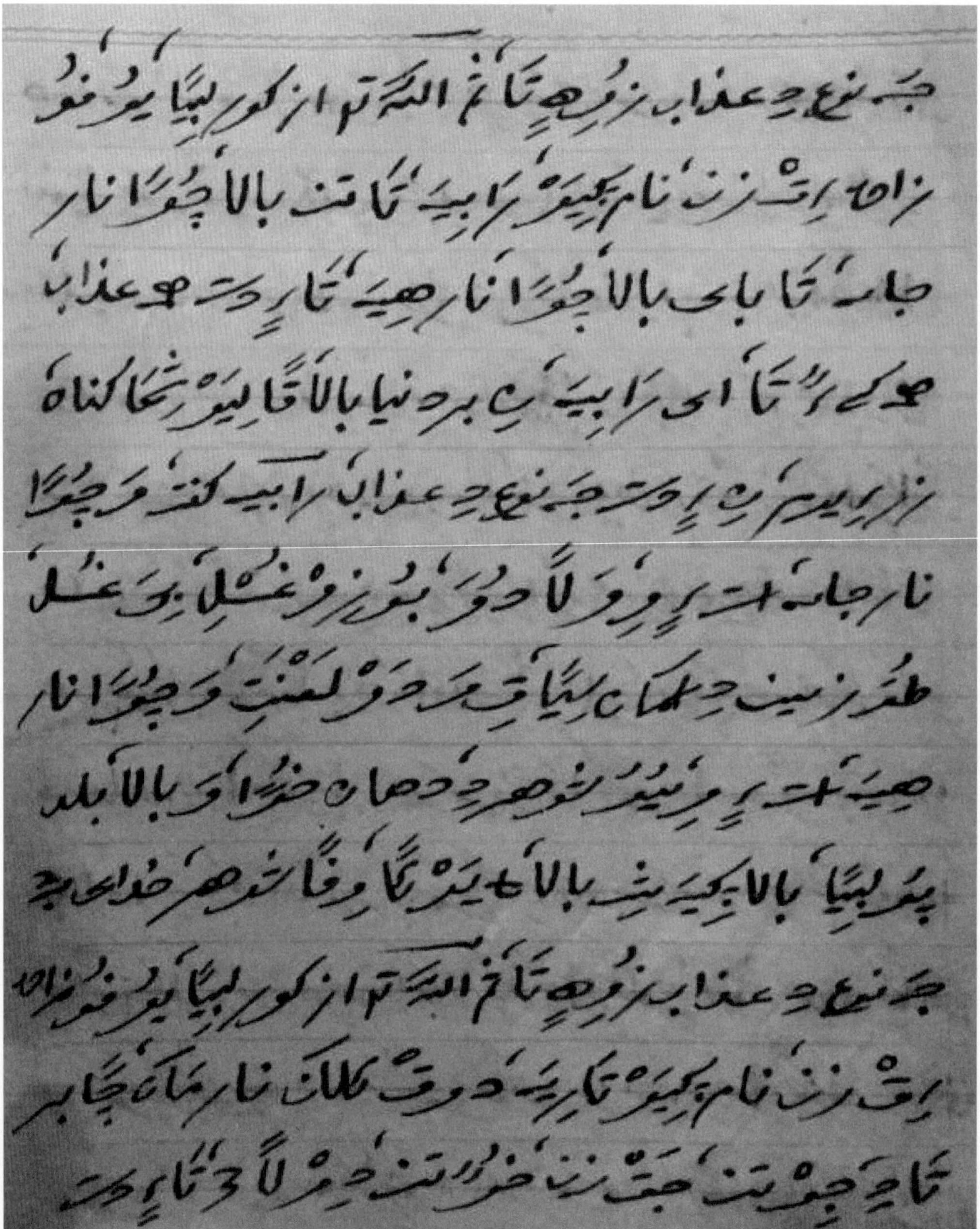

這樣的爾雜布罪行她。然後安拉乎泰爾倆從墳坑裡邊，又復

活一個女人，名叫拉比耶。她身上，穿火

衣。她腳上，穿火鞋。她應受①一些爾雜布。

一些人問她：「哎！拉比耶！你在頓亞上幹了什麼古那海？

今②一日你應受③這樣的爾雜布。」拉比耶說：「我穿

火衣，是因為我懶惰，不做烏蘇裡，撇烏蘇裡，

馱地面的天仙，給我道賴爾乃提。我穿火

鞋，是因為，沒有丈夫的口喚，我上城

堡裡邊，上街市上瞧看，違反丈夫。」胡大憑著

這樣的爾雜布罪行她。然後安拉乎泰爾倆從墳坑裡邊，又復活

一個女人，她名叫塔勒耶。兩個大火蟒，纏在

她的周身。這個女人渾身，都爛了。她應受④

---

① 此處「手」表示「受」的音。
② 此處「金」表示「今」的音
③ 此處「手」表示「受」的音。
④ 此處「手」表示「受」的音。

جب نع ج عذاب جه كر كرتا اى تاريـس برحنيا باايا
ييت شيا كناه نزر ريمن ين روش جم نع ج عذاب تاريـ
كنت برو بالا ير در ج جمال وبر جر شا برربالا
يو فيتيره متقر وسين بكـ مس تـا دا ج خى كر قتـ
غمت ونا خداى خداى بث جه نع ج عذاب رز جـ تا
اى جـ در تش زره بث جه سـ ت زن نار ش وعظا
اللتـم بر خا صا چاكـ بالا يـر منر زاا رقـ قا عمل زن
شرو مقـ شر جهره زن صيقـ حقر بدر مادر د ر نام
يميز نا ور جقـ زن رو ح جمال چقـ ا دم جنـ ييا
ج سيا جا ه مر دك نر د قـ امو جقـ جمال حزن
بر قو ح جقرار بالا نزر جنـ جه ماك سيا خر شا در
بر جنـ ج جباب حصان جم حر ريـ وتـ ا بر جا لر جـ اه

這樣的爾雜布。一些人問她：「哎！塔勒耶！你在頓亞上幹

了什麼古那海？今①一日你應受②這樣的爾雜布。」塔勒耶

說：「在我上有多的一些財帛，我不出散。在我上

有貧窮的骨肉，我沒有接續他。我心底，還起高

傲，違反胡大。」胡大憑著這樣的爾雜布罪行她。

哎！一些朵斯提！你們憑著這三個女人，拿一個勸解。

安拉乎泰爾倆在打算場上，又復活一個幹爾麥裡③女人，

順服丈夫的女人，孝道父母的女人，名

叫納薇熱。這個女人，面容俊美，穿的是，天堂裡邊

的仙衣，頭戴光亮的冠帽。這個俊美的女人，

在龍床上，坐著。一些天仙，護苫她。到

在天堂的門口，一些仙女迎接她。在她龍床

---

① 此處「金」表示「今」的音。
② 此處「手」表示「受」的音。
③ 此處脫「的」字，未補。

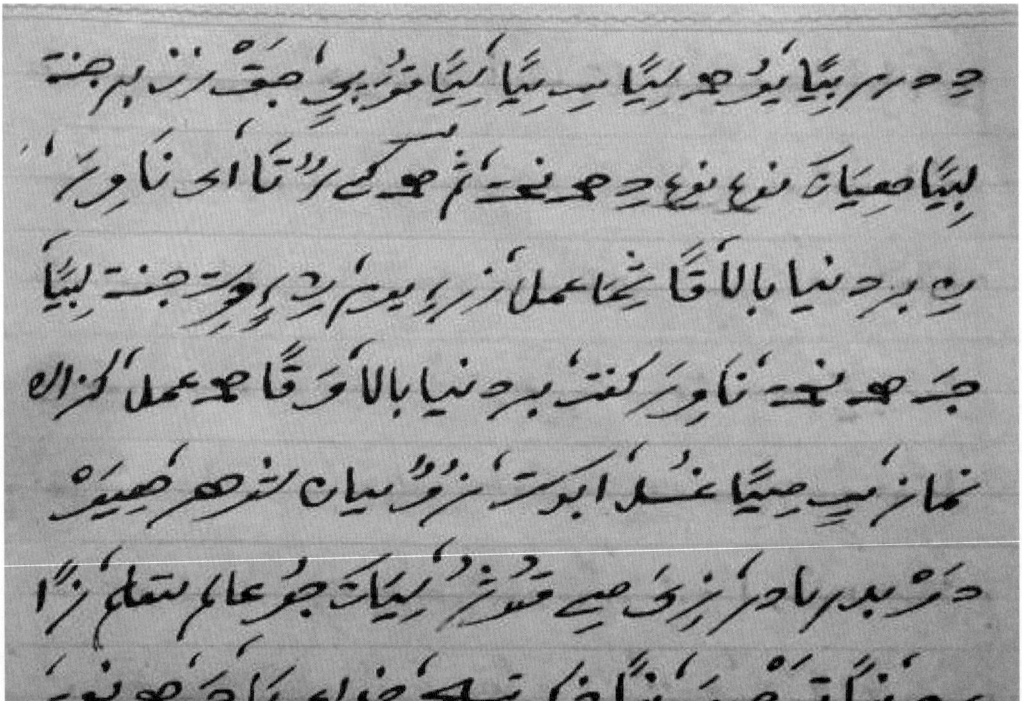

的前①邊有一些仙席面，仙果品。這個女人在天堂

裡邊享樣樣的一些恩典。然後一些人問她：「哎！娜薇熱！

你在頓亞上幹什麼爾麥裡？今②一日你應受③天堂裡邊

這一些恩典。」娜薇熱說：「在頓亞上，我幹一些爾麥裡，交還

乃麻子，新鮮烏蘇裡、阿布代斯。尊重④丈夫，孝

道父母，接續骨肉，襄助爾林、穆泰爾林，贊

聖人爾來伊黑賽倆目，念討黑德，念孜克爾、泰斯比哈，胡大把這一些恩典，

慈憫給我。」我們為班代穆民，憑著頭裡三個歹

女人，後邊慈憫的好女人上，拿一個勸解。

我們忙裡偷閒，幹一些爾麥裡爾巴代提，交還乃麻子，

拜胡大，孝道父母，接續骨肉，襄助

爾林、穆泰爾林。胡大一定把天堂慈憫給我們。全美了。寫成了。

---

① 此處「錢」表示「前」的音。
② 此處「金」表示「今」的音。
③ 此處「手」表示「受」的音。
④ 此處「中」表示「重」的音。

درجہ ہشتم ت

قوله تعالي انَّ اللَّهَ يامرُ بالعَدْلِ والاحْسانِ ايتنى

لا كه ديش اللَّه بَه قوِت درُوق جِي نيِك آده جمك نزا ايكنا

كه بُر كتاب بَيان بَيَق كنت بر عصر بلد بُر يُورِت بادشاه نام

بَيِنَرْ سيارَ يِك يوم ناده د جيهم نع بيبمك نماده درجشم

نماسخ نماده روڭ نماخ نماده شنرْ شناڭ نماده يا نماخنزاه

بر عصر بلد بيَق طبيب جُور بُرنز يُرجه نماده بيبمك رنجِي

شرَق كنت اى باد شاه بر يَق نان مَتَره ة يُيَورِت طبيبِ نام

بَيِنَرْ حكيم نمانت رجب باد شاه دبيبمك نزَر باد شاه زبِر جق

كه هدَن نماه ها حكيم نز نبا حكيم جنزا اللَّه حكيم ديدَ كنا باد شاه

نماريَنَرج باد شاه كنت اى حكيم نزاه ديدَ كنا وَنَ بيَنَره

شنما حكيم كنت د بير شت روى باد شاه ة د بيبمك نما نيَرَه

كزا حكيم كنت نز د درجشم نماسخ نزج روق نما سيا هزَه

第二十六①個臥爾茲　七歲頑童智鬥國王的故事

真主說：[إِنَّ اللَّهَ يَأْمُرُ بِالْعَدْلِ وَالْإِحْسَانِ]（16:90）。阿耶提麥爾尼

是：的實，安拉乎憑著公道，與行好命令一些人。咋見

起？在克塔布裡邊表說，在密蘇爾城堡，有一個皇王，名

叫薩熱。一日，他得了，四樣病。他的兩眼

發紅，他的面容發黑，他的舌肉發藍，他的牙發黃。

在密蘇爾城堡，一些醫生，都不能醫治他的病。一個臣

差說：「哎！皇王！在尤納尼國土，有一個醫生名

叫哈凱目。他能醫治，皇王的病。」然後皇王就差

人，去請哈凱目。然後哈凱目請來，哈凱目看見皇王，

他笑了。皇王說：「哎！哈凱目！你看見我，你笑的

什麼？」哈凱目說：「我笑是因為你皇王，得的病，犯條

款。」哈凱目說：「你的兩眼發紅，你的面容發黑，你

---

① 此處筆誤，「第六[ششم]」應為「六[شش]」，已改。

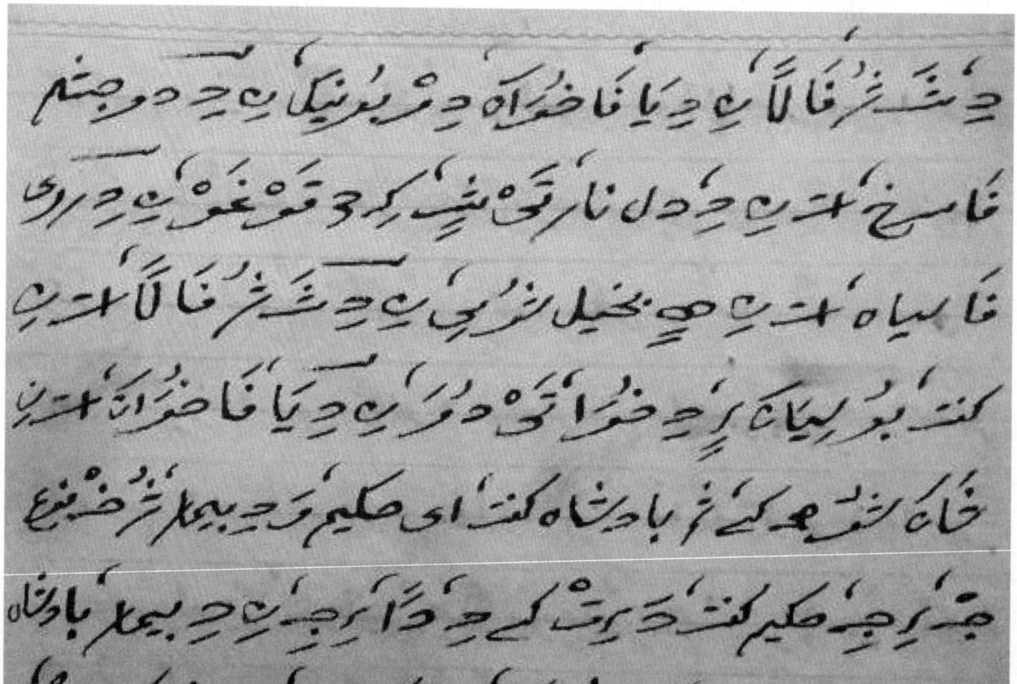

1

的舌肉發藍，你的牙發黃，都不好。你的兩眼

發紅，是你的心火太盛，起了高傲。你的面容

發黑，是你行吝嗇疏迷。你的舌肉發藍，是你

說不相應的話太多。你的牙發黃，是你

傷疏一些人。」然後皇王說：「哎！哈凱目！我的病如何樣

著醫治？」哈凱目說：「得一個人的膽，醫治你的病。」皇王

命令手下的人，把罪人，從監獄裡邊撈出來一個，

把他殺嘍，把他的膽，取出來，醫治我的病。哈凱目說：

「七歲玩童的膽，還得俊美，有阿格裡，能醫治你

的病。」然後皇王，貼下曉諭，買俊美有阿格裡，七

歲玩童。在庫法城堡，有一個人，名叫凱乃提。他

有一個兒子正在七歲，這個兒子的名叫

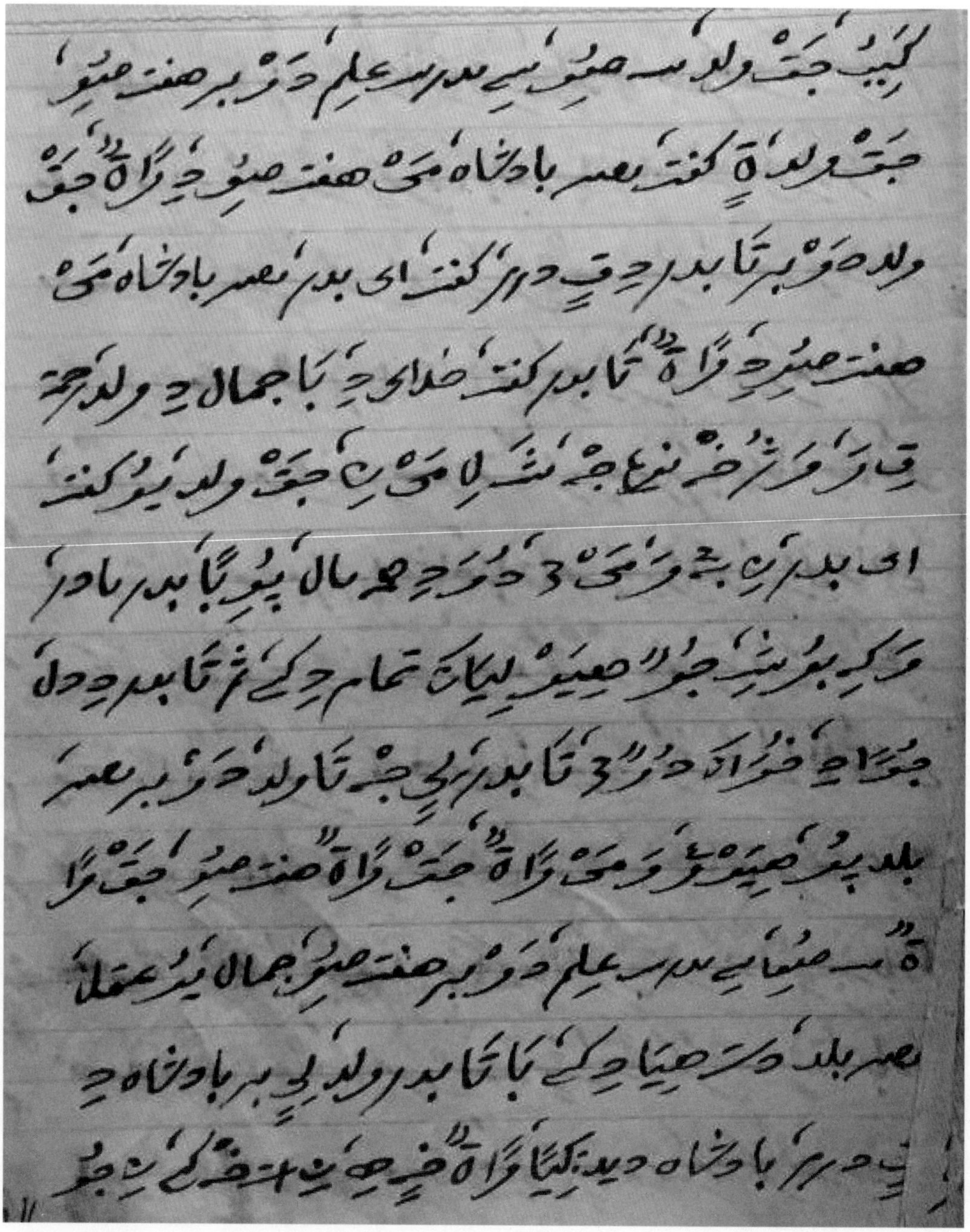

凱比布。這個兒子，三歲習學爾林。到在七歲，

這個兒子，聽說，密蘇爾皇王買七歲的玩童。這個

兒子到在他父親的跟前①，說：「哎！父親！密蘇爾皇王買

七歲的玩童。」他父親說：「為主的，把俊美的兒子，慈憫

給我，我如何樣著，舍嘞賣呢？」這個兒子又說：

「哎！父親！你憑著我賣了，多得一些財帛，陪伴父母，

我豈不是忠孝兩全的人？」然後他父親的心

轉地，晃動了。他父親領著他兒子到在密蘇爾

城堡，曉諭：我賣玩童。這個玩童七歲，這個玩

童三歲，習學爾林。到在七歲，俊美，有阿格裡。

密蘇爾城，手下的人，把他父親，領在皇王的

跟前②。皇王看見玩童很喜。「你是何人？你住

---

① 此處「錢」表示「前」的音。
② 此處「錢」表示「前」的音。

在哪裡？你的名字叫什麼？」玩童的、兒子的父親說：「我的名

叫凱乃提，我住在庫法城。」皇王說：「你的玩童

七歲？」凱乃提說：「我的玩童三歲習學爾林，

到在七歲。」然後皇王說：「你要多少錢？」

凱乃提說：「我要二百個金錢。」皇王給他，二

百個金錢。（凱乃提得住二百個金錢歸回，把他的兒子賣了。）然後皇王把
噶最叫來，問噶最：

「這個玩童，是我憑著二百個金錢買的，憑著

這個玩童①膽醫治我的病，可也使得？或者使不得？」噶最

說：「你的財帛，買得，可也使得。」皇王命令手下

的人，把玩童綁在，殺場上，開他的膽，醫治皇王

的病。然後玩童大笑三聲，大哭三聲。皇王

蹺蹊了說：「哎！玩童！你臨近毛提，你哭三聲當

---

① 此處脫「的」字，未補。

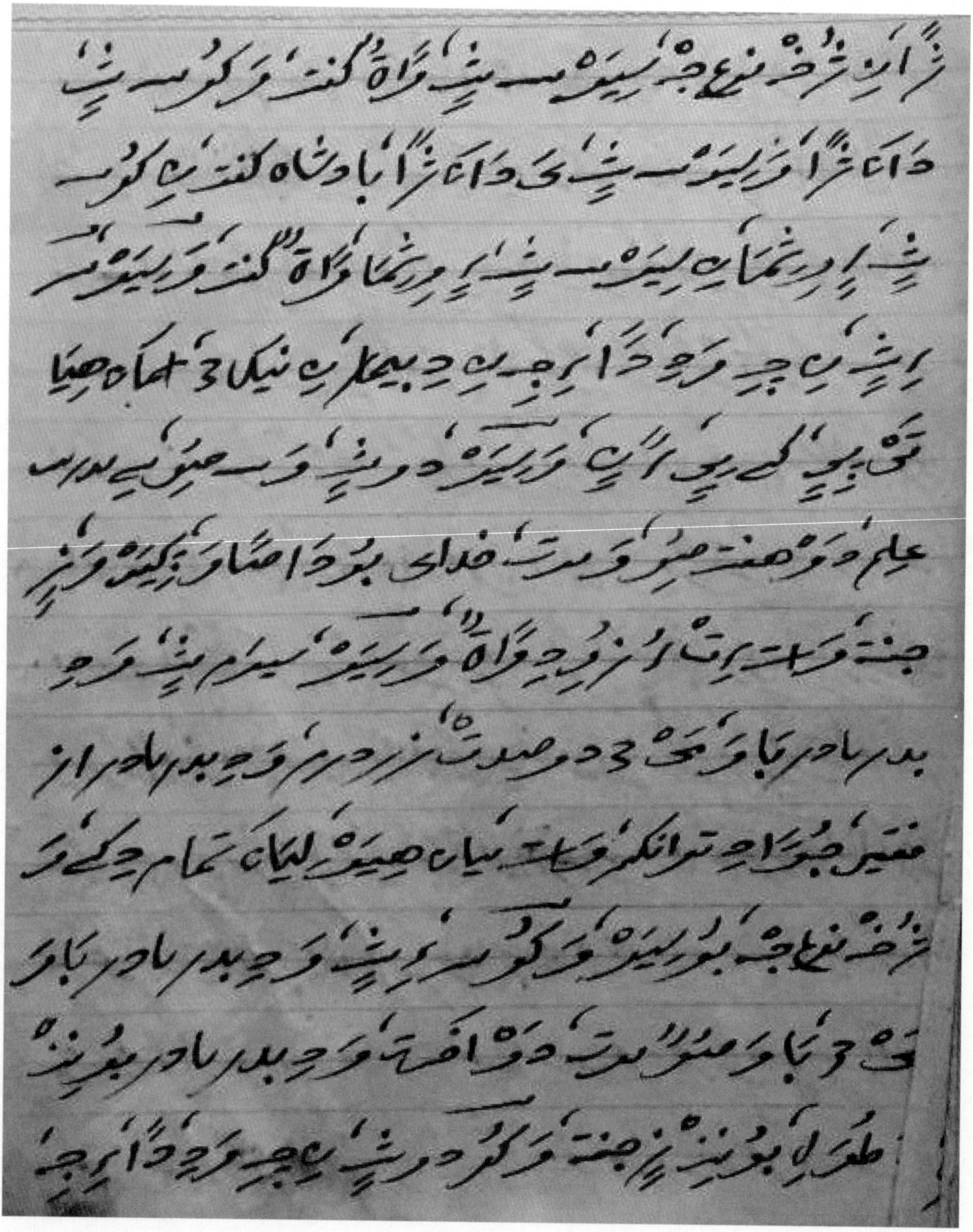

然，你如何樣著，笑三聲？」玩童說：「我哭三聲，

當然，我笑三聲，也當然。」皇王說：「你哭三

聲，因為什麼？你笑三聲，因為什麼？」玩童說：「我笑頭

一聲，你吃我的膽，醫治你的病，你好了，天下

太平，人民安寧。我笑第二聲，我三歲，習學

爾林，到在七歲，我毛提，胡大不打算我，叫我進

天堂，我是一個無罪的玩童。我笑第三聲，我的

父母把我，賣了二百個金錢，我的父母從

貧窮轉地富貴，我是，忠①孝兩全的人，我

如何樣著不笑？我哭頭一聲，我的父母把我

賣了，把我送毛提。到阿黑熱提，我的父母不能

得脫離，不能進天堂。我哭第二②聲，你吃我的膽，醫治

---

① 此處「中」表示「忠」的音。
② 此處筆誤，「二[꒳]」應為「第二[꒳]」，已改。

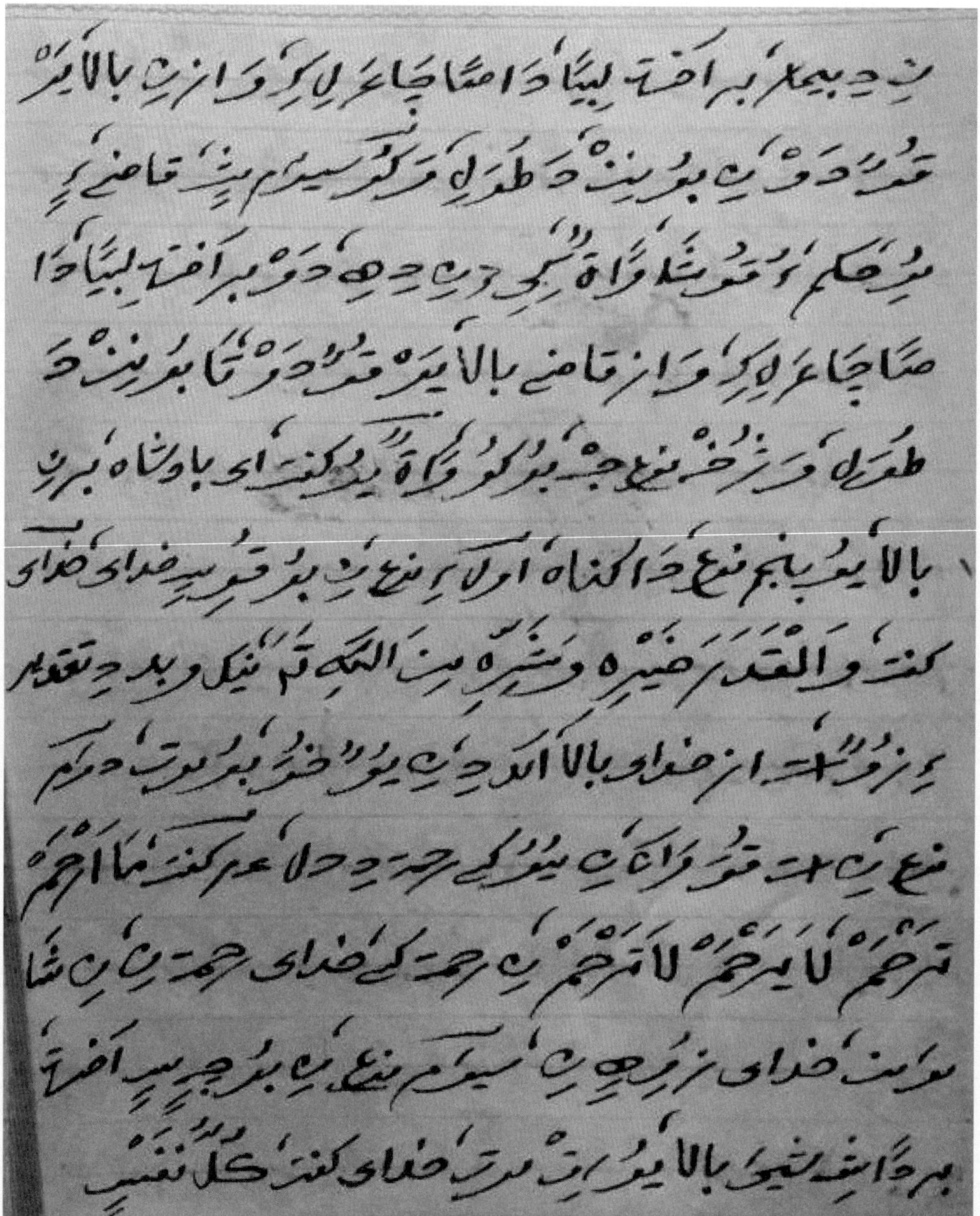

你的病，在阿黑熱提裡邊，打算場兒立起，我從你上要

公道，你不能得脫離。我哭第三聲，噶最，隱

昧侯空，無故殺玩童，取了你的喜，到在阿黑熱提裡邊，打

算場兒立起，我從噶最上，要公道，他不能得

脫離。我如何樣著不哭？」玩童又說：「哎！皇王！在你

上，有五①樣大古那海：頭一樣，你不歸信胡大，胡大

說:[وَالْقَدَر خَيْرِهِ وَشَرِّهِ مِنَ اللهِ تَعَالَى]。好與歹的定然

一總，是從胡大上來的，你永活不毛提。第二

樣，你是國王，你沒有仁②慈的心。聖人爾來伊黑賽倆目說：[ارْحَم

تُرْحَم لَا يَرْحَم لَا تَرْحَم]。你慈憫人，胡大慈憫你，你傷

穆民，胡大罪行你。第三樣，你不誠信阿黑熱提，

在但是物上，有一個毛提。胡大說：[كُلُّ نَفْسٍ

---

① 此處筆誤，「第五[پنج]」應為「五[پنج]」，已改。
② 此處「人」表示「人」的音。

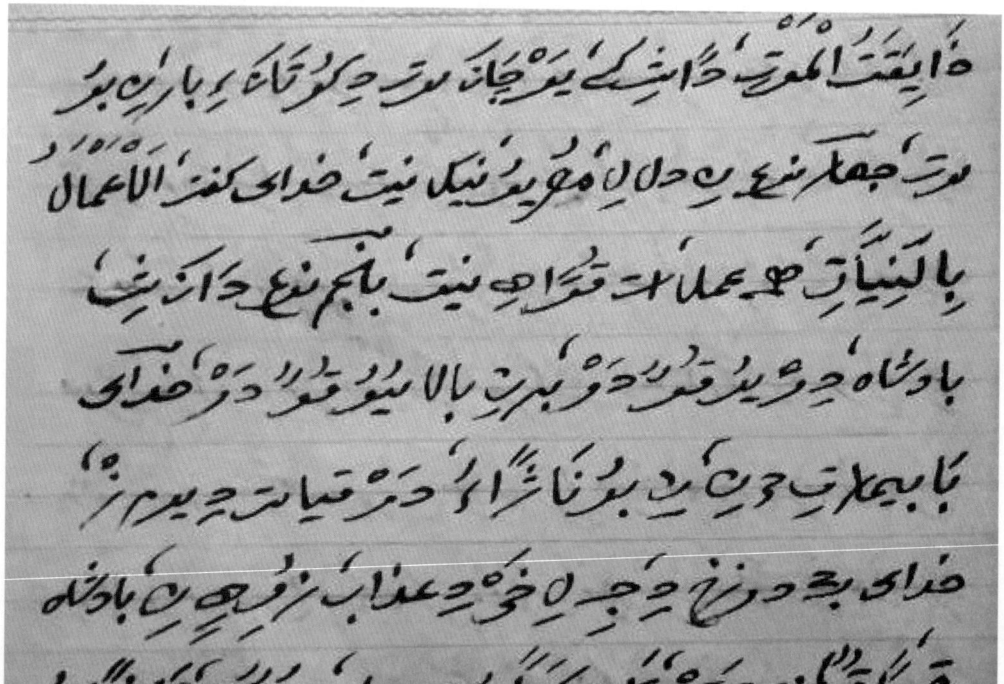

[ذَائِقَةُ الْمَوْتِ]（3:185）。但是人，要嘗毛提的苦湯一遭，你不

毛提。第四①樣，你心裡，沒有好乜提。胡大說：[الْأَعْمَالُ

بِالنِّيَاتِ]。一些爾麥裡，是關係乜提。第五樣，當時，

皇王，都有公道，在你上沒有公道。胡大

把病給了你，你不拿參悟，到給亞麥提的日子，

胡大憑著多災海的，至厲害的，爾雜布罪行你。」皇王

聽玩童說這個話，他的仁慈的心，動了。他參悟，

他懊悔，他趕緊命令手下的人，把玩童從殺

場上，解開，即時②，他的病轉地好了。這個

頑童從殺上，得脫離。然後皇王重用這個

玩童，然後這個玩童接皇王的事情，這個玩童到在為

皇王的品級上，因為這個玩童有爾林，有阿格裡的賽白布。

---

① 此處筆誤，「四[چهار]」應為「第四[چهارم]」，已改。
② 此處「是」表示「時」的音。

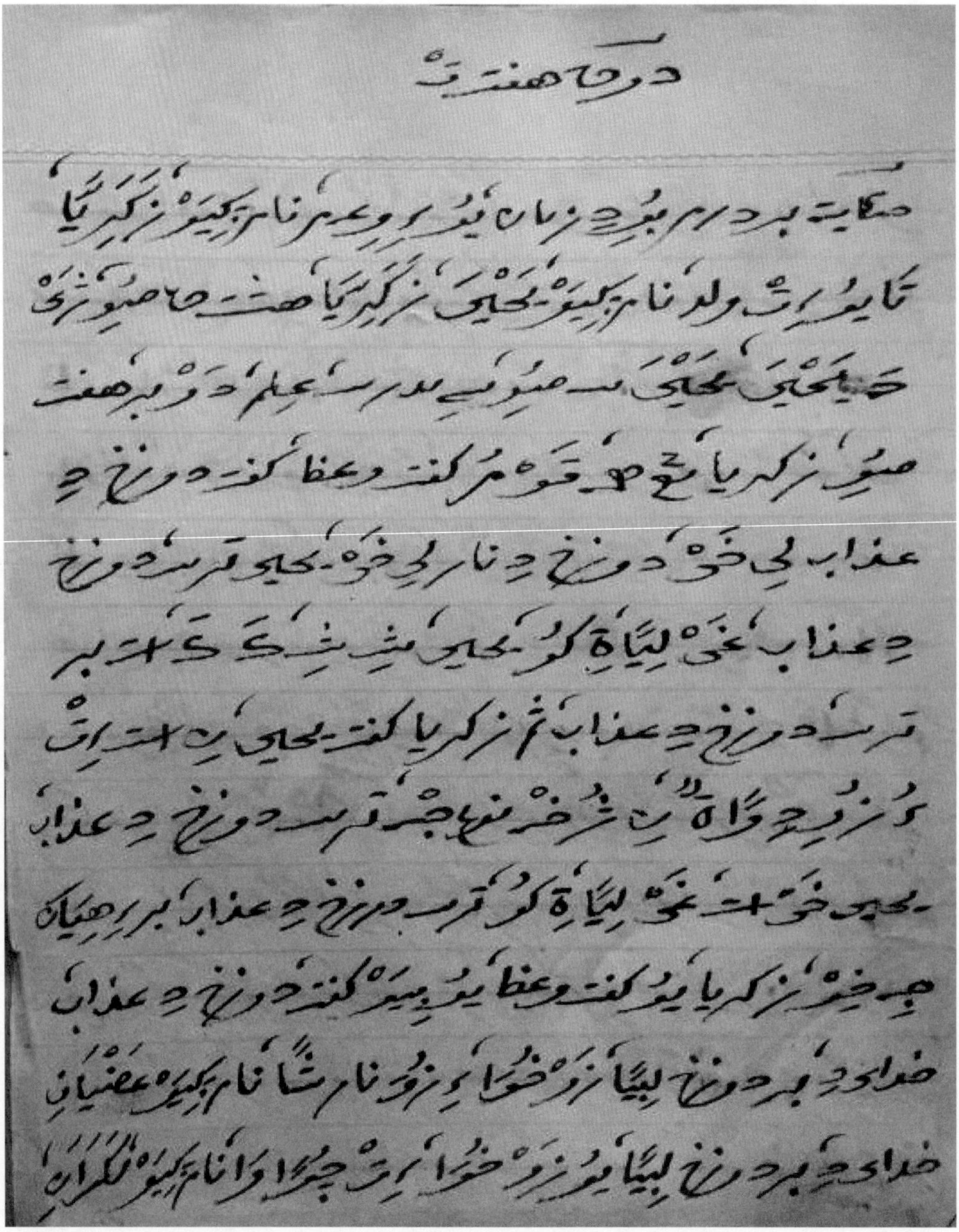

第二十七個臥爾茲　葉哈亞懼怕火獄的故事

黑卡耶提，在前①輩的光陰，有一位聖人爾來伊黑賽倆目，他名叫宰克忍耶。

他有一個兒子名叫葉哈亞。宰克忍耶七十歲，才

得葉哈亞。葉哈亞三歲，習學爾林。到在七

歲，宰克忍耶同著一些高目說臥爾茲，說多災海的

爾雜布厲害，多災海的火厲害。葉哈亞害怕多災海

的爾雜布，哀憐啼哭。葉哈亞時時刻刻是在

害怕，多災海的爾雜布。然後宰克忍耶說：「葉哈亞，你是一個

無罪的玩童，你如何樣著，害怕多災海的爾雜布？」

葉哈亞還是哀憐啼哭，害怕多災海的爾雜布。在一晌

之後，宰克忍耶又說臥爾茲，又表說多災海的爾雜布。

為主的，在多災海裡邊造化一座火山，名叫爾祖亞尼。

為主的，在多災海裡邊又造化一個川窪，名叫薩克拉尼。

_____

① 此處「錢」表示「前」的音。

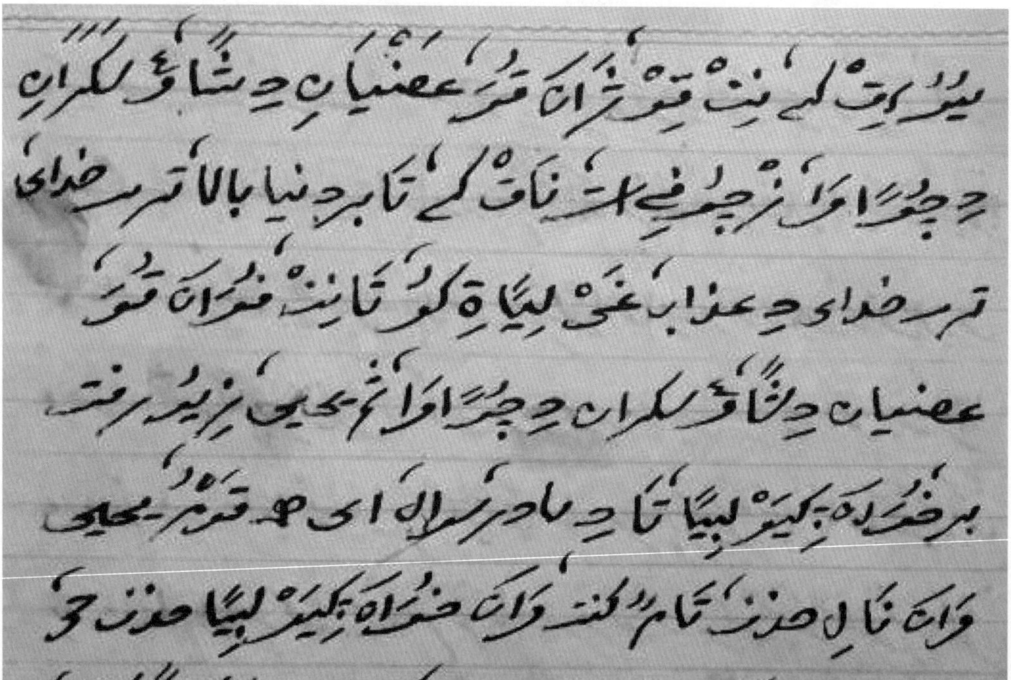

沒有一個人，能夠繞過，爾祖亞尼的山，與薩克拉尼

的川窪。只除非是，那個人。他在頓亞上，害怕胡大，

害怕胡大的爾雜布，哀憐啼哭。他能翻過

爾祖亞尼的山，與薩克拉尼的川窪。然後葉哈亞就走

在荒郊裡邊。他的母親問：「哎！一些高目！葉哈亞

往哪裡去？」他們說：「往荒郊裡邊去了。」

他的母親往荒郊裡邊，找葉哈亞。她看見在

山的跟前①，有一個放羊的人。她說：「哎！放

羊的人！你見我的兒子葉哈亞沒有？」放羊的人說：

「我聽見，在山裡邊，哭的聲音。他哭的是：[وَا وَيْدَهُ

وَشَوْقَاهُ]。哎！好可傷！好可歎吶！好犯難的

爾祖亞尼的山！好難過的薩克拉尼的川窪！在我聽

---

① 此處「錢」表示「前」的音。

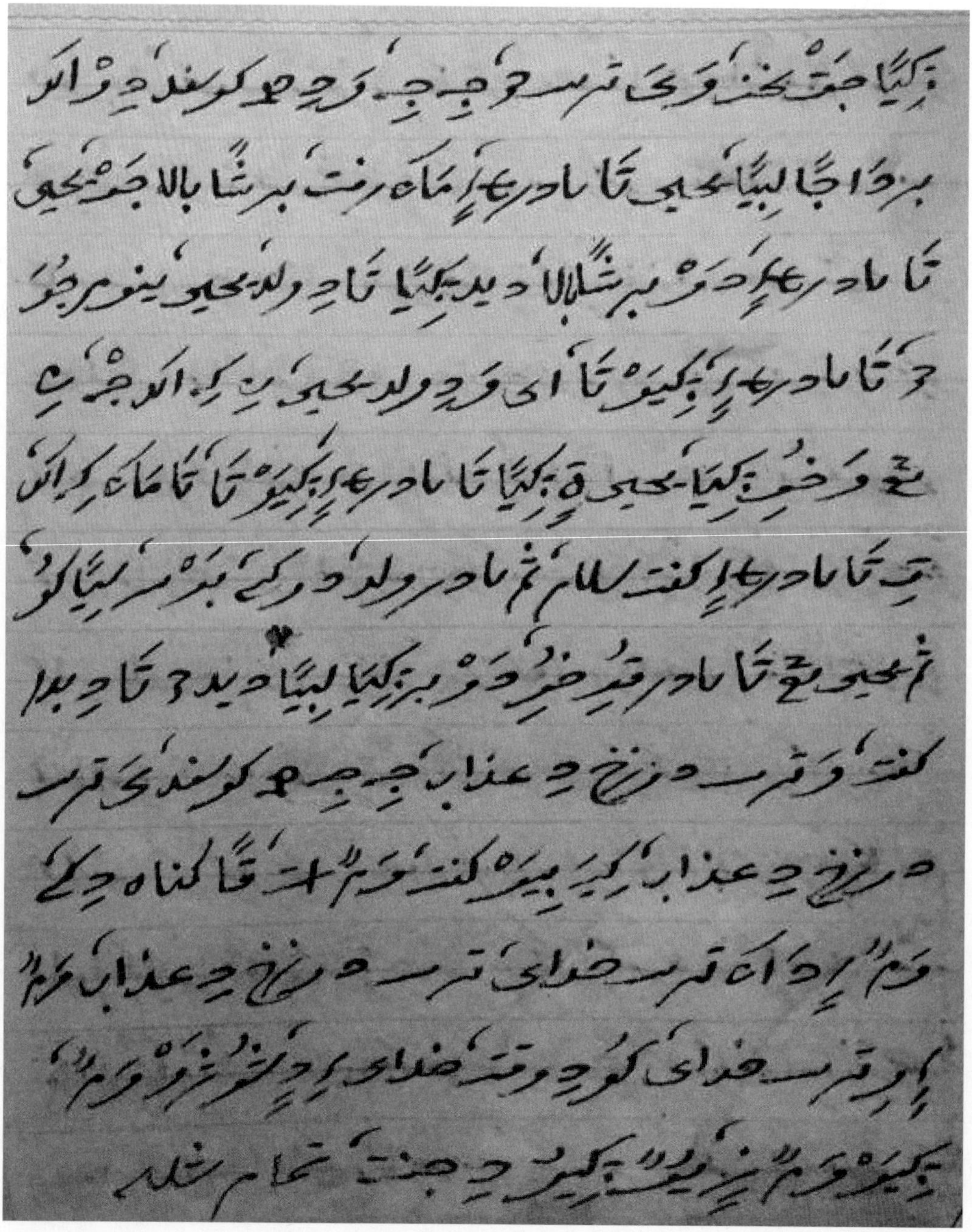

بکیا جنت بخن وری ترسہ حو جہ ورجہ حکو سغدہ دِ و اکو
بر دا اجا لبیّا بحیی تا مادر عار ماکہ رفت بر شا بالا جم بحیی
تا مادر عار دم بر شلالا دید بکیا تا دِ ولد بحیی ینو مر جو
حو تا مادر عار بکیر تا ای ورجہ ولد بحیی ین کہ اکو جم ع
تشح ور خنر بکیا بحیی ق بکیا تا مادر عار بکیر تا تا ماکہ کر اکن
تہ تا مادر عار کفت سلام تم مادر ولد در کی بر بر بیا کو
تم بحیی تشح تا مادر قبر خر دم بر بکیا لبیّا دید حو تا دِ بدا
کفت ور ترسہ دوزخ دِ عذاب جہ جہ حکو سغد بحی ترسہ
دوزخ دِ عذاب کرِ بیرہ کفت عم است قا گناه دِ کی
وم دا ای ترسہ خدای ترسہ دوزخ دِ عذاب مم
ہم ترسہ خدای کو دِ وقت خدای دِ ششو خرم ورم
بکیر ور میغ بکیر دِ جنت تمام شد

見這個話，我也害怕了，直至我的一些羊都來

在打顫裡邊。」葉哈亞他母親，忙去在山上找葉哈亞。

他母親到在山上，看見他的兒子葉哈亞，睡著

了。他母親叫他：「哎！我的兒子葉哈亞！你起來著，你

同著我回家。」葉哈亞聽見他母親叫他，他忙起來

跟他母親說賽倆目。然後母子二人，抱頭相哭。

然後葉哈亞同著他母親歸回，到在家裡邊，看見了他的父親

說：「我害怕多災海的爾雜布，直至一些羊，也害怕

多災海的爾雜布。且別說我們是，幹古那海的人。

我們應當害怕胡大，害怕多災海的爾雜布。我們

因為害怕胡大，哭的時候，胡大一定恕饒我們，

叫我們進永久的天堂。」全美了。寫成了。

دوزح هشتـم

حدیثـ عمر كنتـ اوحز شفاعتـ بـرسـفتر كے بالا ٱلیلد غوحـز
حمحاباب راك عـز نا سـفتر كے عمر كنتـ اوك خوك كے لـتـ
با موك تـنے حك دوكر فتر كے لـتـ نكتے فتر افـز دك سیـر
فتر ك لـز نا ٻـب باد ر حك جـے سـفتر كے عمر بعز دك ٻـیر
ٻام نام بـرنیتـ خطوك لا روانام نام با موك تـنے با حـک كے
ایلی بـرپـز جپس لیتا نام كیـز حك نا دوراوك نوك ٻـی وك شـعـر
كـنتـ من كان لسانیـن فی الدنیا جملا الله لـه یـم
القیـمـة لسانیـن من النار من نایـز دوتـ زباہ حـنات
كـے بـرقیابتـ دیـم زُ خدای باتاہ زباہ جـے اجپ نار روز
ٻام بـر دنیا بالا لـتـ با منو تـنے حك بـر دنیا بالا لا تـ روش
تباه كے حز افـتـ لیتا خدای جد لخفہ دعذاب زروہ نا
بـر كتاب لیتا بیـز كنتـ زویـن عـز از روتـ داكـر لیتا نام نام با

第二十八個臥爾茲　聖人不搭救三夥人的故事

哈迪斯，聖人爾來伊黑賽倆目說：「我的舍法阿提，在三夥人上，沒有份兒。」

一些索哈伯問聖人爾來伊黑賽倆目，哪三夥人？聖人爾來伊黑賽倆目說：「頭一夥人是，

搬嗦是非的人。第二夥人，是賣寡婦的人。第三

夥人是，違反父母的人。」這三夥人，聖人爾來伊黑賽倆目不搭救

他們，他們不能得脫離。因為他們搬嗦是非，把一些人，

引領在憂愁裡邊，他叫一些人反對，一個惱別一個。聖人爾來伊黑賽倆目

說：[مَنْ كَانَ لِسَانَيْنِ فِي الدُّنْيَا جَعَلَ اللهُ لَهُ يَوْمَ

الْقِيَامَةِ لِسَانَيْنِ مِنَ النَّارِ]。①麥爾尼：他有兩個舌肉的那個

人，在給亞麥提的日子，胡大把他的舌肉轉成火。因為

他們在頓亞上，是搬嗦是非的人，在頓亞上是一個

壞人。到阿黑熱提裡邊，胡大憑著厲害的爾雜布罪行他。

在克塔布裡邊，表說：一日聖人爾來伊黑賽倆目從一個大墳坑裡邊過，他站

———————————

① 抄本文字有誤，已改。

برد وق كدير س بالا عمر كنت جنتش خضاى نورمه جمور

ش خمر كور دكى اهم حلكاب سرالا عمر جمد ورقة جو كور

د كى قاليس شمكا كناه عمر كنت تادوتش برد نيا بالا ست

تابا صفو است فى دكى خضاى با تامش د كور جمو اجد منح

د نار كى عمر كنت لا يدخل الجنة قتاق تابا صفو است فى

د كى تا بو متدالند زجنت تابا صفو است فى دكى تادكور طومه

ستبير د د منح شور برعمر بو حاببير تا خضاى برطمر ربيتا

جش بالا نى يو نوس عمر ق زرو تابا صفو است فى دكى نزتش

طو دورنح دجه عذاب دورتم حنت است كى متالا مو دكى

عمر بو خاببير تا رمى شما مو دبالا سى حدالا ست حدام س بر كتاب

بتلا بيعا كنت برد س بو جه زرمان ير تى كى است قاباى دكى

برحما تت بالا طن د ست رتا است خنر يرد كرنت رتا است

在兩個墳頭上。聖人爾來伊黑賽倆目說：「的實，胡大罪行這兩

個住墳坑的人。」一些索哈伯問聖人爾來伊黑賽倆目：「這兩個住墳坑

的人幹了什麼古那海？」聖人爾來伊黑賽倆目說：「他兩個在頓亞上，是

搬嗦是非的人。胡大把他們的墳轉成多災海

的火坑。」聖人說：「[لَا يَدْخُلُ الْجَنَّةَ قَتَّاتٌ]。」搬嗦是非

的人，他不能進天堂。搬嗦是非的人，他的墳坑圍著

賽埃熱的多災海。所以聖人爾來伊黑賽倆目不搭救他。胡大在圖熱賽納

的山上，醒令穆薩聖人爾來伊黑賽倆目。我因為搬嗦是非的人，造

化多災海的一些爾雜布。第二夥人是，賣寡婦的人。

聖人爾來伊黑賽倆目不搭救他，因為賣寡婦的財帛，是哈拉目。在克塔布

裡邊，表說，在前①輩的光陰，有一個人是趕腳的人。

在驢身上，馱的是，一半是，狠賊熱的肉。一半是，

---

① 此處「錢」表示「前」的音。

مَع قُدْرَا اُفُر جَمالَ اَلـمِرْ فَزِيرِ دَر كُرْنَتْ بِبَاجِهِ دَ سَلَمِ بِتَه دَرَتَفَ

جِرْ نُتَهِ دَ كُرُوَ تَيَمْ كُرْ صِمَالِ رَشِدَ اَلكِمَتْ قُدْرا اُفُر جَمالَ بِبَا

جِهِ دَ سَلَمِ بِتَه دَ نَفُر جُرَى نِتَهِ بِقَ مَ دَ فَتَرَ بِرِى نُرُ هَر جُبَى

لَ جَمالَ نُتَهِ دَ كُرُو عِسِرِ بِتَه ظَطِرِ دَ قُمَ دَ بِكْتَا بِسْ خُواجَ نُرَّ

بِرُوَ جَمالَ نُتَهِ دَ اَلـمِرْزَ جُوَ اَچِهِ قُدْرا اُفُر وَرَّنْ بِبَكَاه جِبْرَ

نَا قُرَّ مِيسِ بِيِى جِيمَ نَا اوجِيمَ نَا اِسْتَ صِلَاحِ رَنَبُرَرَى رَمَى نَرَّا فِقْ

دَ مالَ اِسْتَ صِلَاحِ رَسِيدَرِى خَنْتَ اِسْتَ وَنَا بِدِر مَادَر رُوَيكَى عَمَرْ كَنْتَ

مَعَ شَفَاعَتْ بِرُ جَايَكِيزَ وَفَا بِدِر مَادَر رُوَيكَى اَصْلَحَ كَنْتَ

لَا يَدْخُلُ الْجَنَّةَ عَاقُ الْوَالِدَيْنِ وَفَا بِدِر مَادَر رُوَيكَى

نَا بِرُ قُدْرا اُفُر بِرْ جِنَتْ خُدَاى كَنْتَ اوجِمَ بِنْكَاه بِرُّ نِكَاه بِدِر مَادَر

دَحَتْ جِهَا اِسْتَ خُدَاى اَمِرَ بَيِرَ وَرَّنْ نِكَاه بِدِر مَادَر رُوَّ حَقَ يَدَّ

نِتَهِ بِدِر مَادَر رَقَ وَرَّنْ بِرُ وَ بِدَ دَ عَمَارِ خُدَاى بَرَ جِ جُلَّ جِهَ

قَكَى بُرِ بِدِر مَادَر دَ نَرُ نَرَّ وَ نَا بِدِر مَادَر

賣寡婦的財帛。要是狠賊熱的肉，偏沉了。穆斯林憑著手，扶

住，使得。因為疼顧驢，使得。要是賣寡婦的財帛，偏

沉了，穆斯林憑著手，扶住，使不得。一些女人聘丈夫的，聘

禮的財帛，使得。因為聖人爾來伊黑賽倆目憑著馱的工價聘海蒂徹，所

以，聘禮，財帛使得。要是女人轉成寡婦，我們襄助

她，我們莫要逼斥她，逼斥她是哈拉目。所以賣寡婦

的財帛是哈拉目。第三夥，是違反父母的人。聖人爾來伊黑賽倆目說：

「我的舍法阿提不搭救違反父母的人。」聖人爾來伊黑賽倆目說：

[لَايَدْخُلُ الْجَنَّةَ عَاقَ الْوَالِدَيْنِ]。「違反父母的人，

他不能進天堂。」胡大說：「哎！一些班代！你們看守父母

的哈格。」這是胡大命令，叫我們看守父母的哈格。要

是（我們惹父母的惱怒，違反父母）。父母給我們做歹杜阿，胡大一定准承。

نابلىلايكه بوره حرار بورحو زمان ديو بوق شباب جعق شباب بات

يوق شه نيك دكى تا تاداو دحه نيك كار بويى تامو دبو

تامو دجه حضو حكو بانا بوحق بوكو بيا حوكو تحى بكلا

بوكو بيا بوتى حمار حمصوت حصيى وكى بكيو خدا حكو دو

كيو كو حمام كنق شباب بات بوت حه نيك دكى بو تا بابا ايو

جونع جه بد صنا تام كيو كو جه دو بو تا بكلا سو ال

تاد ماد جابي بن دو ولد شباب بات بوت حه نيك دكى تا ئا

بنعا بد بشو بو بو تا كو بيا يو بوق حوا بنى با كيو خنا

تاماد جابى كنق اى جو دو وده سو بابا بو بو حه دو تا ات

بوق نيو يو بد ماد دكى بويى تا فى خى و تا بو يو

و تا كنق حه بو بيا تا و تا بارا تا تا تا خى و دكا

حو نو حو بو بيا و داه صداى بالا تا بو بوق بد دعا

咋見起？在前①輩的光陰，有一個青年。這個青年，是

一個行好的人，他幹多的一些好事。一日他毛提了，在

他毛提之後，一些人把他殯埋在墳坑裡邊。一些人聽見，

在墳坑裡邊，一個驢的聲音，曉諭，叫喚。一些人都

蹺蹊了。他們說：「青年是一個，行好的人。在他上有

這樣的歹顯跡。」他們蹺蹊著，到在他家，問

他的母親。「你的兒子，青年，是一個行好的人。他幹

什麼歹所為？在他墳坑裡邊，有一個驢的聲音叫喚。」

他母親說：「哎！眾位朵斯提們②！你們不知道，他是

一個，扭拗父母的人。一日他狠害③我，他扭拗

我，他說一些，不相應的言語，他傷害我。我打

動怒的一面，我往胡大上給他做一個歹杜阿。」

---

① 此處「錢」表示「前」的音。
② 此處「門」表示「們」的音。
③ 此處筆誤，應為「狠咄」，未改。

دورتج تسـمـة تـﭟ وعظ

وكنت اى ضداى وجـو ولد ﺛـﺎﻧـﺄ د وﺟـﻪ دلا ﺗـﺎ دﺗـﺭ ﺑـﺭ كوﺭ ﻟﻴﻨﺎ
ﺑﻴﺎ ﺣﻤﺎ ﺑـﻛﻴـﺗـﺭ دﻧـﺗـﺄ ﺑـﻤﻴـﺗـﺭ ﺟـﻤـﻛﻰ ﻗ ﺟـﻣـﺎ ضداى جـﺭﺍ جـى
وﺩ ﻩ دعا ﺭ ﻣـﺗـﺭ وﻳﻨﻼ ﻧﺭﻧـﺗ ﻧﺗﮕﺎ ﻩ ﺑـدﺭ ﺑﺎ دﺭ دﺣـﺗ ﻧﻴﺭ
وﻧﺎ ﺑـدﺭ ﺑﺎ دﺭ ﻣـﺗـﺭ صﻴـﻣـﺗـﺭ جـﺑـﺭﺍ ﺣﻤ ﺑـدﺭ ﺑﺎ دﺭ ﺣﺎ صـﻠ ﺟـﺑـﺗ
وعظ كنت دﺣﺎ ﺗـﺳ ﺑـﻛﻼ ﻧﺎﺭ اوﺭﺍ ﻧﻴـﺗـﺭ ﻧﺎ صـﻗ اﺳـﻨـﺤـﻰ
دوﺭﺗـﺭ ﻧﻴـﺗـﺭ ﺑـﺗ ﺛـﻤـﺭﺍ ﻏﻧـﺭ ﺟـﻩ ﻣﺎل ﺳﻴـﺗـﺭ ﺑﺗـﺭ وﻧﺎ ﺑـدﺭ ﺑﺎ دﺭ
ﻣـﺗـﺭ وﻳﻨﻼ ﻧﺭﻧـﺗ ﺑـﺣ ضداى اﺗ ﺣﻤﺎ ن دﺗـﺭ صﻴـﻤـﺗـﺭ دﺗـﺭ
ﺑـدﺭ ﺑﺎ دﺭ اﺗ كﻰ دﺗـﺭ ﻣـﺗـﺭ كﻰ جـ ﻩ ﺑـدﺭ ﺑﺎ دﺭ د ﻩ ﻩ ﻧﺭﻳﻨـﺗـﺭ
كﻰ د ضدا د ﺟـ ﻩ تـﻧ ﻣـﺗـﺭﻩ ﺛـﺭﻩ ﻩ ﺭﻯ ﺟـﻩ ﻣـﺗـﺭ د ﻧﺭ عـﻧـﺭ
ﺷﺗﺎ ﻋـﺗ دﺗـﺭ ﻣـﺗـﺭ ﺑﺎﻻ ضداى ﺑﺎ جـﻧـﺗ دﺣـﺗ ﺗـﺑـﺗ وﻣـﺗـﺭ

تَعَلَّتَرُ يَرْفَعُ اللَّهُ الَّذِينَ
اٰمَنُو مِنْكُمُ وَالَّذِينَ اُوتُو الْعِلْمَ دَرَجَاتٍ اَيَدَدِنـ

第二十九個臥爾茲　襄助與喜愛爾林的故事

我說：「哎！胡大！我的兒子傷了我的心。他到在墳坑裡邊，

變驢，叫喚。叫一些人聽，這是胡大准承，

我的杜阿。」我們為班代穆民，看守父母的哈格，不要

違反父母，我們孝忠一總父母。總義：這個

臥爾茲，說的是，三件事情。頭一個，莫要搬嗦是非。

第二，莫要使賣寡婦的財帛。第三，莫要違反父母。

我們為班代穆民拜主，是天道，孝道

父母是人道。我們取了父母的喜，就

取了胡大的喜。然後我們的貴聖人爾來伊黑賽倆目也喜。我們的貴聖人爾來伊黑賽倆目

舍法阿提到在我們上。胡大把天堂慈憫給我們。

真主說：يَرْفَعِ اللَّهُ الَّذِينَ]

（58:11）。 [آمَنُوا مِنكُمْ وَالَّذِينَ أُوتُوا الْعِلْمَ دَرَجَاتٍ

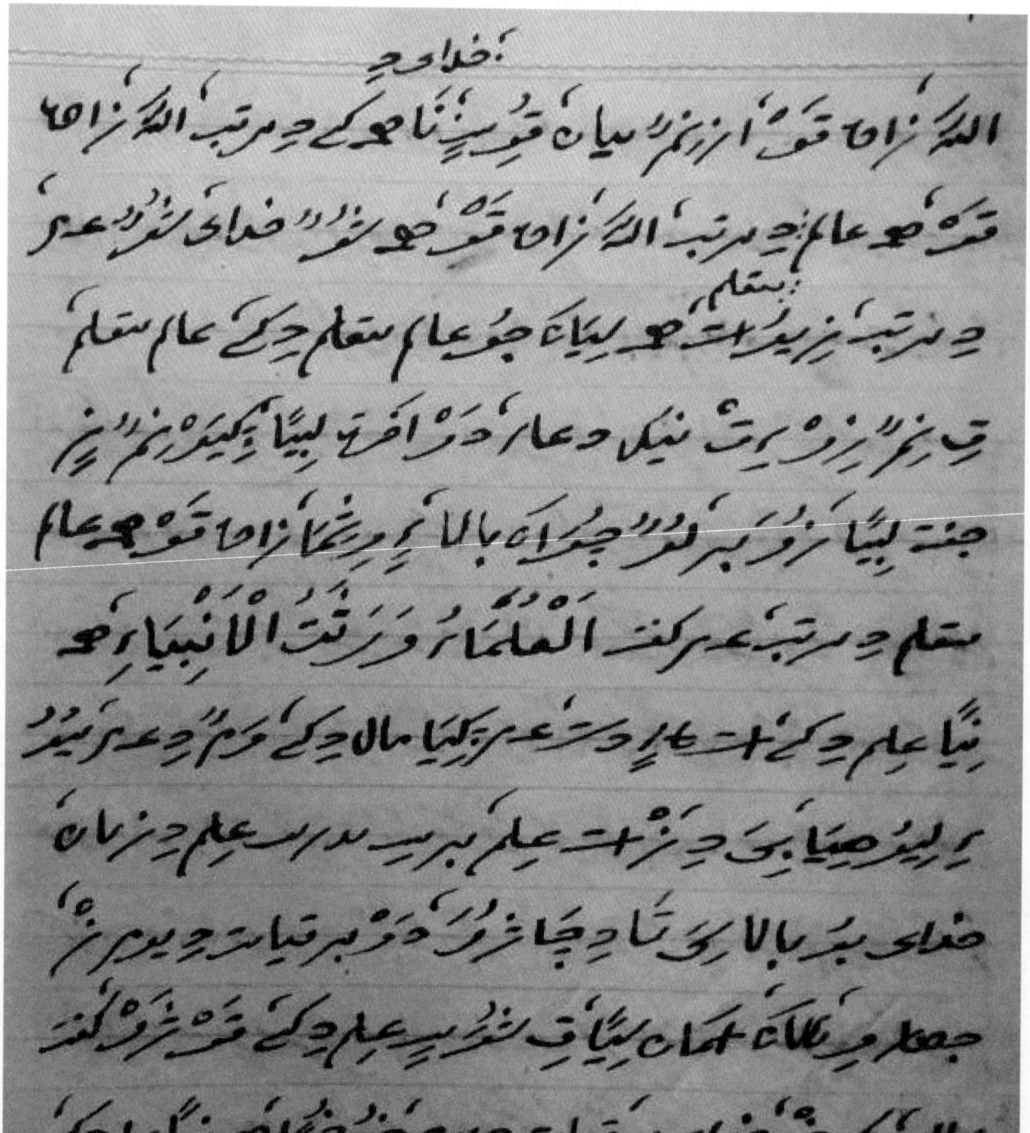

安拉乎，升①高從你們中，歸信（胡大的）那一些人的品級。安拉乎，升②

高一些爾林、穆泰爾林的品級。安拉乎，升③高一些順主順聖人爾來伊黑賽倆目

的品級。就是一些襄助爾林、穆泰爾林的人。爾林、穆泰爾林

給你們做一個好杜阿，到阿黑熱提裡邊叫你們進

天堂裡邊，坐在龍床上。因為什麼升④高一些爾林、

穆泰爾林的品級？聖人爾來伊黑賽倆目說： [اَلْعُلَمَاءُ وَرَثَةُ الْأَنْبِيَاءِ]。一些

念爾林的人，是情受⑤聖爾來伊黑賽倆目人家財的人。我們的聖人爾來伊黑賽倆目沒有

遺留下別的，只⑥是爾林。在習學爾林的光陰，

胡大不上寫他的差錯。到在給亞麥提的日子，

四位大天仙給索尋爾林的人告饒，說

賽倆目，慶賀。胡大在給亞麥提的日子，呼喚一些念爾林的人：

哎！我的一些班代！我因為你們念爾林的苦，把一總聖人爾來伊黑賽倆目的品級

---

① 此處「生」表示「升」的音。
② 此處「生」表示「升」的音。
③ 此處「生」表示「升」的音。
④ 此處「生」表示「升」的音。
⑤ 此處「手」表示「受」的音。
⑥ 河南方言，讀「zi」的音，表示「只」、「僅僅」。

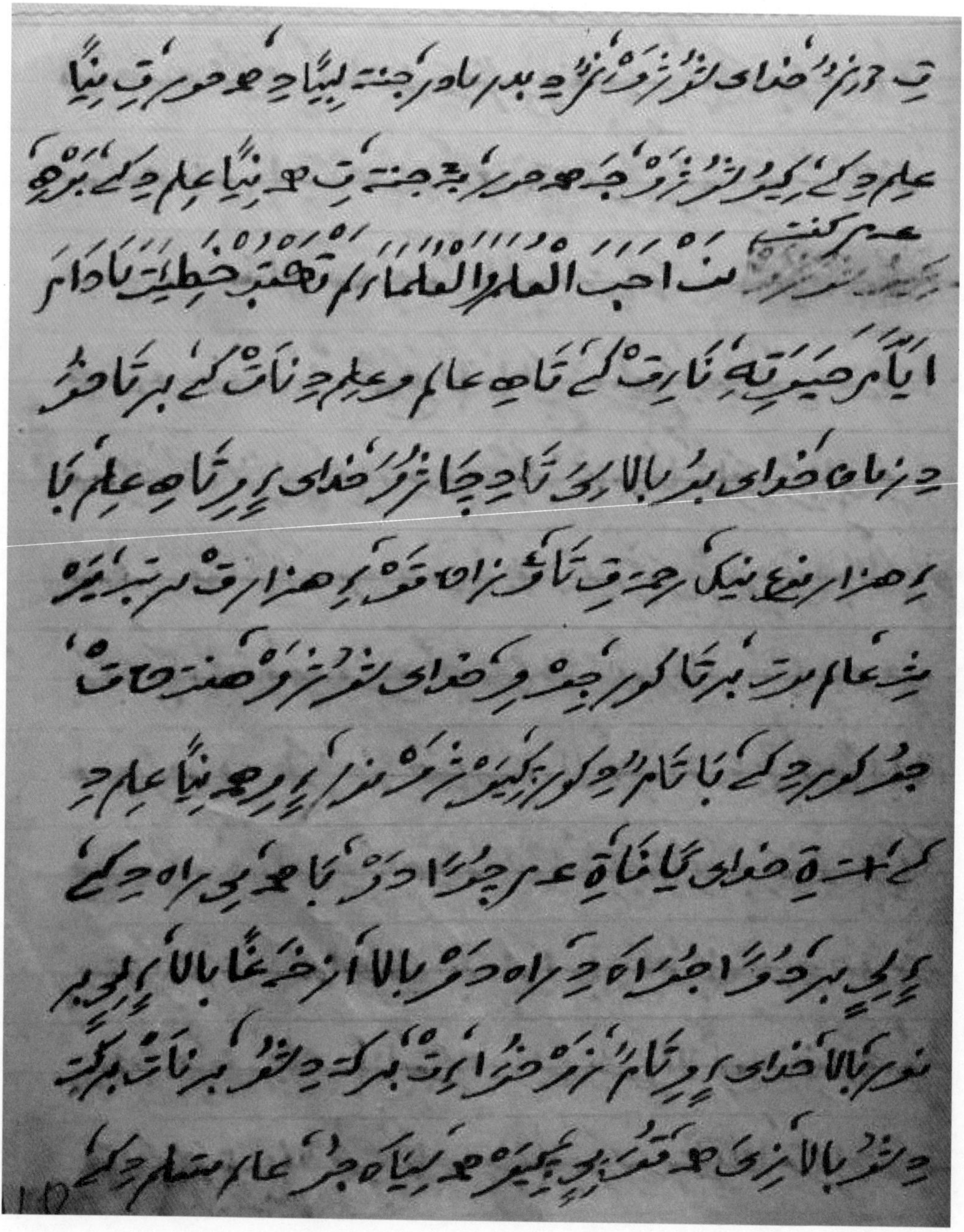

給了你們。胡大恕饒你們的父母。天堂裡邊的一些仙女，給念

爾林的人，求恕饒。這一些仙女憑著天堂，給一些念爾林的人報喜。

聖人爾來伊黑賽倆目說：［مَنْ أَحَبَّ الْعِلْمَ وَالْعُلَمَاءَ لَمْ تُكْتَبْ خَطِيئَةٌ

أَيَّامَ حَيَاتِهِ]①。哪一個人，他喜爾林與爾林②的那個人，在他活

的光陰，胡大不上寫他的差錯。胡大因為他喜爾林，把

一千樣好，慈憫給他，與升③高一千個品級。要

是爾林毛提，在他墳坑周圍，胡大恕饒七十個，

住墳坑的人，把他們的墳坑嬈亮。因為一些念爾林的

人，是替主言法、替聖人爾來伊黑賽倆目傳道，把一些迷路的人，

引領在端莊的路道上。從黑暗上，引領在

光明上。胡大因為他們造化一個，拜熱克提的樹。在那個拜熱克提

的樹上，結一些果品。叫一些襄助爾林、穆泰爾林的人，

---

① 抄本文字有誤，已改。
② 「爾林」指學者，後一個「爾林」指知識。
③ 此處「生」表示「升」的音。

سخاوت و وعظ

چه جمعه قدری پیری حاصل ورنج و بنا مدینه پیک او جبر عالم رنج
ستام خدای با جمعه نفعت حجت ترحم زکیرد رحم و جنت

قال عمر من طلب شیئا

جد وجد من قرع باب الج و لج حدیث سنجد

عمر کنت تا شرسیر برده تاب که تا حتا تا بیع باب و
نات که نقال که عمر و حدیث ـ بیع و رحم بر دنیا بالا کرام
نماز بار روز اجـ تقوی قصیت حذر بدر ساد و زنیل ـ ح
د رحم بدست نظر رخیر خدای با بال حجت ترحم ورم بابا
نیع پیک بر خدای جراه دو بیا زار اکتاب بر کتاب بیا
بیک کنت بر بنداد بلد بر بیا با خناه با عمر حدیث
یک بر سر رسک بالا خدا ابر کنیش بالا کریم برش رز نش
د ایک نش بالا قرو تا دیدیک با بر کنیش بالا خدا جد در ش

第三十個臥爾茲　托缽僧的故事

吃這一些果品。總義：我們為班代穆民，襄助爾林與

穆泰爾林。胡大把這一總恩典慈憫給我們，叫我們進天堂。

聖人爾來伊黑賽倆目說：　[مَنْ طَلَبَ شَيْئاً

وَجَدَّ، وَجَدَ، وَمَنْ قَرَعَ باباً وَلَجَّ وَلَجَ]。①哈迪斯麥爾尼是：

聖人爾來伊黑賽倆目說：「他索尋一物的那個人，他得它。他叫門的

那個人，給他開。」聖人爾來伊黑賽倆目的哈迪斯是叫我們在頓亞上，交還

乃麻子，把若齋，行泰格瓦。孝道父母，好事②行

前③，歹事④通後。胡大把財帛，慈憫給我們，我們把財帛

費用在胡大的路道裡邊。咋見起？在克塔布裡邊，

表說，在巴格達城堡裡邊，皇王把聖人爾來伊黑賽倆目的哈迪斯

寫在金牌上，掛在街市上。一日一個代熱維什

打街市上過，他看見在街市上，掛著一個

---

① 抄本文字有誤，已改。
② 此處「是」表示「事」的音。
③ 此處「錢」表示「前」的音。
④ 此處「是」表示「事」的音。

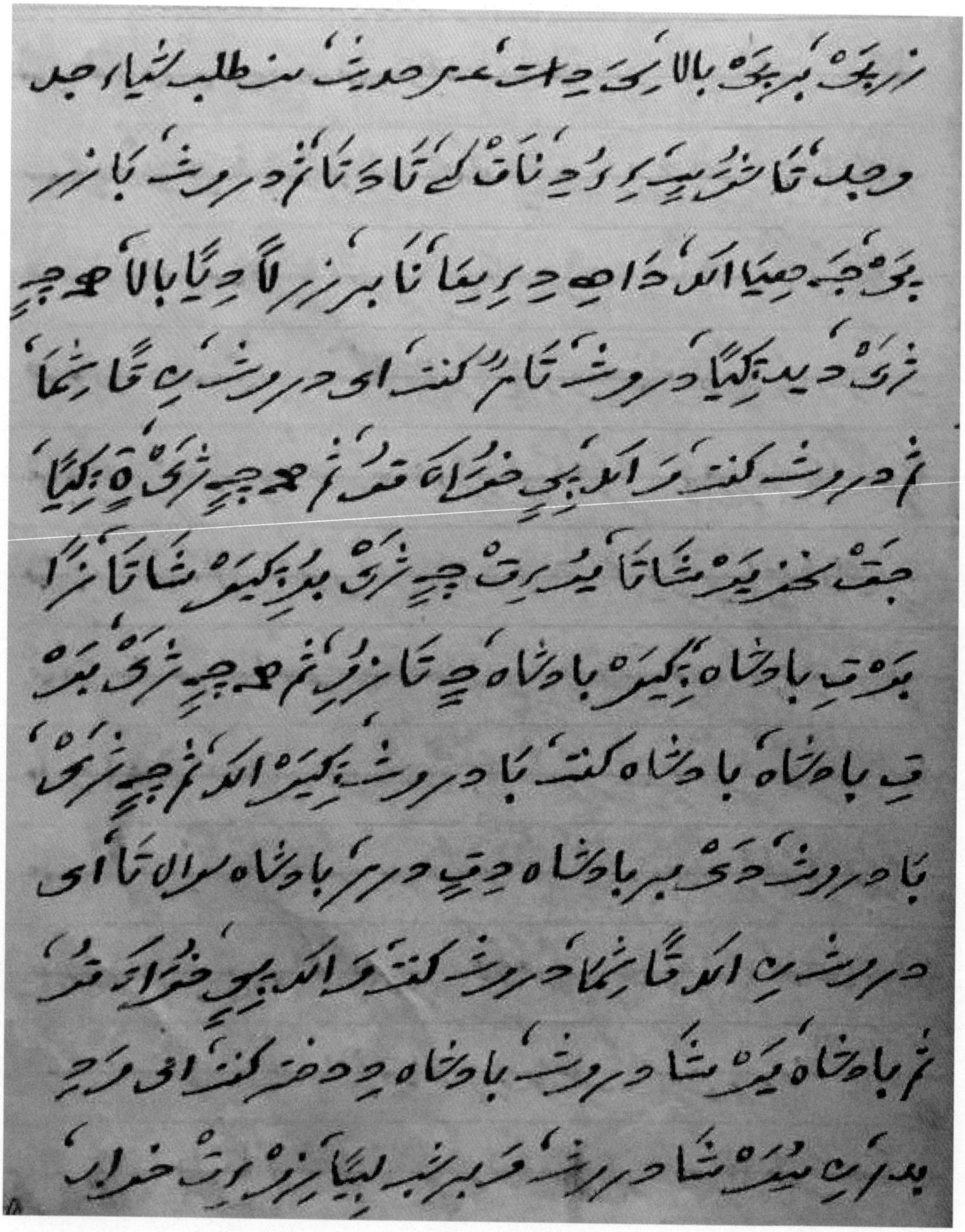

金牌。在牌上，寫的是，聖人爾來伊黑賽倆目哈迪斯：[مَنْ طَلَبَ شَيْئاً وَجَدَّ

وَجَدَ]①。他索尋一物的那個人，他得它。然後代熱維什，把金

牌摘下來，打喜的一面，拿在金鑾殿上。一些臣

差，看見代熱維什，他們說：「哎！代熱維什！你幹什麼？」

然後代熱維什說：「我來聘皇姑。」然後一些臣差，聽見

這個話，要殺他。有一個臣差不叫殺他，咱

報給皇王，叫皇王定他罪。然後一些臣差報

給皇王。皇王說：「把代熱維什叫來。」然後臣差

把代熱維什，帶在皇王的跟前②。皇王問他：「哎！

代熱維什！你來幹什麼？」代熱維什說：「我來聘皇姑。」

然後皇王要殺代熱維什。皇王的女兒說：「哎！我的

父親！你莫要殺代熱維什。我在晚夕裡邊做一個夢，

---

① 抄本文字有誤，已改。
② 此處「錢」表示「前」的音。

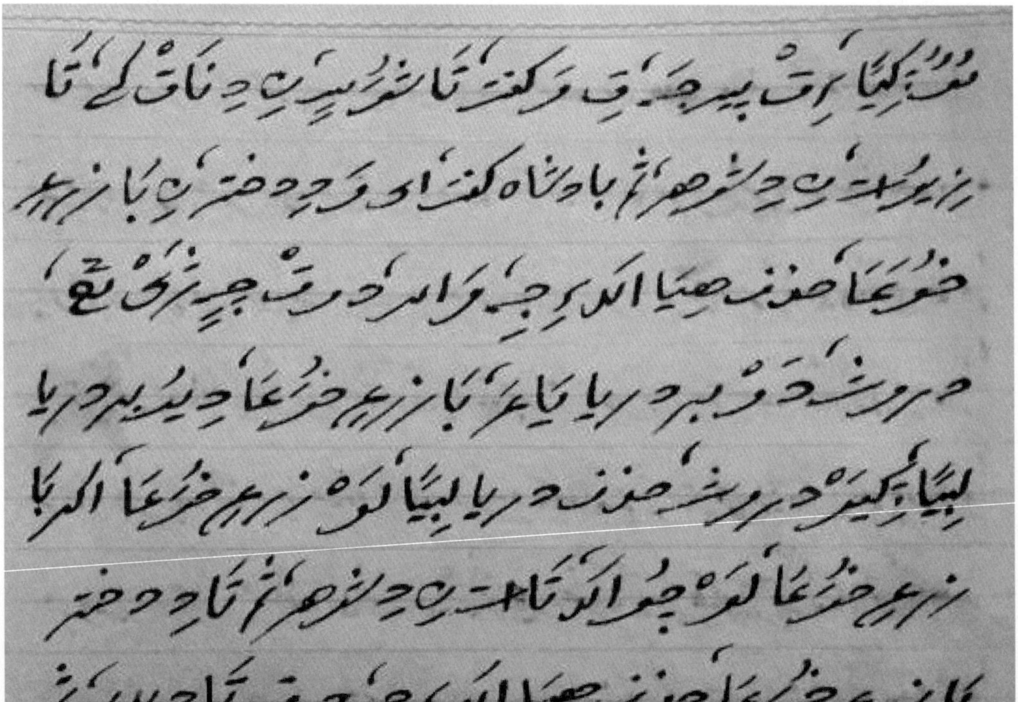

夢見，一個老者給我說：他索尋你的那個人，他

就是你的丈夫。」然後皇王說：「哎！我的女兒！你把金耳

環兒，取①下來一隻，我命令兩個臣差同著

代熱維什，到在海沿兒，把金耳環兒丟在海

裡邊，叫代熱維什去海裡邊，撈金耳環兒。要是把

金耳環兒撈出來，他是你的丈夫。」然後他的女兒

把金耳環兒取②下來一隻，遞給他的父親。然後

皇王命令兩個臣差，同著代熱維什一同到在海

沿兒。然後臣差，把金耳環兒丟在海裡邊，叫

代熱維什去撈。然後代熱維什跳在海裡邊，口裡邊

念的是： [مَنْ طَلَبَ شَيْئاً وَجَدَّ وَجَدَ]③。他索尋一物的那個

人，他得它。他撈上來一個木籠，在木籠裡邊，

---

① 此處「去」表示「取」的音。
② 此處「去」表示「取」的音。
③ 抄本文字有誤，已改。

يوراق بوغوكو وآن بي غو وآن كفتا او درويش بي بردريا

لپيا بچيرد ورد و برخرا بكيرا دريا بالا بغرين دغ نزدروش

يوصيا برد پا لپيا لوز زعر فرّا او جو الله يرش دا ماه

جك دا ماه باز عر فرّا اه جرا الله تعالى ست كي يطو

درّ بر باتشاه وقادم باتشاه كفتا كمر بازعر فرّا

درّ يه برد ريا لپيا كما خ نغ جـ لـ جرا الله درق جيج

رق كفتا ومز ديد كليا رق دا ماه ازد پا لپيا جرا الله

ازدهان لپيا با زعر فرّا اه جرا الله باتشاه كفتا اى

درويش بريه بالا يغ نشا پى لا درويش كفتا وبرش تبليغ

باتشاه كفتا په دعوت دى پنج بير زقر به خراب بكير بيس

واداكيا نم درويش دپرد دى پنج بير زقر به پنا رين

باتشاه كليا صيا صيا دا بكير ق جمال حد دفتر طر جزفرّان

有一個蜜蜂王。蜜蜂王說：「哎！代熱維什！你在海

裡邊救度我，我在花轎頂兒上，報你的恩。」然後代熱維什

又下在海裡邊，撈金耳環兒。撈出來一個大魚，

這個大魚把金耳環兒，吐出來。然後他們，三個人，一同

到在皇王的跟前①。皇王說：「你們把金耳環兒，

丟在海裡邊，他如何樣著撈出來？」兩個臣

差說：「我們看見，一個大魚，從海沿裡邊出來，

從口裡邊，把金耳環兒吐出來。」皇王說：「哎！

代熱維什！在你上有什麼樣的品②哩？」代熱維什說：「我有一個泰斯比哈。」

皇王說：「你等待五③日，我預備花轎，遊

玩大街。」然後代熱維什等待五④日。到在那一日，

皇王揀選，十九個俊美的女人，同著皇

---

① 此處「錢」表示「前」的音。
② 此處脫「級」字，未補。
③ 此處筆誤，「第五[محمد]」應為「五[جمعة]」，已改。
④ 此處筆誤，「第五[محمد]」應為「五[جمعة]」，已改。

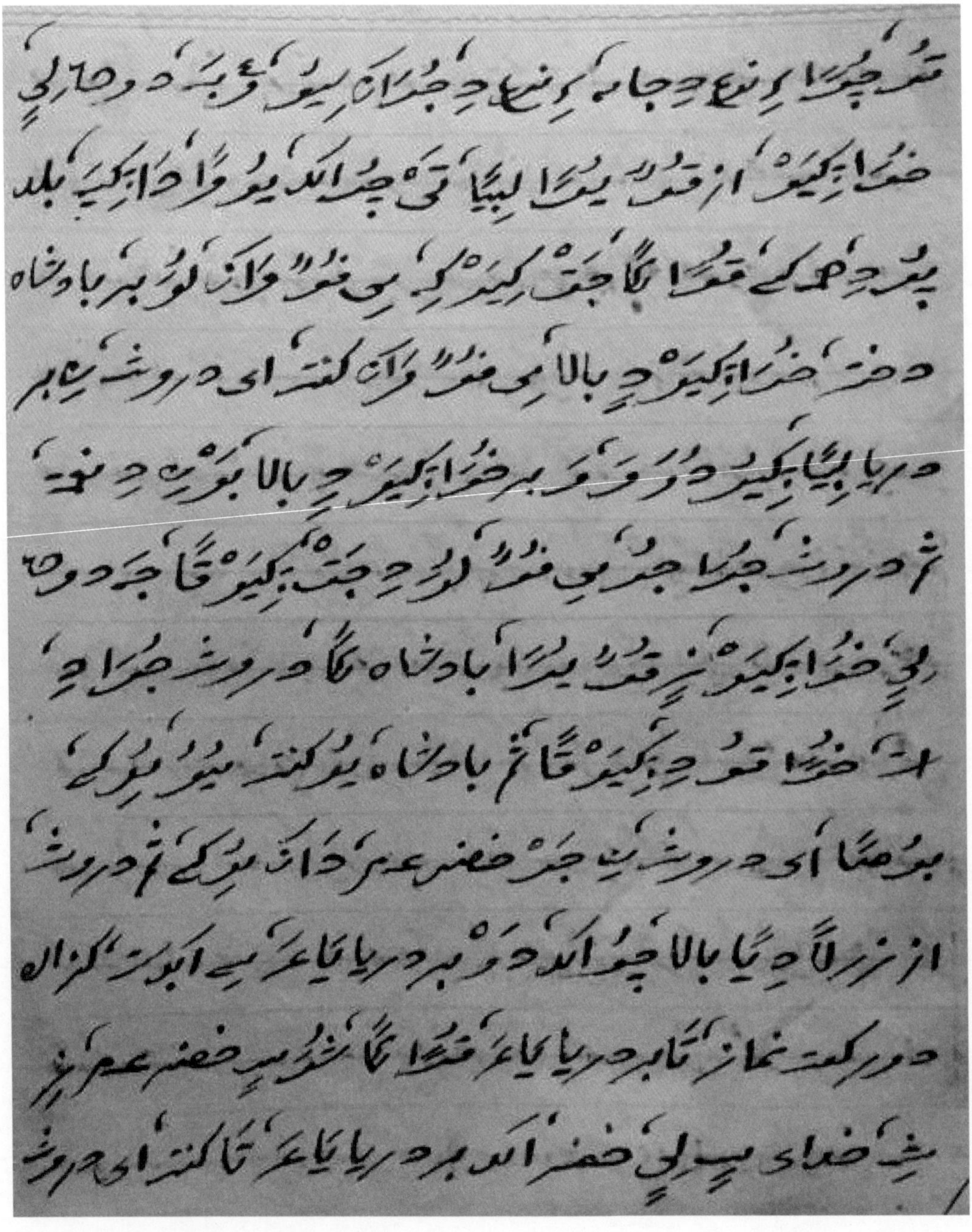

姑，穿一樣的衣服，一樣的妝修，預備二十領

花轎，從宮院裡邊，抬出來遊玩大街。城

堡的一些人觀看這個蹺蹊。蜜蜂王落在皇王

女兒花轎頂上。蜜蜂王說：「哎！代熱維什！你在

海裡邊救度我，我在花轎頂上，報你的恩。」

然後代熱維什抓住蜜蜂落的這個轎杆，這二十

領花轎進宮院。皇王看見代熱維什抓的

是，皇姑的轎杆。然後皇王又說：「沒有媒人，

不算。哎！代熱維什！你找黑祖爾聖人爾來伊黑賽倆目，當媒人。」然後代
熱維什

從金鑾殿上出來，到在海沿兒，洗阿布代斯，交還

兩拜乃麻子。他在海沿兒觀看，索尋黑祖爾聖人爾來伊黑賽倆目，即

時，胡大醒令，黑祖爾來在海沿兒。他說：「哎！代熱維什！

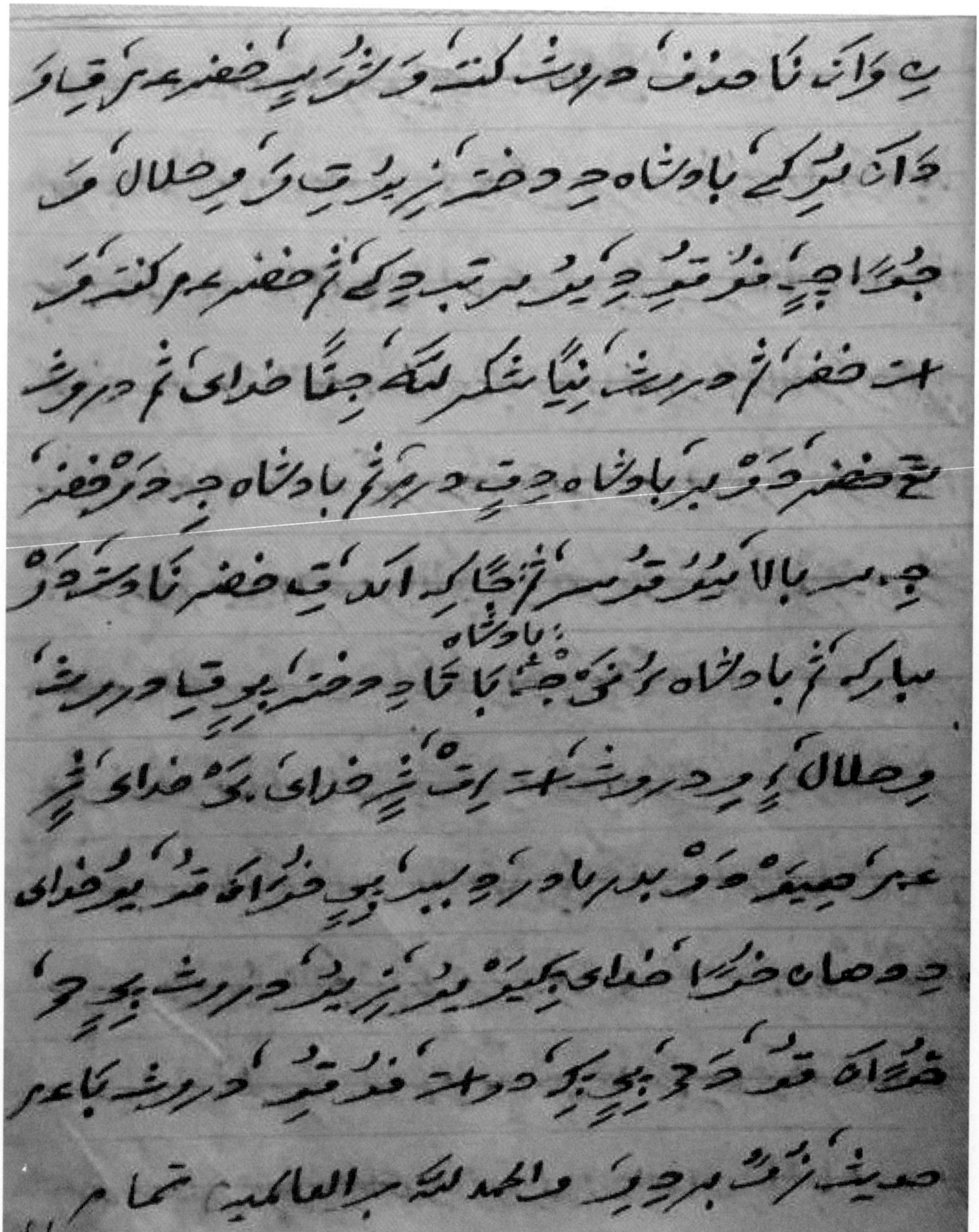
والحمد لله رب العالمين تمام

你往哪去？」代熱維什說：「我索尋黑祖爾聖人爾來伊黑賽倆目，給我

當媒人，皇王的女兒，就給我，為哈倆裡。我

轉成富貴的，有品級的人。」然後黑祖爾聖人爾來伊黑賽倆目說：「我

是黑祖爾。」然後代熱維什念：「[شُكْرُ لله]，知感胡大。」然後代熱維什

同著黑祖爾，到在皇王的跟前①。然後皇王知道黑祖爾

指頭上，沒有骨頭。然後皇王站起來，給黑祖爾拿手，道

穆巴拉克。然後皇王無奈著把他的女兒，聘給代熱維什

為哈倆裡。因為代熱維什是一個，認主、拜主、認

聖人爾來伊黑賽倆目，孝道父母的賽白布。聘皇姑有胡大

的口喚，胡大叫有即有。代熱維什聘了

皇姑，得了品級，兩世②富貴。代熱維什把聖人爾來伊黑賽倆目

哈迪斯，尊在地位。一切讚頌全歸養育眾世界的主宰。全美了。

---

① 此處「錢」表示「前」的音。
② 此處「是」表示「世」的音。

第三十一個臥爾茲　把齋的人進天堂

胡大說：「哎！他們歸信的那一些人！胡大把若齋在

你們上做了凡熱則，就照依，在前①輩的那一些人上

做了凡熱則的那樣。」胡大叫我們在熱買雜乃月裡邊，

虔誠敬意，把若齋。胡大把若齋在我們做了凡熱則。

我們應當保守②若齋。在給亞麥提的日子，若齋搭

救我們。人從聖人爾來伊黑賽倆目上傳來，在給亞麥提立起的時候，

胡大叫熱買雜乃月，轉成一個俊美的形象。在

阿熱世的下邊，給主叩頭，給封若齋的人求

恕饒。他往胡大上哀憐，他說：「哎！胡大哇！穆罕默德

的穩麥提，在頓亞上，因為把若齋受了，多的饑餓、渴亢。

在給亞麥提的日子，他們是淨身的。你把衣服，慈憫給他們。」

安拉乎泰爾倆，准承熱買雜乃的求乞，命令天仙，把天堂裡邊

---

① 此處「錢」表示「前」的音。
② 此處「手」表示「守」的音。

بىئا جابه ق تامّر چجرا بالا رمضان يتكيىر كه اى خداوڭا

تامّر چجرا بىئا جابه تامّر خو د دڭ بىئا مقّ خداى يتر او

لمان بىئا با جنت لبيا قمت امّ ئا الله ق تامّر دڭ بىر سى بالا

رمضان يتكيىر كه اى خداى وڭ اى با بىئا ب رحمته ق تامّر

خداى يتر او لمان بىئا از جنت لبيا كيا چه او بر اى بىئا

ب يكيىت تا بر كه بالا رمضان يتر وڭ خداى بالا كبيّر كه اى

خداى او كو لبيا كيىت با رمضا د ڭ بر جه ك او خداى

يتر او لمان بىئا از جنت لبيا با بىئا نب مّا مقّو ت با

رو نا د ك جه يتكيىر با رو نا د ك از جنت لبيا صيا

نفغ نغ جه جه نه برٴا د وڭا جم ا صرا يچ اچ د

عر ريىن رمضا فريىر مر رمع د خئانه بالا يتر رمضان

ق مبيناۀ دلت بر رمضا ماه بر بيىن با رو نا شبر

仙衣，給他們穿上。熱買雜乃又求乞：「哎！胡大哇！

他們穿仙衣，他們還得戴仙帽。」胡大又命令，

天仙把天堂裡邊冠帽拿來，給他們戴在頭上。

熱買雜乃又求乞：「哎！胡大哇！你把仙馬慈憫給他們。」

胡大又命令，天仙從天堂裡邊牽出來布拉格仙

馬，叫他們騎上。熱買雜乃又往胡大上求乞：「哎！

胡大！從墳坑裡邊，叫把若齋的人，飽著起來。」胡大

又命令天仙，從天堂裡邊，把仙席面，送給把

若齋的人吃。又叫把若齋的人，進天堂裡邊，享

樣樣的一總恩典。在十二萬四千有零的

聖人爾來伊黑賽倆目，沒有熱買雜乃。就我們的貴聖人的穩麥提上，有熱買雜乃，

我們為班代穆民，在熱買雜乃月，白日把若齋，晚夕

بسم الله درت

كرال صرار دج ح غار ضداى بكية يا رنده كى ز جنة ه
هما بشيا ي زح رة تم رمضان طور جه رة ز جنة رمضان
ماه كربح نماز بح كرير چه ماه صفت حا بح نماز جح
ق برجه رماه تا ري كيا نيل بح كربح چه ماه صفت
صبكيا نيل جه كيان ى ج جه د رمضان ماه ثرلب
داقىر برمضان ماه ليبا د رتا محل عباة ضاى
يا جنت رح رحمة ق رة والحمد لله رب العالمين تمام
تولتا و اذكرفى الكتاب ادريس انة كان صديقا
نبيا و رفعناه بمكانا عليا ايت سيا راه ترا اد
سر ضداى كنت زر بر كتاب ليبا بح ريكا ادريس بح تا
ه جي ش ه سر رتا تا زاه ترا بر علييا و فتا
جار د را اية يكية نا د جت ضداى اسر اهل بشيا تا كو

第三十二個臥爾茲　伊德里斯遊歷天堂的故事

交還泰拉威哈的乃麻子。胡大說：「把若齋的人，進天堂。」一些

天仙，迎接我們。然後熱買雜乃同著我們進天堂。熱買雜乃

月，一拜乃麻子，比其別的月，七十拜乃麻子，至

貴。在這一月幹一件好，比其別的月，七

十件好，至強。我們知道熱買雜乃月賽瓦布

大，我們在熱買雜乃月裡邊多幹爾麥裡爾巴代提。胡大

把天堂，一定慈憫給我們。一切讚頌全歸養育眾世界的主宰。全美了。

真主說：[وَاذْكُرْ فِي الْكِتَابِ إِبْرَاهِيمَ ۚ إِنَّهُ كَانَ صِدِّيقًا نَّبِيًّا]（19:41）。[وَرَفَعْنَاهُ مَكَانًا عَلِيًّا]（19:57）。阿耶提麥爾尼是：升①高伊德里斯

聖人爾來伊黑賽倆目。胡大說：「你們在克塔布裡邊，記想伊德里斯聖人爾
來伊黑賽倆目，的實，他

是誠實的聖人爾來伊黑賽倆目。我把他升②高在更高的位份。」

這一段阿耶提解明③的是，胡大命令天仙拿起

---

① 此處「生」表示「升」的音。
② 此處「生」表示「升」的音。
③ 此處「名」表示「明」的音。

ادريس جان بكيره يتشير بردبيمه تا رمت بالا نماني

با ادريس نراه مقه بر جه قه حه رمتر نه اكتاب كر بر كتاب ليبا

بيت كنت نفتم ماه حماك كر نيا نر قه بهر ادريس بالا

ادريس فران خداي بالا بكيره نيا نسوه بكر بكيره اى خداى

فرغ قح نيا ح يقه يكا يت مه صدار بنج صد سال

حر احر بك و از نح نيا ح نر بالا مي بكيره نخان اى خداى

طهر نح نيا حماك سيا نا حال اش شه نغ ح نم

ادريس فران خدي غى نيا بكيره كه اى با خداى سنبا

طه نح نيا حماك سيا نا نا بر نا بالا بكيره بدر بر ح با

قى نيا ح نيا نر بر نا بالا بكيره نر نيا خدى ح ا

ادريس ح عاد بهرى بير السا نو با قى نيا ح نيا نر

نمانا ح دار بر طه نح نيا حماك سيا بالا بكيره كه

伊德里斯的命，叫容易，不叫他從毛提上犯難。

把伊德里斯升①高在至高的位份。咋見起？在克塔布裡邊

表說，第六月的天氣，炎熱到在伊德里斯上，

伊德里斯往胡大上，交言、訴己、求乞：「哎！胡大！

我與太陽的遙遠有三千五②百年

的路徑，我從太陽的熱上，臨近受傷。哎！胡大！

馱太陽的天仙，他的時景，是如何樣的？」然後

伊德里斯，往胡大哀憐求乞：「哎！巴熱胡大！你把

馱太陽的天仙，犯難，在他上叫容易，你把

太陽的炎熱，在他上叫溫涼。」胡大應答

伊德里斯的杜阿。再③別一日安拉乎泰爾倆把太陽的炎熱

與犯難的擔子，在馱太陽的天仙上，叫輕了。

---

① 此處「生」表示「升」的音。
② 此處筆誤，「第五[خمس]」應為「五[خمس]」，已改。
③ 此處「在」表示「再」的音。

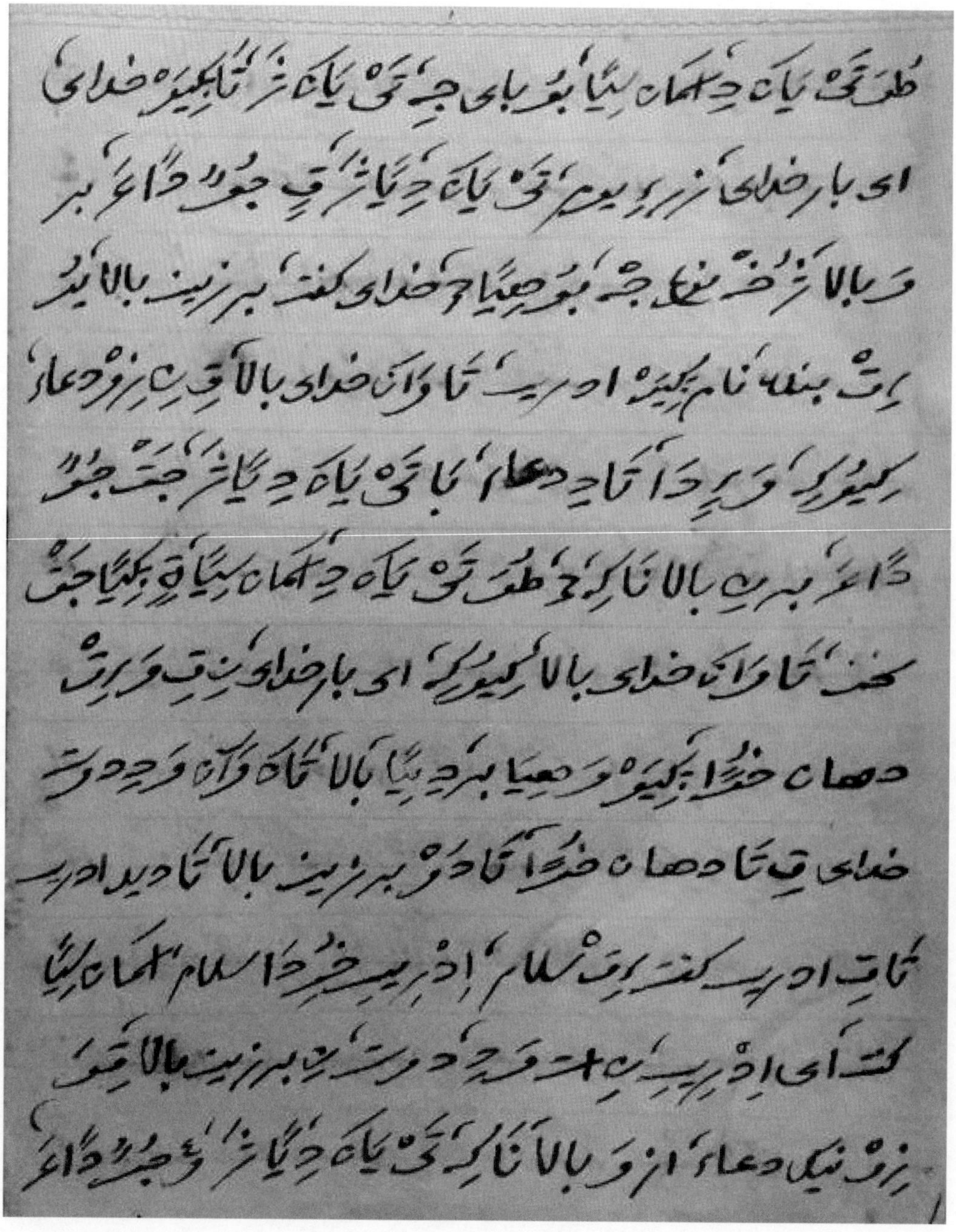

馱太陽的天仙，不覺①知太陽熱。他叫胡大：「

哎！巴熱胡大！今②一日，太陽的炎熱跟重擔兒，在

我上如何樣著不顯了？」胡大說：「在地面上，有

一個班代，名叫伊德里斯，他往胡大上，給你做杜阿，

求乞，我應答他的杜阿，把太陽的炎熱，這個重

擔兒，在你上拿起了。」馱太陽的天仙聽見這個

話，他往胡大上，求乞：「哎！巴熱胡大！你給我一個

口喚，叫我下在地面上，探望我的朵斯提。」

胡大給他口喚。他到在地面上，他看見伊德里斯，

他給伊德里斯說一個賽倆目，伊德里斯回答賽倆目。天仙

說：「哎！伊德里斯！你是我的朵斯提，你在地面上，給我

做好杜阿，從我上拿起，太陽的炎熱，與重擔兒，

---

① 此處「腳」表示「覺」的音，讀作（jué）。
② 此處「金」表示「今」的音。

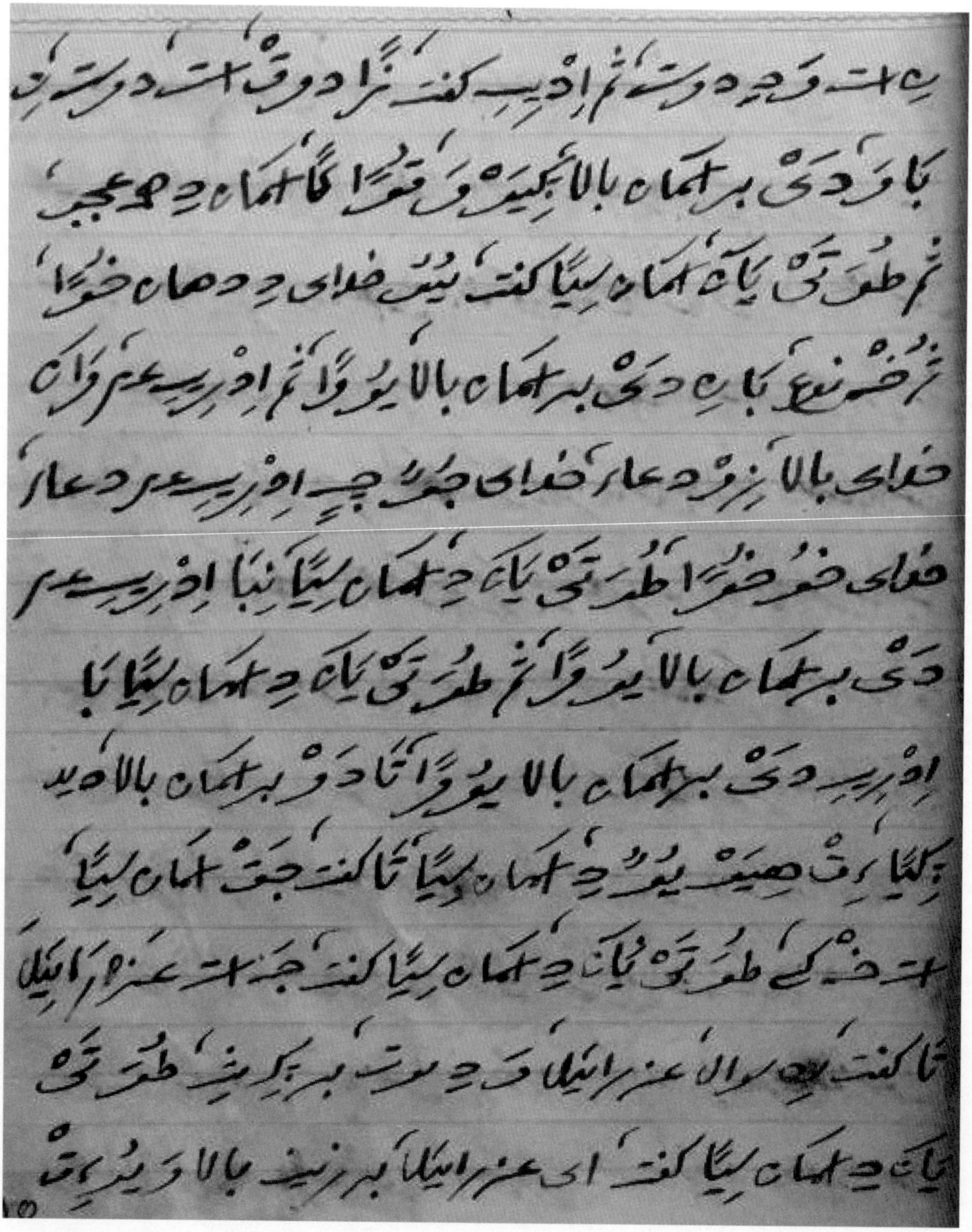

你是我的朵斯提。」然後伊德里斯說：「咱兩個是朵斯提，你

把我，帶在天上，叫我觀看天的一些蹺蹊。」

然後馱太陽天仙說：「沒有胡大的口喚，

如何樣把你帶在天上遊玩？」然後伊德里斯聖人爾來伊黑賽倆目往

胡大上做杜阿，胡大准承伊德里斯聖人爾來伊黑賽倆目杜阿。

胡大呼喚馱太陽的天仙：「你把伊德里斯聖人爾來伊黑賽倆目

帶在天上遊玩。」然後馱太陽的天仙把

伊德里斯帶在天上遊玩，他到在天上看

見，一個凶勇的天仙。他說：「這個天仙，

是何人？」馱太陽的天仙說：「這是爾茲拉依裡。」

他說：「你問，爾茲拉依裡，我的毛提，在幾時？」馱太

陽的天仙說：「哎！爾茲拉依裡！在地上我有一個

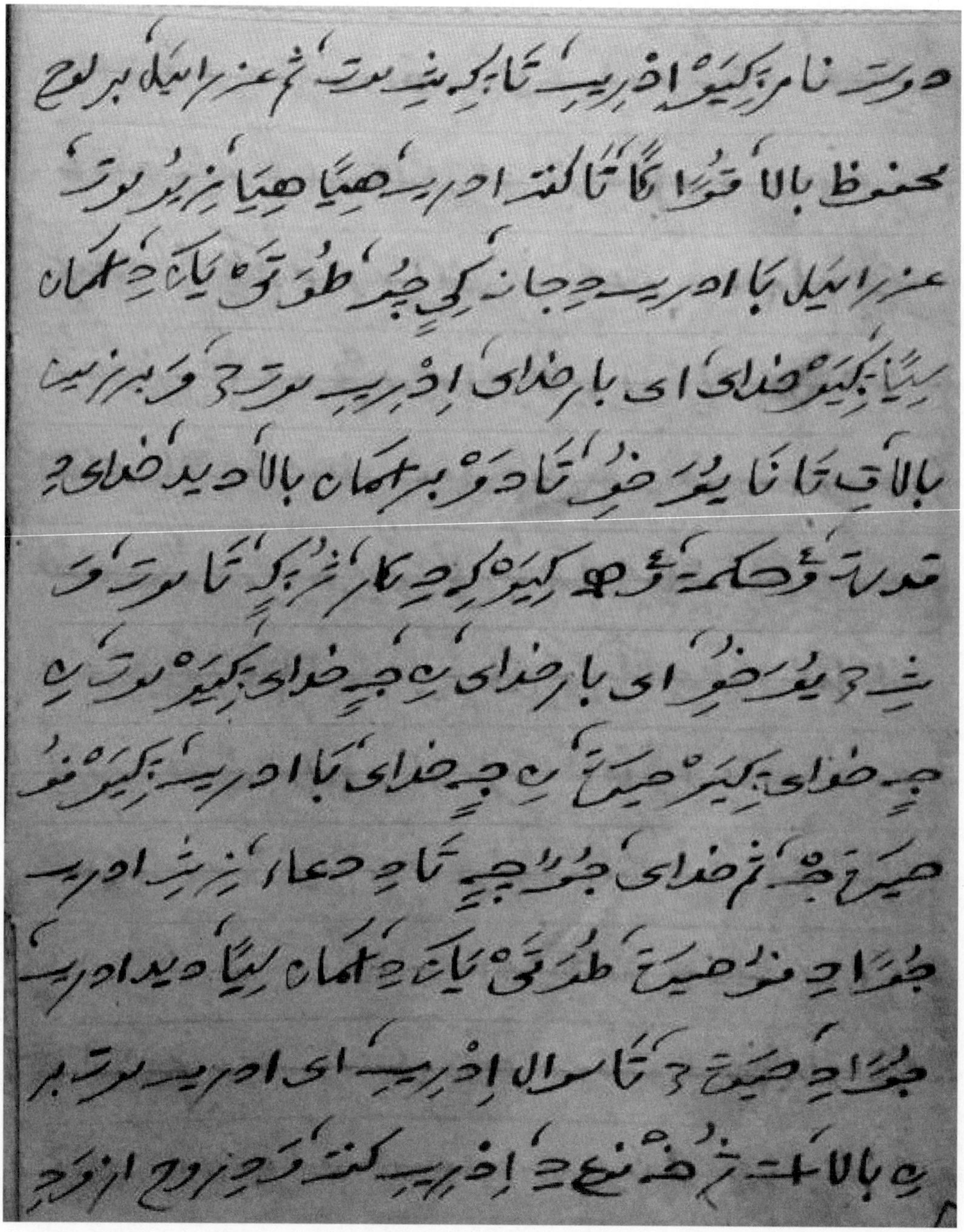

朵斯提，名叫伊德里斯，他幾時毛提？」然後爾茲拉依裡，在勞號

曼號夫祖上觀看。他說：「伊德里斯現在就毛提。」

爾茲拉依裡把伊德里斯的命，取出。馱太陽的天

仙求胡大：「哎！巴熱胡大！伊德里斯毛提了，我在地

上，給他拿約會，他到在天上看胡大的

古德熱提與黑克麥提，與一些蹺蹊的事情。如今他毛提，我

失了約會。哎！巴熱胡大！你，真主，叫毛提。你，

真主，叫活。你，真主，把伊德里斯叫復

活著。」然後胡大，准承他的杜阿，即時伊德里斯

轉地復活。馱太陽的天仙，看見伊德里斯，

轉地復活了，他問伊德里斯：「哎！伊德里斯！毛提在

你上，是如何樣的？」伊德里斯說：「我的魯哈從我的

تن بالا راحت ٿي يرة جه از رنج تن بالا جڑ الله طوَ ٿي يائو

همان سيا كنڌ وت كو جم يد جه س ٿا نائو اڌ ريس كنڌ

رو ورد طاعت عمل عبادة س دوَ دُ ضائي كنڌ نا

رث كي ٿا د طاعت عمل عبادة دوَ ضاي ٿاكر وت رِح

ٿا نائو دم و بندا رُن جِي رنح برة دوَ ٿا عمل عبادة

ضاي المعز رائيل كي وَم جان سيارة رِكي اڌ ريسِ عَر

جان نا نع اڌ ريسِ صنَ پرجنة سيس نُ وت يز

يم ٿا ٿا جم عمل سيارة سائس سياٿي و عمل رنع

ضاي الس ٿا حيۡنة پرجنة ٿا ك د راز وت ج كو ٿاة

و بار اڌ ريسِ كنڌ او جي سِلي پا د دَ برد وزخ

د باب حصان ك ٿاة د وزخ ح عذاب جرسِل كنڌ يريز

ضاي د حماد ضا ن ضاي كي د جررسِل ٿا طع

身體上，容易與消停著，從我的身上出來。」馱太陽

天仙說：「毛提苦楚，一定是犯難的。」伊德里斯說：

「因為我的托阿提、爾麥裡爾巴代提是多的。」胡大說：「哪

一個人他的托阿提、爾麥裡爾巴代提多，胡大拿起毛提的

犯難。」我們為班代穆民，趁魯哈在體，多幹爾麥裡爾巴代提。

胡大命令爾茲拉依裡取我們命，像了，取伊德里斯聖人爾來伊黑賽倆目

命那樣。伊德里斯活①進天堂。賽白布是，在每一

日他幹一些爾麥裡，像了天仙幹的一些爾麥裡。一日

胡大命令他活②進天堂，他也嘗③毛提的苦湯

一遭。伊德里斯說：「哎！哲布熱依裡！你把我帶在多災海

的門口，我看多災海的爾雜布。」哲布熱依裡說：「沒有

胡大口喚。」然後胡大醒令哲布熱依裡，但是

———————————

① 此處脫「著」字，未補。
② 此處脫「著」字，未補。
③ 此處「長」表示「嘗」的音。

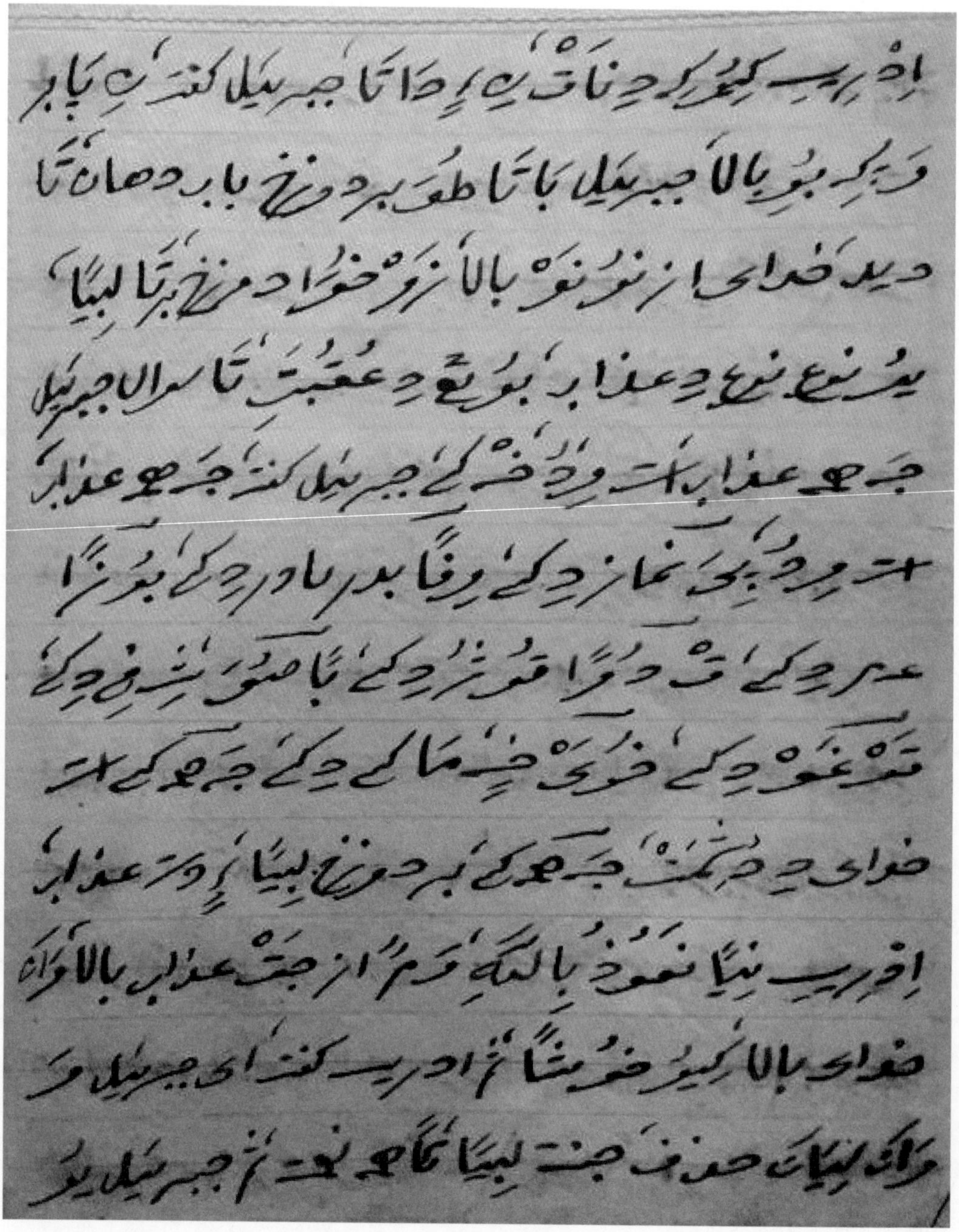

伊德里斯求乞的那個，你應答他。哲布熱依裡說：你趴在

我脊背上。哲布熱依裡把他馱在多災海門口。他

看見胡大在怒惱上，造化多災海。在它裡邊，

有樣樣的爾雜布，有一總的歐格拜提。他問哲布熱依裡：「

這一些爾雜布是唯獨何人？」哲布熱依裡說：「這一些爾雜布，

是唯獨，撇乃麻子的人、違反父母的人、不贊

聖人爾來伊黑賽倆目的人、割斷骨肉的人、搬嗦是非的人、

高傲的人、懷恨罵人的人。這一些人是

胡大的杜氏蠻，這一些人在多災海裡邊，應受①爾雜布。」

伊德里斯念乃歐祖賓倆希，我們從這個爾雜布上，往

胡大上，求護苦。然後伊德里斯說：「哎！哲布熱依裡！我

望想去天堂裡邊，看一些恩典。」然後哲布熱依裡又

---

① 此處「手」表示「受」的音。

بادرسه دک بر جنة و باب دهان تا ديد خداى افريد

جنة بر جنة لبيا يرمه سياه ريا دفتر يد منع ح

ريا متر يد مقو بر نيز نع يد معه نور صدن آدرس

نر بر جنة لبيا يرول تا نق بر طوبى نز صيا بيا نز

قعيا مير بيل خلا بيس تا اى ادرسه جولك از احد

ق رفت ادرس كنة و از جنة لبيا بر جر صدن

خداى بر ايت لبيا بير كنت كل نن ذايقة

الموت يعنى ذات نش كه يد جلاك درته كو تاه ربانى

خداى يد كنت از زنفر سياه سيير برك بيا با دا يرح

وقت بر جلا بالا يعلام ده مرت و صح جلاك مر در سجد كو

تاك خداى بر ايت لبيا يد كنت ما هم نفا خلا لدينة

تا بر خا لبيا يد دار كبير و شرف قر نفى جنة لبيا جر صدن

把伊德里斯帶在天堂的門口，他看見胡大造化

天堂。在天堂裡邊，有一些仙童仙女，有樣樣的

仙果，有數不盡的恩典，有一些河渠①。然後伊德里斯

進在天堂裡邊遊玩，他坐在圖巴樹下邊坐

下。哲布熱依裡喊叫他：「哎！伊德里斯！你出來，咱兩

個走。」伊德里斯說：「我從天堂裡邊不出去。」

胡大在阿耶提裡邊，表說：[كُلُّ نَفْسٍ ذَائِقَةُ

الْمَوْتِ]（3:185）。麥爾尼：各個人要嘗毛提的苦湯一遭。

胡大又說：從你們中沒有一人便罷，但有的

時候，在他上有一個毛提。我也嘗過毛提的苦

湯。胡大在阿耶提裡邊又說：[هُمْ فِيهَا خَالِدُونَ]②。

他們在它裡邊永久。我如何樣著從天堂裡邊出去？

---

① 此處「去」表示「渠」的音。
② 本句經文在《古蘭經》中有多處。抄本此處衍「مَا」，未錄。

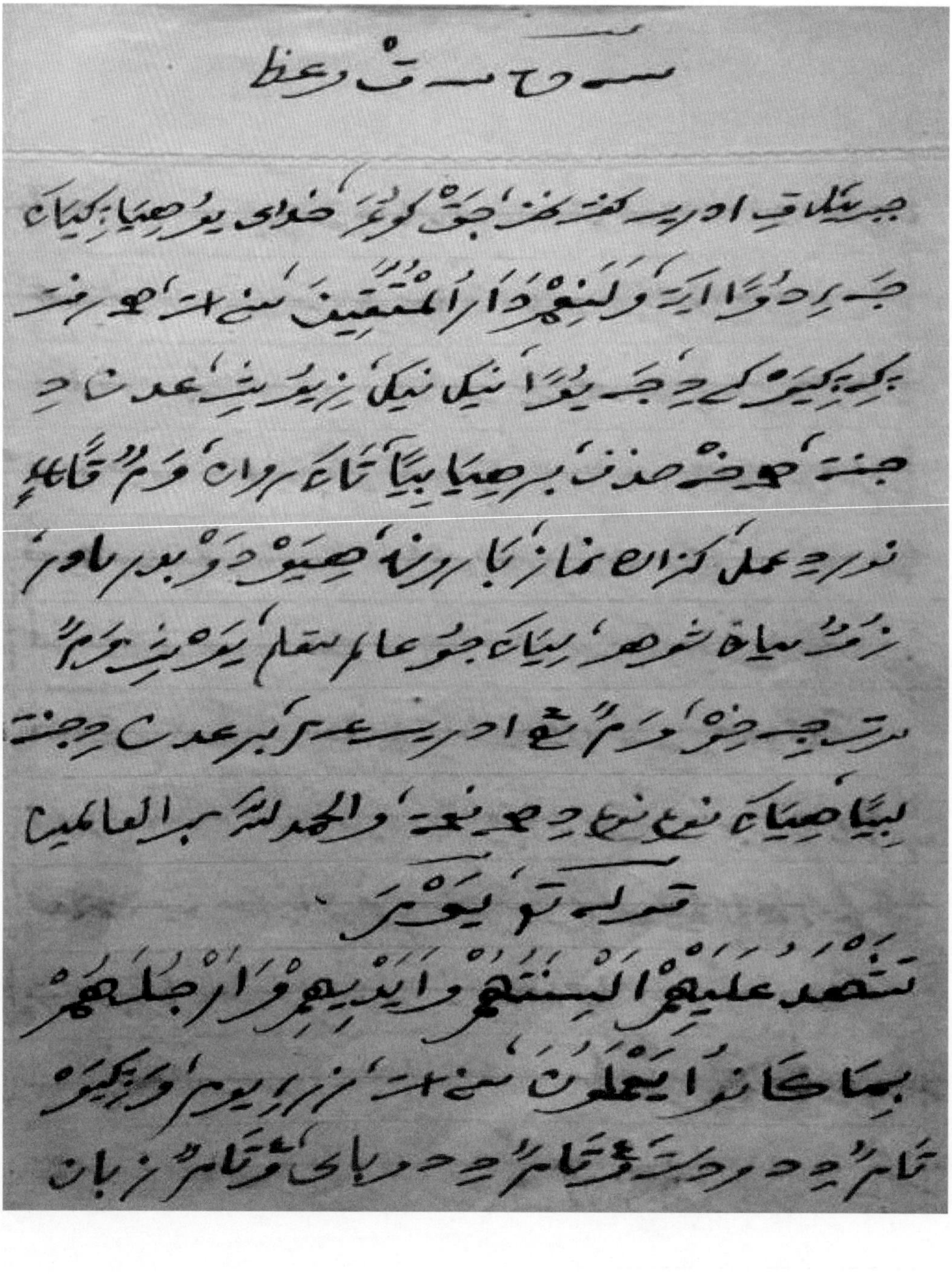

第三十三個臥爾茲　祖拜爾的牛的故事

哲布熱依裡給伊德里斯說話，這個空兒。胡大又下降

這一段阿耶提：[وَلَنِعْمَ دَارُ ٱلْمُتَّقِينَ]（16:30）。麥爾尼是：一些行

計較人的，指願，好好，就是阿德尼的

天堂。一總河渠①，在下邊淌流。我們幹清

廉②的爾麥裡，交還乃麻子，把若齋，孝道父母，

尊重③丈夫，襄助爾林、穆泰爾林。要是我們

毛提之後，我們同著伊德里斯聖人爾來伊黑賽倆目，在阿德尼的天堂

裡邊，享樣樣的一些恩典。一切讚頌全歸養育眾世界的主宰。

真主說：[يَوْمَ

تَشْهَدُ عَلَيْهِمْ أَلْسِنَتُهُمْ وَأَيْدِيهِمْ وَأَرْجُلُهُم

بِمَا كَانُوا يَعْمَلُون]（24:24）。麥爾尼是：今④一日，我叫

他們的兩手，與他們的兩腳，與他們舌肉

---

① 此處「去」表示「渠」的音。
② 此處「亮」表示「廉」的音。
③ 此處「中」表示「重」的音。
④ 此處「金」表示「今」的音。

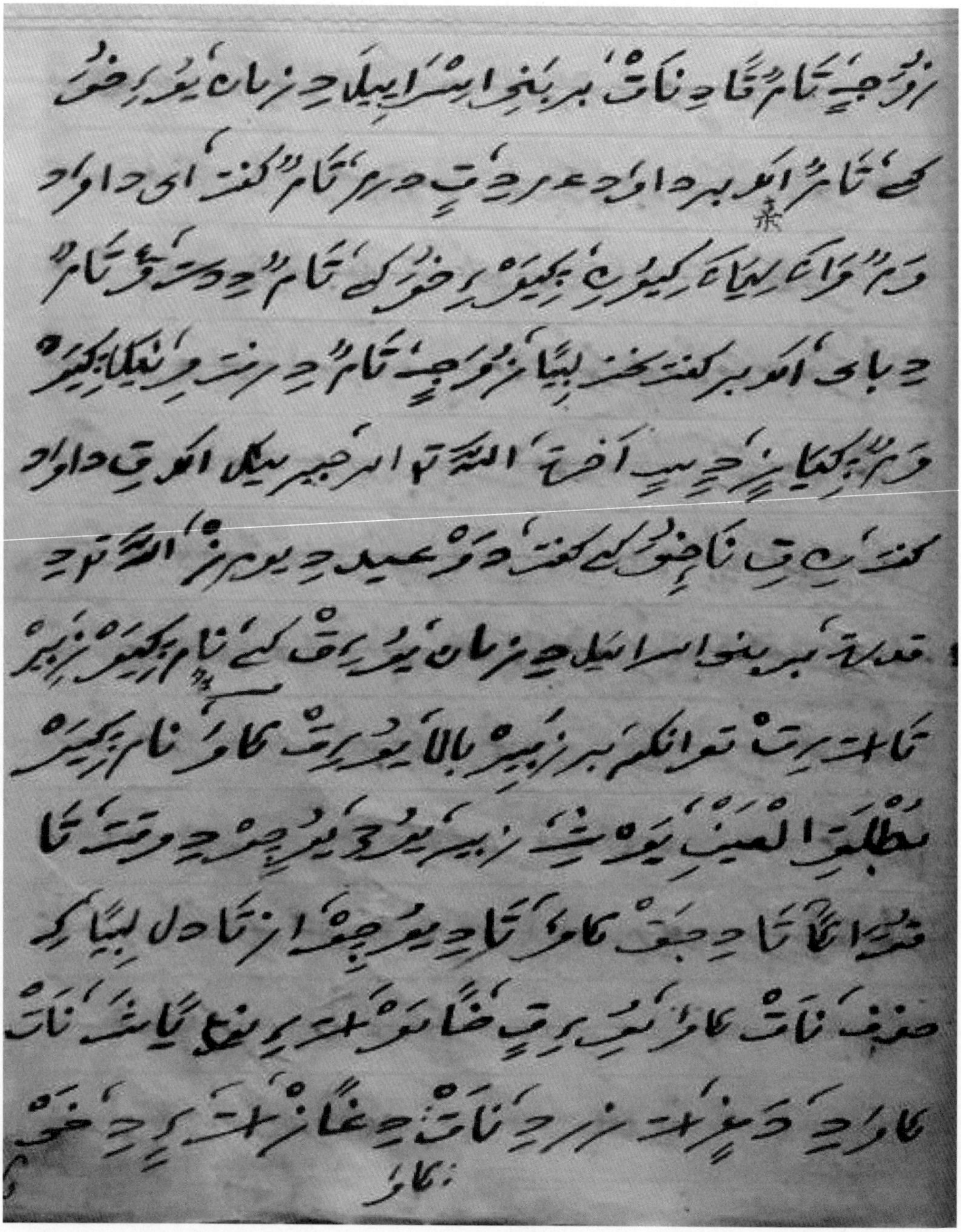

作證，他們幹的那個。在班尼伊斯拉依裡的光陰，有一夥

人，他們來在達烏德聖人爾來伊黑賽倆目的跟前①。他們說：「哎！達烏德！

我們望想求你，叫一夥人，他們的手與他們

的腳，來在說話裡邊，作證他們的行為。好叫

我們加增定信阿黑熱提。」安拉乎泰爾倆命令，哲布熱依裡來給達烏德

說：「你給那一夥人說，到爾德的日子」，安拉乎泰爾倆的

大能，在班尼伊斯拉依裡的光陰，有一個人，名叫祖拜爾，

他是一個富人。在祖拜爾上，有一個牛，名叫

穆托來給裡阿依尼。要是，祖拜爾有了憂愁的時候，他

觀看他的這個牛，他的憂愁從他心裡邊起

去。那個牛，每一根汗毛是一樣顏色。那個

牛的蹬兒，是金的。那個牛的鞍，是銀的。還

_____

① 此處「錢」表示「前」的音。

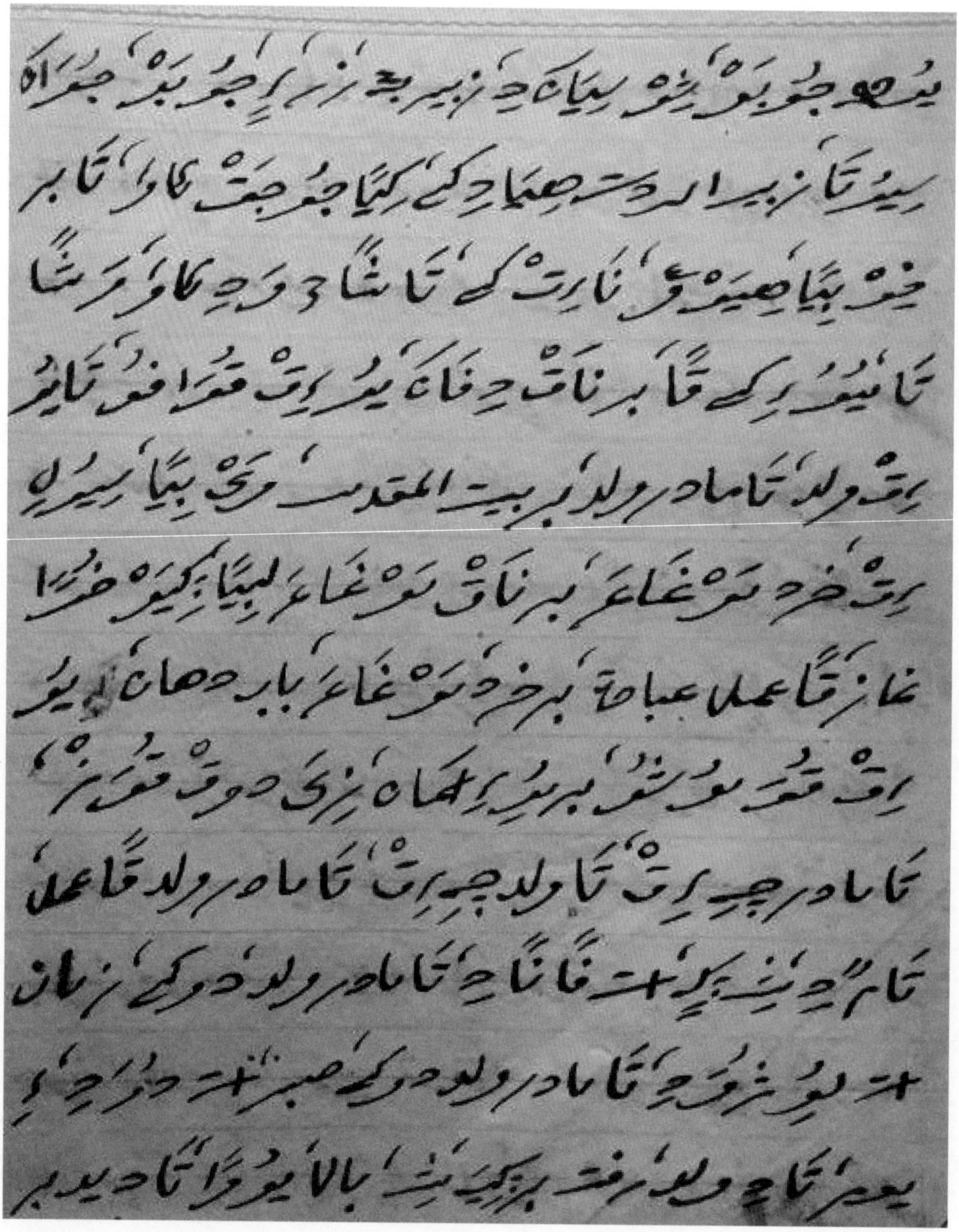

有一些珠寶受鑲的。祖拜爾憑著金銀珠寶，妝

修它。祖拜爾命令手下的人，牽住這個牛，他在

後邊曉諭：「哪一個人，殺了我的牛，我殺

他。」沒有一人敢。在那個地方，有一個寡婦，她有

一個兒子，她母子在拜伊圖裡穆格代思外邊，修立

一個小茅庵兒。在那個茅庵兒裡邊，交還

乃麻子，幹爾麥裡爾巴代提。在小茅庵兒門口，有

一個果木樹，在每一天，結兩個果子。

他母親吃一個，她兒子吃一個，他母子幹爾麥裡。

他們的時景是犯難的，她母子二人，光陰

是羸弱的，他母子二人忍耐是多的。一

日，她的兒子去在街市上遊玩，他看見在

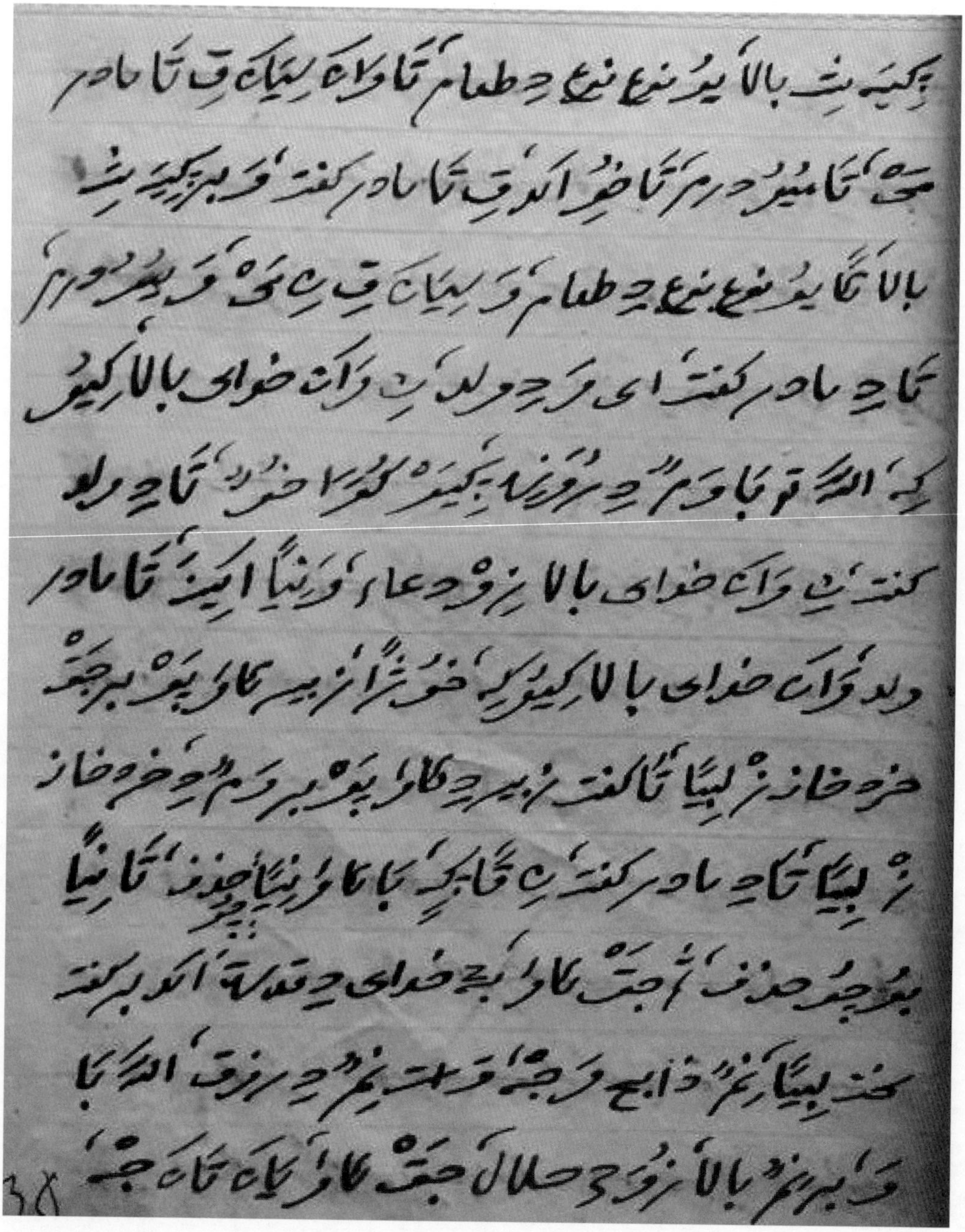

街市上，有樣樣的托阿目。他望想給他母親

買，他沒有錢。他回來給他母親說：「我在街市

上看有樣樣的托阿目，我想給你買，我沒有錢。」

他的母親說：「哎！我的兒子！你往胡大上求

乞，安拉乎泰爾倆把我們的雷孜給叫寬宏。」他的兒子

說：「你往胡大上做杜阿，我念阿耶提。」他母

子往胡大上求乞，忽然祖拜爾①牛跑在這個

小屋子裡邊。他說：「祖拜爾的牛跑在我們的小屋

子裡邊。」他的母親說：「你趕緊把牛攆出去。」他攆

不出去。然後這個牛，憑著胡大的大能，來在說

話裡邊：「你們宰我著，我是你們的雷孜給，安拉乎把

我在你們上，做了哈倆裡。」這個牛，仰躺著，

---

① 此處脫「的」字，未補。

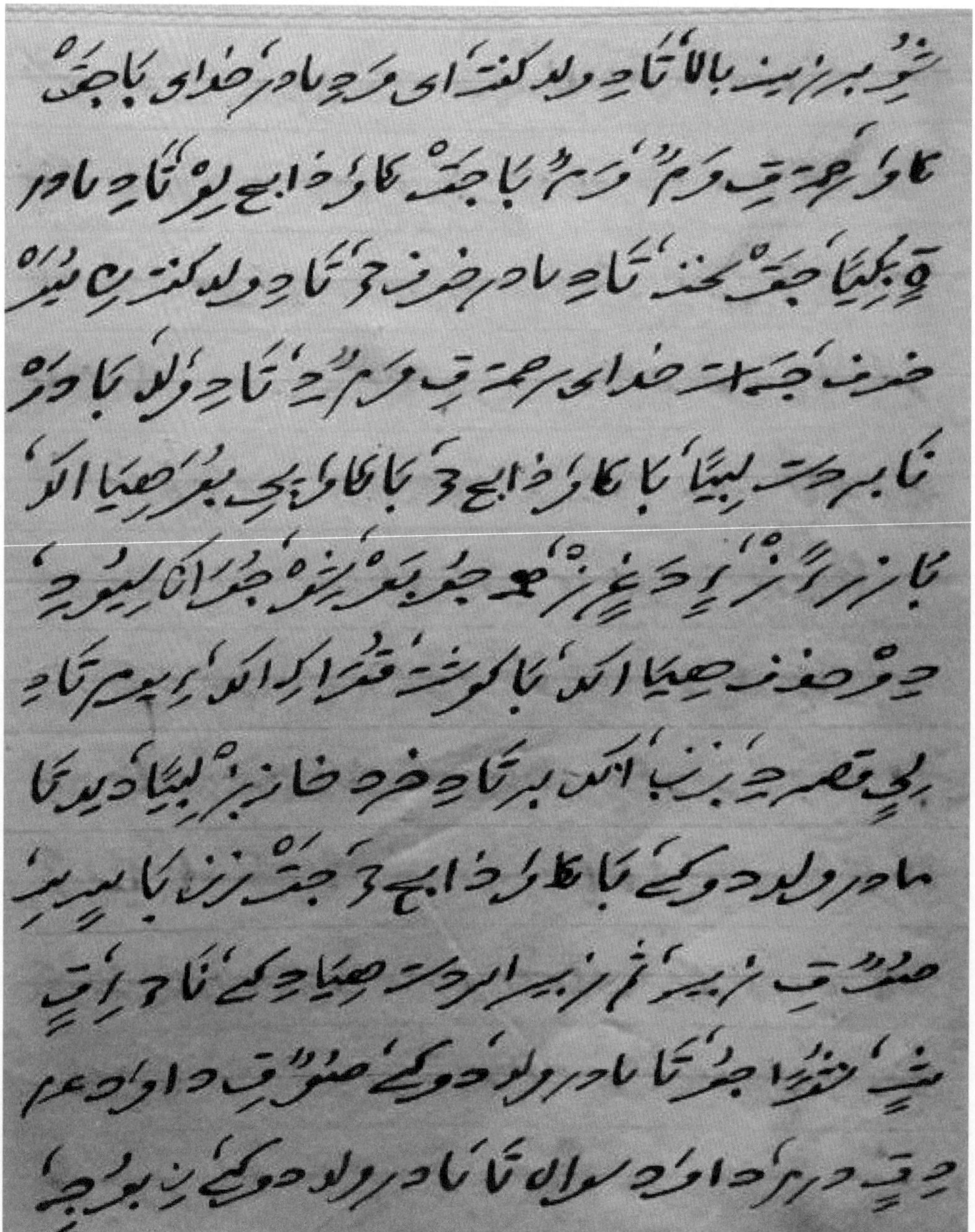

睡在地面上。他的兒子說：「哎！我的母親！胡大把這個

牛，慈憫給我們，我們把這個牛宰嘍。」他的母親

聽見這個話，他的母親害怕了。她的兒子說：「你莫要

害怕，這是胡大慈憫給我們的。」他的兒子把刀

拿在手裡邊，把牛宰了，把牛皮剝下來，

把金鞍子、銀鐙子，一些珠寶受妝修的，

都卸下來，把肉掛起來。一日他的

鄰居①的妻子，來在他的小家子裡邊。看見他

母子二人，把牛宰了，這個女人把信息

送給祖拜爾。然後祖拜爾命令手下的人，拿了一個

繩，拴住他母子二人，送給達伍德聖人爾來伊黑賽倆目

的跟前②。達伍德問他母子二人：「你不知

---

① 此處「拘」表示「居」的音。
② 此處「錢」表示「前」的音。

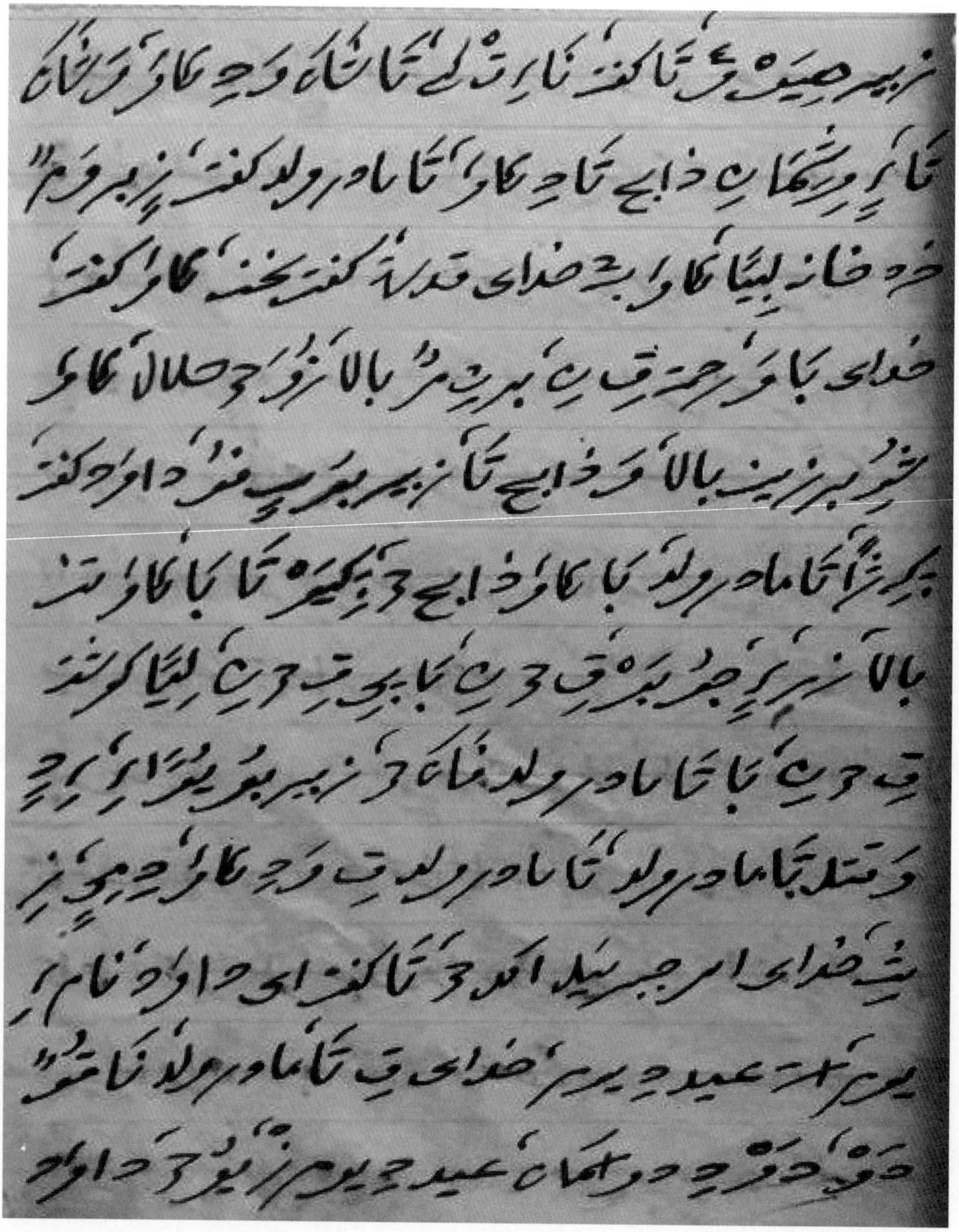

祖拜爾曉諭？他說哪一個人，他傷了我的牛，我傷

他。因為什麼你宰他的牛？」他母子說：「進在我們

小家裡邊，牛憑著胡大大能說話。」牛說：

「胡大把我慈憫給你，在你們上做了哈倆裡。」牛

睡在地上，我宰它。祖拜爾不信服。達伍德說：

「既然他母子，把牛宰了，叫他們把牛身

上的金銀珠寶，給了你，把皮給了你，連肉

給了你，把他母子放了。」祖拜爾不願意，一定

我殺他母子，他母子給我的牛抵命。即

時，胡大命令哲布熱依裡來了。他說：「哎！達伍德！明①一

日，是爾德的日子，胡大給他母子拿公

道。」到第二天，爾德的日子有了，達伍德

---

① 此處「名」表示「明」的音。

曉諭一些人，交還爾德乃麻子。也有老邁的，也

有少年的，也有富人，也有窮人。達伍德坐

在敏拜爾樓上，祖拜爾坐在旁邊。達伍德命令人，

把他母子二人帶來。達伍德問他母

子二人，還是這樣說話。在這個空兒

裡，胡大命令哲布熱依裡來了，他說：「哎！達伍德！你

別①光問他母子，你也問問祖拜爾，他的富

貴是從哪裡來的？當從祖拜爾，給人當烏倆目，

他是沙目地方的人，他給人家放駝。祖拜爾

趕了一群駝，這個玩童的父親，也趕了一群駝。

祖拜爾把玩童的父親殺了，埋在地裡邊。祖拜爾把玩

童的父親的駝，同著他的駝，聚在一起，他做營運

---

① 河南方言，「別」讀「bài」，意思是「不要」。

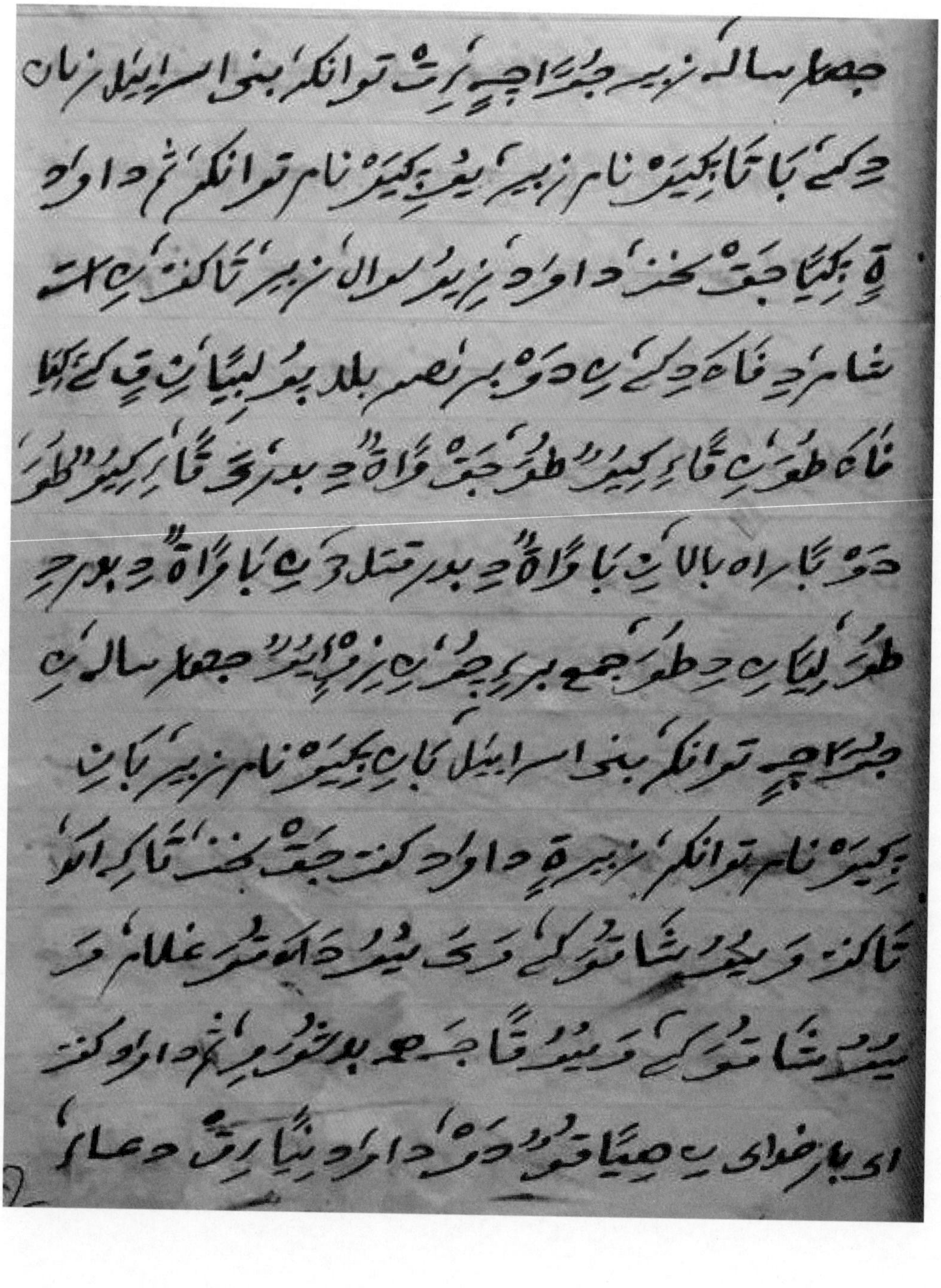

四年。祖拜爾轉成一個富人。班尼伊斯拉依裡光陰

的人，把他叫名祖拜爾，又叫名坦沃格熱。」然後達伍德

聽見這個話，達伍德就問：「祖拜爾，他說，你是

沙目地方的人，你到在密蘇爾城堡裡邊，你給人家

放駝，你趕一群駝，這個玩童的父親也趕一群駝。

到半路上，你把玩童的父親殺了，你把玩童的父親的

駝連你的駝聚在一處，你做營運四年，你

轉成富人。班尼伊斯拉依裡，把你叫名祖拜爾，把你

叫名坦沃格熱。」祖拜爾聽達伍德說這個話，他起來，

他說：「我沒有殺過人，我也沒有當過烏倆目，我

沒有殺過人，我也沒有幹這一些歹所為。」然後達伍德說：「

哎！巴熱胡大！你選公道。」達伍德念一個杜阿：

اللهم انت الهادِ رَعلی بِلل گُشَّای یا پُردَینُ رُبِالا

سہ حاینُن دِصُدای داوُد نِیا یا جَقُّ دعاء زِییٰ

اللّٰکَتو مَعُن جهز زِپیرُ دُصعان زَپیرِ مِبرُ اِدِرِیَا

زَپیر بَعُ خوِز سَرُ لَحُت ِتاج دورُ رُ تاجدہور

بای اُلدَ بِرِشَعُز خُنَ پیٰا ِتاج یعُد تُ کَعُت رُ نایِ

دَوُ ِتاج زِرِرِ دِسَ کَنُت رُ نا خُو لوٰ ِتاج باِی

زَوُرُ چیِہ زَپیرِ مِتل حو رَلِ اہ ُہ بدنُ ِیا واہُدۃ ُجِ بدرُ رَہ

بِر زین نِ پیٰا زَپیرِ بعُ خُو گتِ خُنَ تاِ بہ سَرُ جہ یَا

تاجُن چم چیرِ پِلہ از صُدای حِمِ کِی صِیا اَلُ قُ

داوُد کَنُت صُدای المِ جمِیٰ رُ مِتل زَپیرِ نُرُ داوُد

بِہ صُدای دا الرِ یاُرُ ِتلا رُ یاُز زَپیرِ ذَنُ مقُرا

بِر بلُدَ باب بِالا صیغہ رُ یَحیٰ مَع کَجہ دورُ رُ دُہ

[اَللَّهُمَّ أَنْتَ الْقَادِرُ عَلَى كُلِّ شَيْءٍ]。你在但是物上，

是大能的胡大。達伍德念罷這個杜阿，即時，

安拉乎泰爾倆封住祖拜爾的口，祖拜爾轉地喑啞。

祖拜爾不會說話，他的兩手與他的兩

腳，來在說話裡邊。他的右手說，我拿的

刀，他的左手說，我拿喉嚨。他的腳

作證，祖拜爾殺了玩童的父親，把玩童的父親埋

在地裡邊。祖拜爾不會說話，他憑著頭指點，

他招認。然後哲布熱依裡從胡大的闕下來，給

達伍德說：「胡大命令，叫你殺祖拜爾。」然後達伍德

憑著胡大的命令，把祖拜爾殺了，把祖拜爾的頭掛

在城門上，曉諭叫一總人知道，

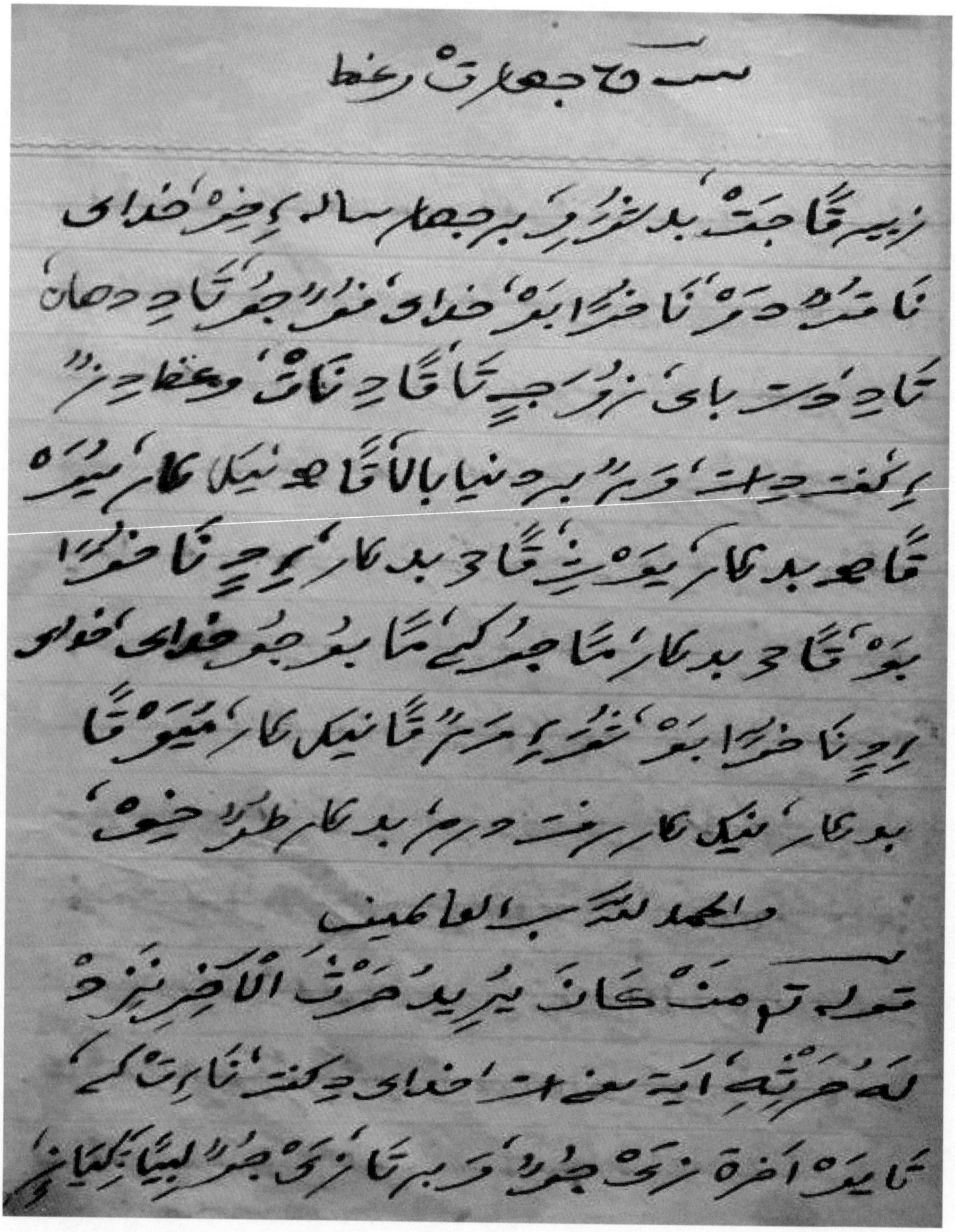

وَالْحَمْدُ لِلَّهِ رَبِّ الْعَالَمِين

第三十四個臥爾茲　尊重熱買雜乃月的貴重

祖拜爾幹這個歹所為。在四年以後，胡大

拿公道，拿還報，胡大封住他的口，

他的手腳，作證他幹的那個。臥爾茲的總

義，說的是，我們在頓亞上幹一總好事情，莫要

幹一總歹事情。要是幹了歹事情，一定拿還

報。幹了歹事情，瞞住人，瞞不住胡大。胡大

一定拿還報。所以我們幹好事情，莫要幹

歹事情，好事行前①，歹事通後。

一切讚頌全歸養育眾世界的主宰。

真主說：[مَنْ كَانَ يُرِيدُ حَرْثَ الْآخِرَةِ نَزِدْ

لَهُ فِى حَرْثِهِ]（42:20）。阿耶提麥爾尼是：為主的說，哪一個人，

他要阿黑熱提栽種，我在他栽種裡邊加增。

---

① 此處「錢」表示「前」的音。

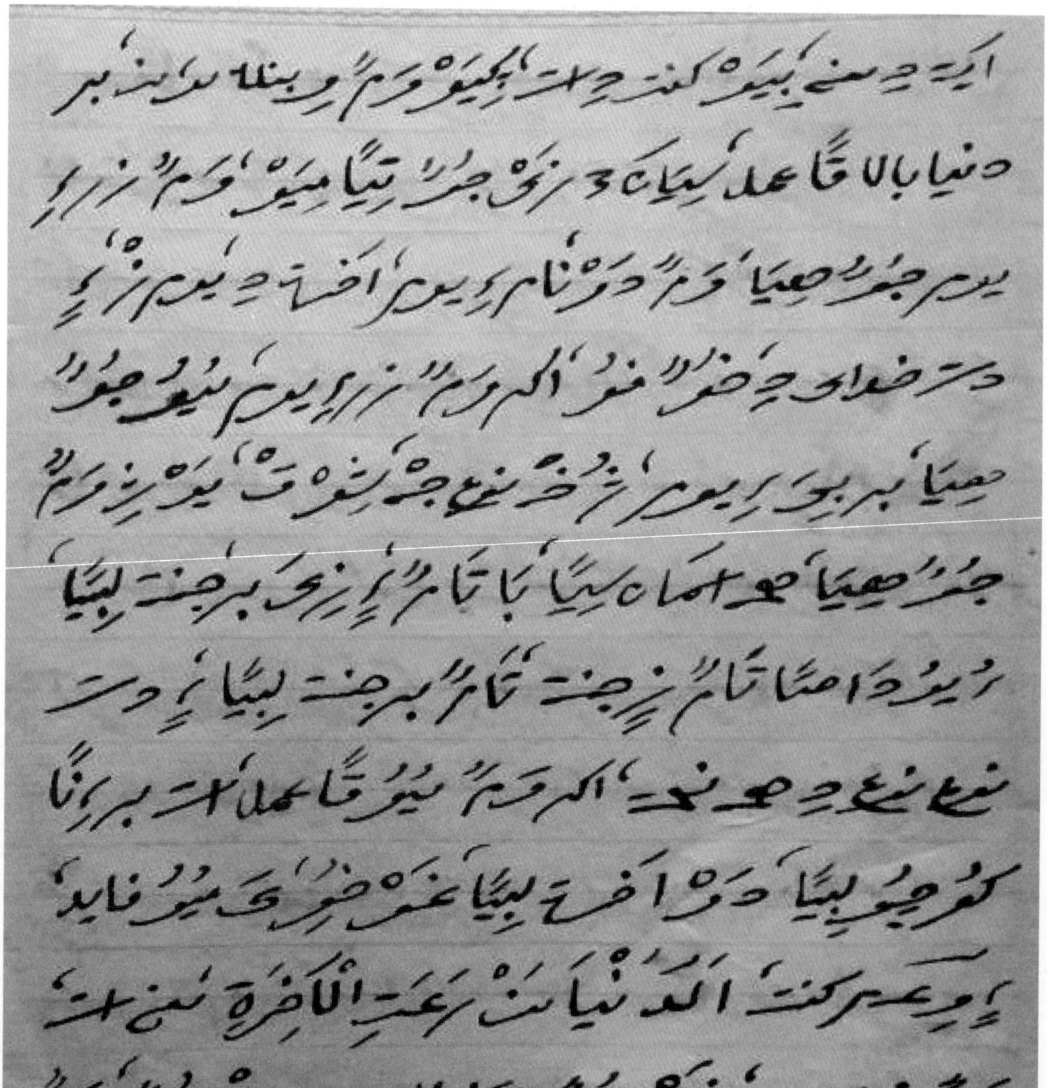

阿耶提的麥爾尼，表說的是，叫我們為班代穆民，在

頓亞上幹爾麥裡，像了栽種田苗。我們今①一

日種下，我們到，明②一日，阿黑熱提的日子，應

受③胡大的洪福。要是我們今④一日，沒有種

下，在別一日，如何樣著收割？要是我們

種下，一些天仙把他們迎接在天堂裡邊，

無有打算他們進天堂，他們在天堂裡邊應受⑤

樣樣的一總恩典。要是我們不幹爾麥裡，是在疑難

苦楚裡邊，到阿黑熱提裡邊，懊悔也沒有法伊德。

因為聖人爾來伊黑賽倆目說：[إِنَّ الدُّنْيَا مَزْرَعَةُ الْآخِرَةِ]，麥爾尼是：

我們今⑥一日，栽種下托阿提的籽種，我們

在明⑦一日，會收割。這個月是熱買雜乃的月，

---

① 此處「金」表示「今」的音。
② 此處「名」表示「明」的音。
③ 此處「手」表示「受」的音。
④ 此處「金」表示「今」的音。
⑤ 此處「手」表示「受」的音。
⑥ 此處「金」表示「今」的音。
⑦ 此處「名」表示「明」的音。

جَعَنْ ماه اَسْت چه شَرَده ماه اَ جَعَنْ ماه اَ قاَ تا د عملاَ قُرايِ
جِدَرَ مَنْ كِنَا بُوُ عَمَر كَنَتْ اَرَ حِمَ اَللَّه يَتَدُرَ تاَنَعَ
رِمَضَانْ د ماه كَ دَرَ جُورَ رِمَضَانَ ماه خُدَاىَ بِا
رِمَضَانَ بَهَ رَ بَالا زُوزَ د فَرِيضَه بَرَ رِمَضَانَ ماه لِينَا
بَ يِعَمَ بَا رُوزَه اَشْتَبَ كَزَارَ تَرَاوِيح نَمَازْ تاَ حَلَالَ

جِمَالَ نَشَاَ صَدَقَ دَوَتْ كِنَا يَكاَه خُدَاىَ بَا مَرَدَرَ
د جِنَّتَ رَحِمَةَ قَ تاَ بَرَ رِمَضَانَ ماه لِينَا كاَ رَكِنَا جَارَقَ
جِرَتْ نِينُ جارَ جِكَادرَ شَاصِدَتْ خُدَاىَ بَا جِنَ لِينَا
د لِينَا جارَ مَرَقَ تاَ عَمَر كَنَتْ بَرَ رِمَضَانَ ماه لِينَا بِيعَمَبَرَ

بَا رُنَه خُدَاىَ جَ اَمَانَ بالاَعَ نِينَ چِه د شَرَ زَمِينَ بالا
حِكَ د شَرَاتْ تَمَامَ شُدَ د عَاءْ عَمَر كَنَتْ بَرَ رِمَضَانَ ماه
نِيعَ رَقَ تاَ عَمَلَ د كَ بِينَا بَا اَ اَبُو جَ دُوَتَ خُدَاىَ شَرَ شَرَ تاَ

這個月是至貴的月。這個月幹的爾麥裡，賽瓦布

重複加倍。聖人爾來伊黑賽倆目說：「我的一總穩麥提要是貪愛，

熱買雜乃的月，與尊重熱買雜乃的月。胡大把

熱買雜乃在你們上，做了凡熱則。」在熱買雜乃月裡邊，

白日把若齋，晚夕交還泰拉威哈乃麻子，把哈倆裡

的財帛，散索德格。倒恰像，胡大把菲熱道斯

的天堂，慈憫給他。在熱買雜乃月裡邊，把一件衣服，給

赤身沒有衣服穿的人，散索德格，胡大把天堂裡邊

的仙衣，慈憫給他。聖人爾來伊黑賽倆目說：「在熱買雜乃月裡邊，憑著忍耐

把若齋，胡大憑著天上一總星辰的數，地面上

一總人的數，給他們做杜阿。」聖人爾來伊黑賽倆目說：「在熱買雜乃月，

沒有一個幹爾麥裡的人便罷，但有的時候，胡大恕饒他。」

عمر كنت بر قيامت ديسر ، ضداى بار زو جبر رمضانه

دماه در كى مغفرت كه الله بر تا در هر بيگا يوم نور ح

يورن بر بريك بر بالا بى دين كرارل نماز بار رزه

د ثواب وجه نع يورنه تا ودر د كناه جاه

ناه بو زدا جو د رنخ د نار رو زر عمر كنت

الصَّوم جُنَّة مِنَ النَّار سى ده روزنا ده

د رنخ د جه ضفن يكى تار جين جر جر ه رنخ

د نار جه اكاسنا ديد بكتا جده نور ر بي ر

تا ير بر جه دا صاجع با رزنه كره ر ر تا ر

بر دنيا با با رزنه دا و بكرغنى ك فان دا صا

تا ر جه حفره ضداى الر ضوان ده اكان سيا با

جه با رزنه كران تراوي د نماز بكيس بر ر جز

聖人爾來伊黑賽倆目說：「在給亞麥提的日子，胡大把尊重熱買雜乃

的月的人，複生起來，在他前①邊，有光亮的

盤子。在盤子上，寫的是，交還乃麻子、把若齋

的賽瓦布，與一總恩典，要是幹了小古那海，掌

那個盤子，擋住多災海的火。」因此聖人爾來伊黑賽倆目說：

[اَلصَّوْمُ جُنَّةٌ مِنَ النَّارِ]。麥爾尼是：若齋是，

多災海的遮火牌，他一定能遮住多災海

的火。一總天仙看見這一總光亮的盤子，

他們容易著，打算一總把若齋的人，因為他們

在頓亞上把若齋，擔了饑餓渴亢。打算

他們之後，胡大命令雷孜瓦尼的天仙，把

一總把若齋、交還泰拉威哈的乃麻子，叫在一處。

---

① 此處「錢」表示「前」的音。

بسم الله بانجوق وعظ

می تمام بزوغ بی برکات دنیالاب بی قی جهزرنوغی بکبود
زروج خضرا بجین محمد تالی ارجینبیا الله بی جهزرنوغ بی قی
جمی خضرا بجین کمام قنوی مصراط دی کبین زبیاک د
شغا دیبا زیکا قتی صدف زی برجنت لیبیا صنعاک نغ
نغ دی محزنغی دیکا جهت بر دنیا بابا نیبا رزبکر زالی
تبرای و غمازه زرگی قتی زیر قا جنت

حکایت نبرده بیر بیزه

زنبان بیزد دوقی قلی تمام وقی نمک دریت رزی نام
بجین جکرکه زرث نا دبین ببرک بر کتی دریت قوانک
بی روق زیباک جین السلام دی دین دی گده ده دریت
مقین دی کا نمک بیره زی قنوق کی بیک طبی کی
شی زمان بیره بیغم نیا سیا صدنق تما درست الله
یبرک

第三十五①個臥爾茲　哈熱克提與拜熱克提的故事

給他們預備布拉格的仙馬，給一些女人預備綠

翠的花轎，一些男人騎著仙馬，一些女人坐

著花轎。他們過索拉特的橋，像了，

閃電一般過去。進在天堂裡邊，享樣

樣的一總恩典。這是在頓亞上，把若齋，交還

泰拉威哈的乃麻子的結果就是天堂。

黑卡耶提，在前②輩的

光陰有兩個人。他兩個是朵斯提，一個名

叫哈熱克提，一個名叫拜熱克提。拜熱克提是一個富人，

是一個襄助伊斯倆目的教門的人。哈熱克提是一個

貧窮的人，他每一日，雇給人家，推磨

過光景。有一日，他想去他的朵斯提拜熱克提家，

---

① 此處筆誤，「第五[جمى]」應為「五[ينى]」，已改。
② 此處「錢」表示「前」的音。

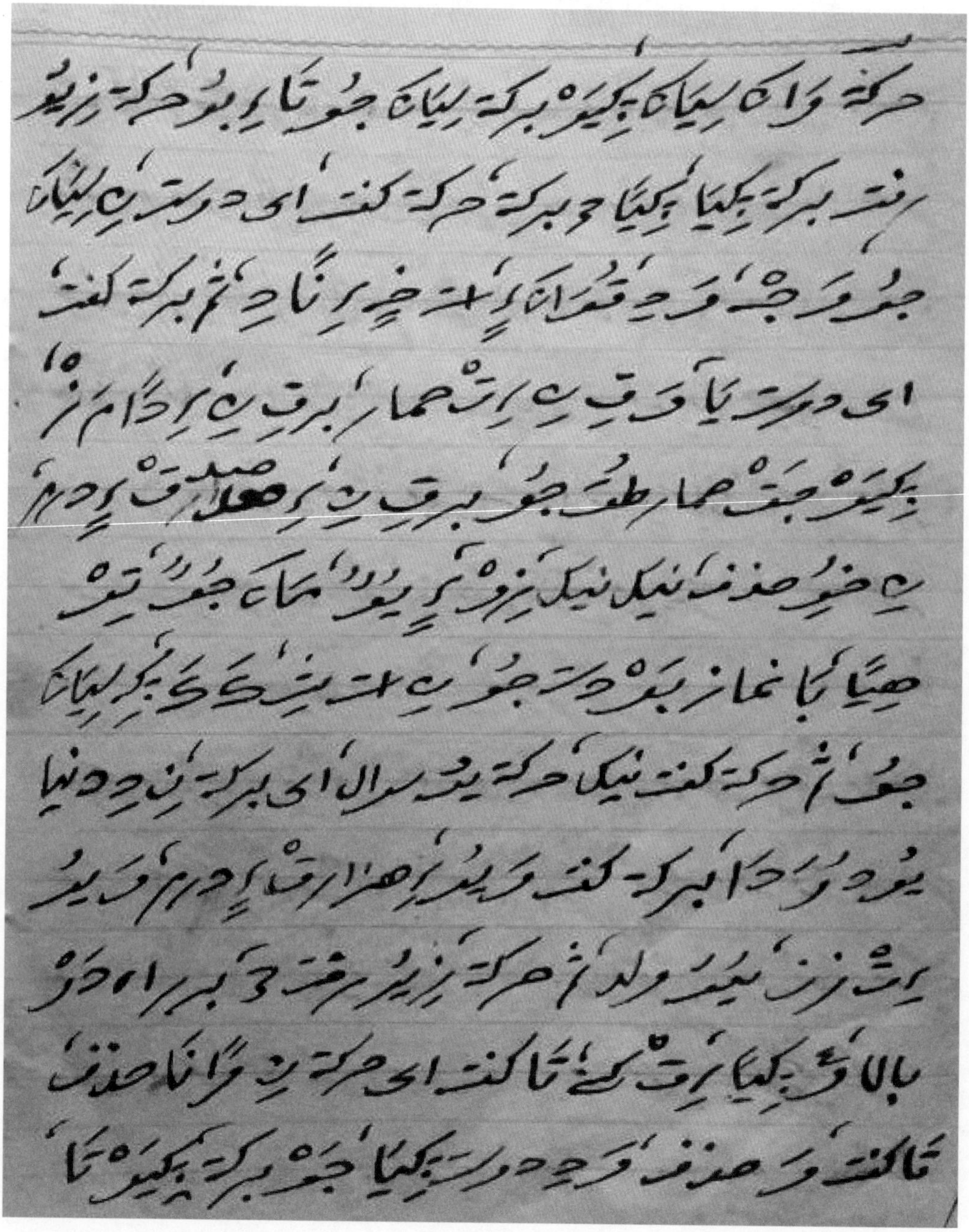

哈熱克提望想，叫拜熱克提襄助他一步。哈熱克提就

去拜熱克提家，見了拜熱克提。哈熱克提說：「哎！朵斯提！你襄

助我著，我的光陰是很疑難的。」然後拜熱克提說：「

哎！朵斯提呀！我給你一個驢，再給你一擔麥子。

叫這個驢馱住，再①給你一百個銀錢，

你回去，好好做營運。忙中偷

閑，把乃麻子保守②住，你時③時刻刻記想

主。」然後哈熱克提說：「好。」哈熱克提又問：「哎！拜熱克提！你的頓亞

有多大？」拜熱克提說：「我有一千個銀錢，我有

一個妻子，沒有兒子。」然後哈熱克提就走了，在路道

上，遇見一個人。他說：「哎！哈熱克提！你往哪去？」

他說：「我去我的朵斯提家，找拜熱克提，叫他

---

① 此處「在」表示「再」的音。
② 此處「手」表示「受」的音。
③ 此處「是」表示「時」的音。

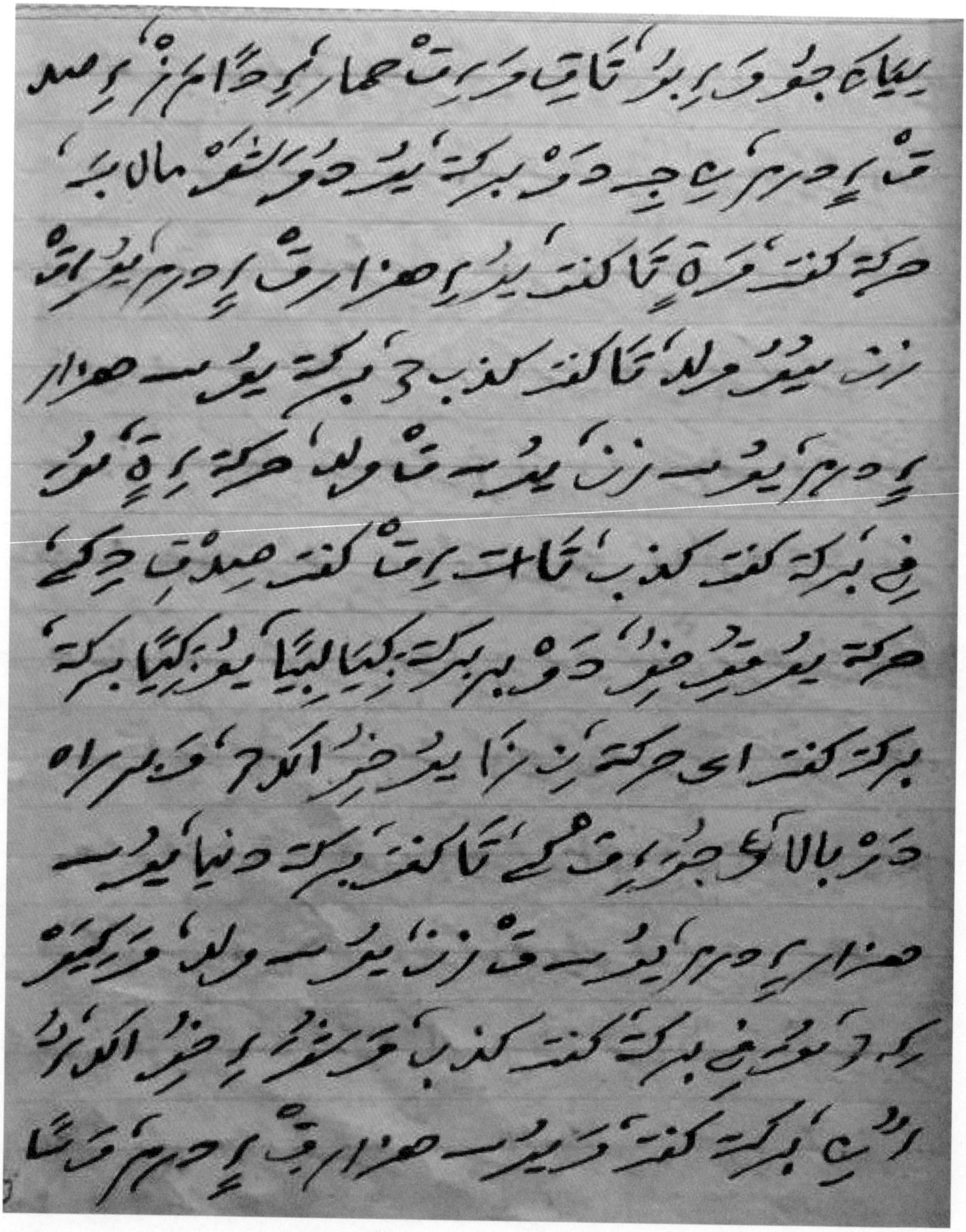

襄助我一步，他給我一個驢、一擔麥子、一百

個銀錢。」「你知道拜熱克提有多少財帛？」

哈熱克提說：「我聽他說，有一千個銀錢，有一個

妻子，沒有兒子。」「他說謊了，拜熱克提有三千

銀錢，有三①妻子，有三個兒子。」哈熱克提一聽，莫

非拜熱克提說謊？他是一個說實言的人。

哈熱克提又拐回，到在拜熱克提家裡邊，又見拜熱克提。

拜熱克提說：「哎！哈熱克提！你咋又回來了？」「我在路

道上，遇著一個人。他說，拜熱克提頓亞②，有三

千銀錢，有三個妻子，有三③兒子。我蹺

蹊了，莫非拜熱克提說謊？我所以回來，我

問你。」拜熱克提說：「我有三千個銀錢，我散

---

① 此處脫「個」字，未補。
② 此處脫「上」字，未補。
③ 此處脫「個」字，未補。

صَدَقَهْ بِرَصِدَالَّرْ قَدْ بِيرَتَجِي مَسَاجِدْ بِرَهَزَارْ أَرَدِينَرْ

بِرَهَزَارْ أَرَجِيسَهْ قَرَرْ زِنَّرْ مِنَّ دُرِقَّ أَرَدِينَرْ يُوقَ

دَنِيُسِسَتْ وَلَاجُوبَيْرَ أَصِيِّهْ دُوجُمَعْ حَزِنَدَ

بِرَرَرَ وَقَ مِيرَهْ مُولَا مَنْ بِيرَكَنِتَ كَذِبْ أَرَكَفَهْ لَا

نِشْ نَيَامْ دَكَنْ بِيرَسَ فَتَحَ أَرَجَهْ دُورْزَ رَبَا رَقْشِيرَ

دِينَ دَوَرْزِ أَسْتَبِرَقْ كَنِتَ نِشْ نَيَا جَهْ دَوْرَتَ أَرَ

دِلِّ نَا رَبِرَاجْ بَرَكْ بِيرَقْ بَا لَا رَجَهْ لَا رَقْ بِرَجِنَتَ جَهْ

بِيرِمْ نَيَا لَا بِرَقْ كَنِتَ نِشْ نَيَا جَهَكَ لَا رَقْ نِشْرِ نِشَ جَا

بِيرَكَ لَا بِرَقْ سَطَانُاجْ جَهَكَ لَا رَقْ عَالَمْ بِشَطَامْ

جَكِرْ بِيدَ بِرَقَجِي مَسَاجِدْ كَ خُضَاجَهْ رَرَجَهْ بِرَجِنَتَ

خِنِي مُوَرَهْ قَتْ نَا بِيرَسَهْ نَا بِرَجِنَتَ لَيَيَا أَصِبَا قَنِعْ

جِيرَنَعْتَ وَالْحَمْدُ لِلَّهِ رَبِّ الْعَالَمِينَ تَمَامْ شُدْ

索德蓋一千，我修蓋麥斯志德一千，我掉①

一千。我的三個妻子，毛提兩個，我掉②一個。

我有三個兒子，都不孝，都出去了。

所以，我沒有兒子。我沒有說謊，我說的是

實言。」然後哈熱克提又走了，我的朵斯提，是一個有

教門朵斯提，是一個說實言的朵斯提，我

心裡明③白了。拜熱克提一定是一個進天堂的人，

因為他是一個說實言的人，是一個疏舍仗

義的人，是一個慷慨的人，是一個喜爾林、穆泰爾林

的人，修蓋麥斯志德的人。為主的，一定憑著天堂

回奉給他，叫他在天堂裡邊，享樣樣的

一總恩典。一切讚頌全歸養育眾世界的主宰。全美了。寫成了。

---

① 河南方言，意思是「剩下」。
② 河南方言，意思是「剩下」。
③ 此處「名」表示「明」的音。

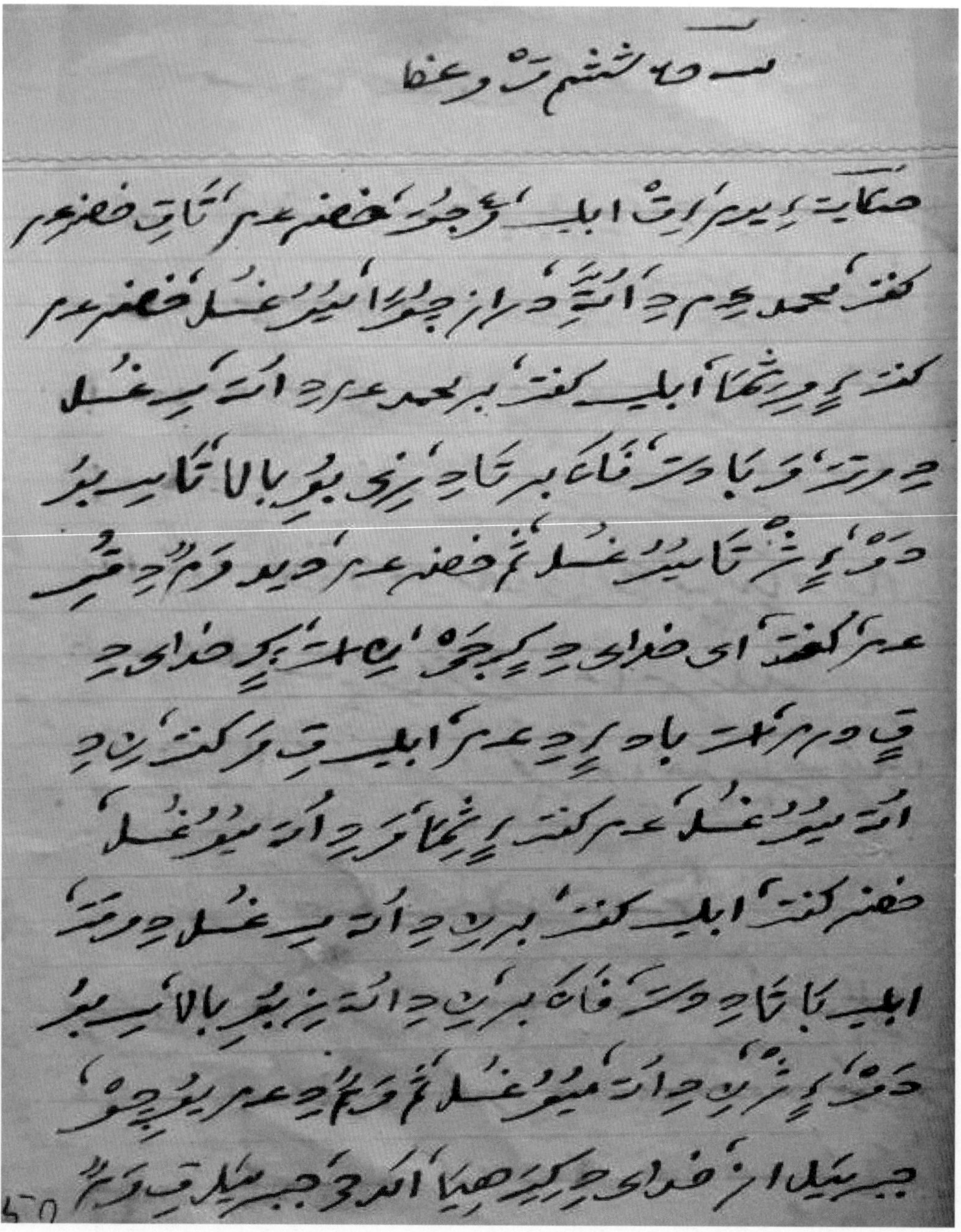

第三十六①個臥爾茲　洗大淨的故事

黑卡耶提，一日，一個伊布裡斯遇著黑祖爾聖人爾來伊黑賽倆目，他給黑祖爾爾來伊黑賽倆目

說：「穆罕默德聖人爾來伊黑賽倆目的穩麥提，長傳，沒有烏蘇裡。」黑祖爾聖人爾來伊黑賽倆目

說：「因為什麼？」伊布裡斯說：「在穆罕默德聖人爾來伊黑賽倆目的穩麥提，洗烏蘇裡

的時候，我把手放在他的脊背上，他洗不

到，因此他沒有烏蘇裡。」然後黑祖爾聖人爾來伊黑賽倆目看見我們的貴

聖人爾來伊黑賽倆目說：「哎！胡大的欽差！你是近主的

跟前②，是封③印的聖人爾來伊黑賽倆目，伊布裡斯給我說，你的

穩麥提沒有烏蘇裡。」聖人爾來伊黑賽倆目說：「因什麼我的穩麥提沒有烏蘇裡？」

黑祖爾說：「伊布裡斯說，在你的穩麥提洗烏蘇裡的時候，

伊布裡斯把它的手，放在你的穩麥提脊背上，洗不

到。因此，你的穩麥提沒有烏蘇裡。」然後我們的聖人爾來伊黑賽倆目憂愁。

哲布熱依裡從胡大的闕下來了，哲布熱依裡給我們

---

① 此處筆誤，「第六[ششم]」應為「六[شش]」，已改。
② 此處「錢」表示「前」的音。
③ 此處「風」表示「封」的音。

بسم الله صفت وعظ

عمر كنت ' اى خداو رسول ابرى دو اردن يسغل '

طغ جبار حو مرة با اعرض با الله منا سبار

با ايمان الله منا سبار خداى امر امار منا

با ابليس غا منا نزه ' ابليس يني بير منا يسغل '

منا منا اعوذ بترمنا با ايمان الله بر منا حعاى

رح ابليس يني بير منا تمار رشد

ابليس با استفع صنو ' والحمد لله رب العالمين

حكاية سليمان عمر '

مريم اتا نزه بر زر حنا با الاحكم جنة بك تا از

كه جب يمت سليمان عمر زه دين صدقك منا از او

جب يمت ' سليمان عمر كنت ' يرتما صد صد بو از او

第三十七個臥爾茲　蘇萊瑪乃引導布麗蓋斯歸信教門的故事

聖人爾來伊黑賽倆目說：「哎！胡大①欽差！在你的穩麥提洗烏蘇裡，

脫衣服的時候，把艾歐祖賓倆希念三遭，

把蘇布哈南拉希念三遭，胡大命令天仙，

把伊布裡斯，趕攆走，伊布裡斯避遠。洗烏蘇裡，人

先念艾歐祖，再②念蘇布哈南拉希，再念杜阿。

一定伊布裡斯避遠。」全美了。寫成了。

伊布裡斯上繩鎖。一切讚頌全歸養育眾世界的主宰。

黑卡耶提，蘇萊瑪乃聖人爾來伊黑賽倆目，

一日他坐在，金殿上。一些人神排班，一些飛

禽遮陰。蘇萊瑪乃聖人爾來伊黑賽倆目一看，布穀鳥沒有來

遮陰。蘇萊瑪乃聖人爾來伊黑賽倆目說：「因什麼布穀鳥不來？

---

① 此處脫「的」字，未補。
② 此處「在」表示「明」的音。

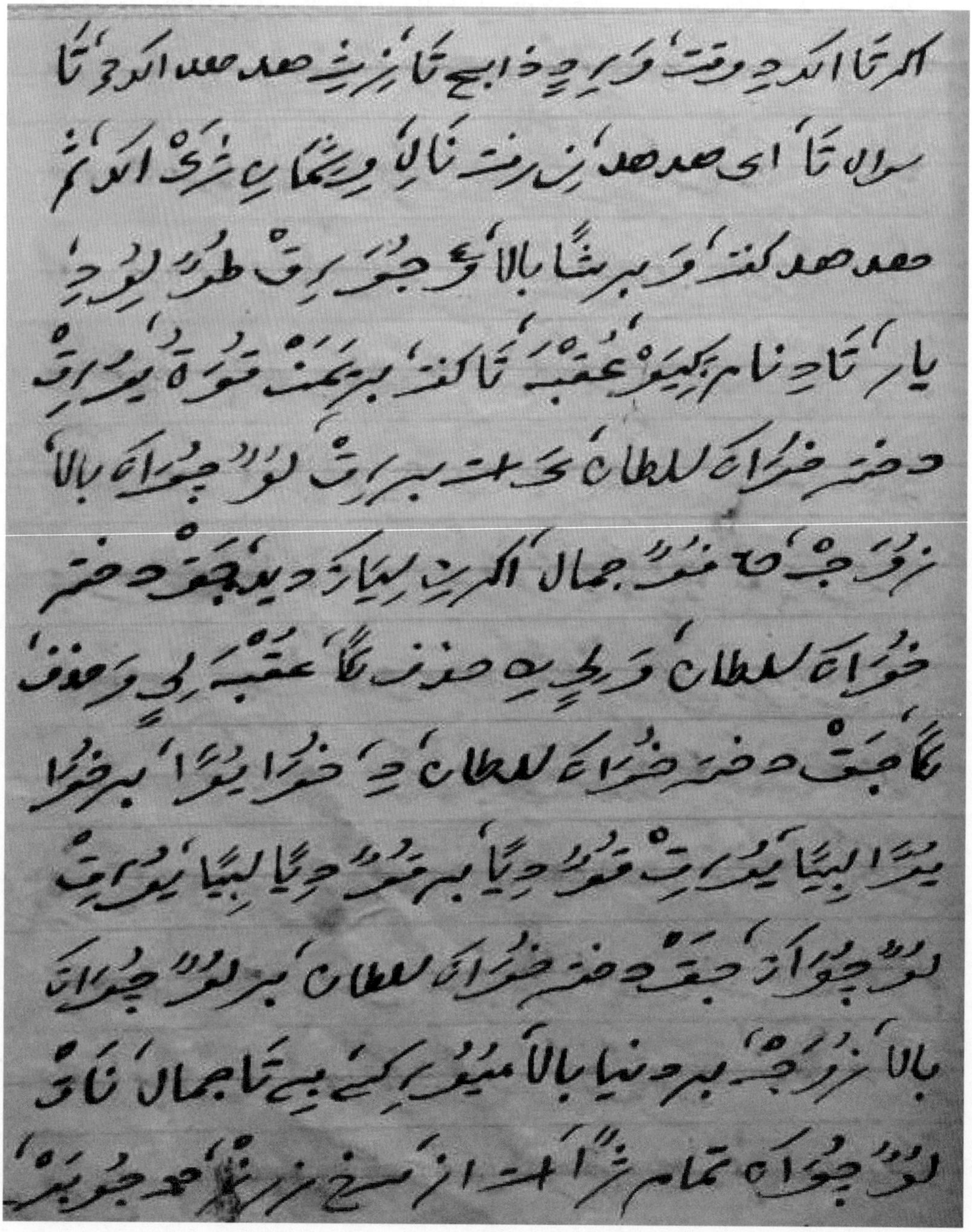

要是它來的時候，我一定宰它。」即時布穀鳥來了。他

問它：「哎！布穀鳥！你去哪裡？為什麼你才來？」然後

布穀鳥說：「我在山上，遇著一個同類的

亞熱，它的名字叫歐格拜。它說：「在葉門國土，有一個

女皇王，也是在一個龍床上

坐著，十分俊美。要是你想看這個女

皇王，我領你去看。」歐格拜領我去

看這個女皇王的花園，在花

園裡邊，有一個宮殿，在宮殿裡邊，有一個

龍床。這個女皇王，在龍床

上，坐著。在頓亞上，沒有一人，比她俊美。那個

龍床全然是從紅金子，一總珠寶，

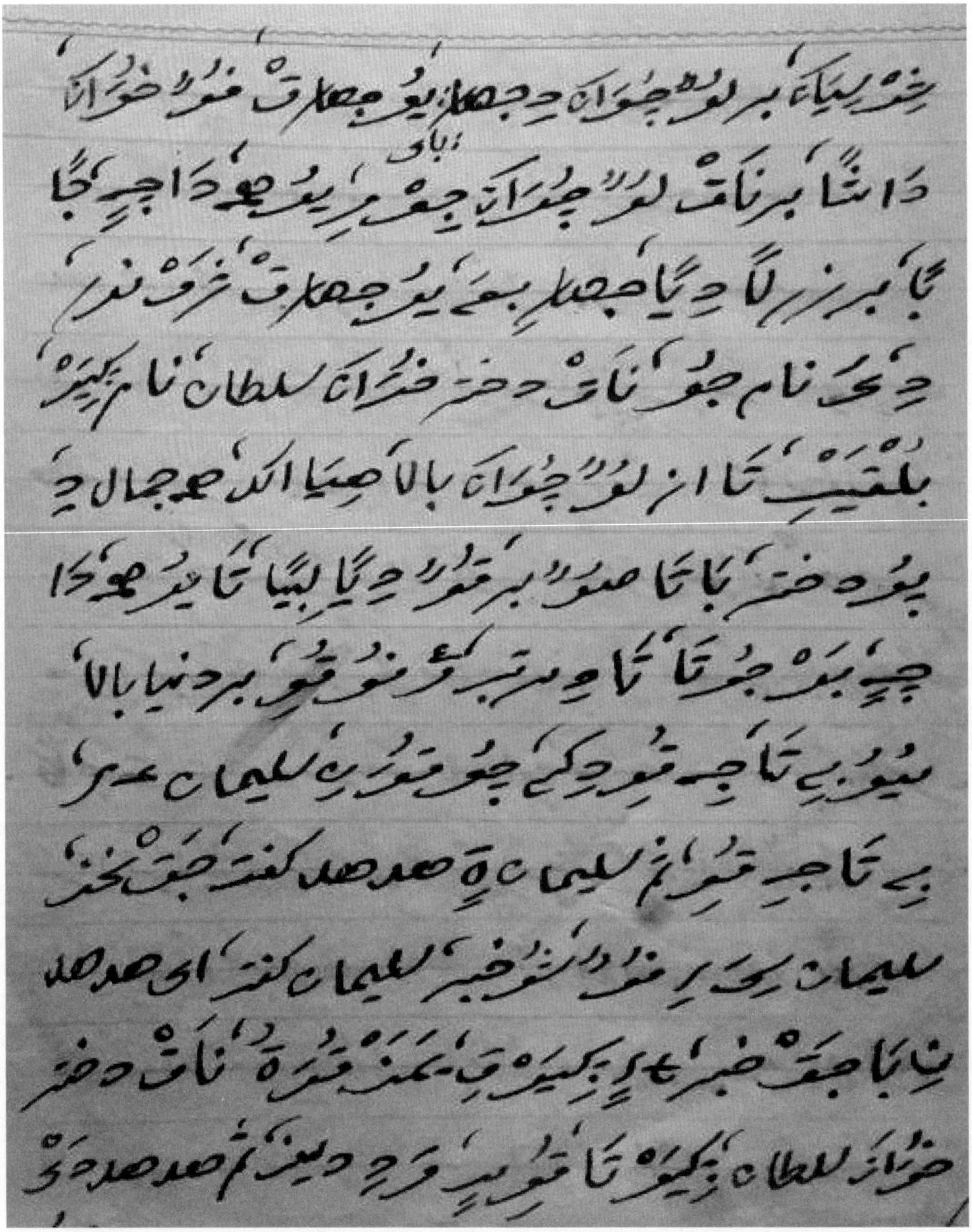

受鑲在龍床的四腳，有四個鳳凰，

打扇。在那個龍床周圍，有一總大臣，站

班。在金鑾殿，四邊有四個嬈亮

的夜明①珠。那個女皇王名叫，

布麗蓋斯。她從龍床上下來，一些俊美的

僕女，把她送在宮殿裡邊。她有一總大

臣保住她，她的品級與富貴，在頓亞上，

沒有比她至貴的人，除過你，蘇萊瑪乃聖人爾來伊黑賽倆目，

比她至貴。」然後蘇萊瑪乃聽布穀鳥，說這個話，

蘇萊瑪乃寫一封書信。蘇萊瑪乃說：「哎！布穀鳥！

你把這個信，親交給葉門國土那個女

皇王，叫她歸信我的教門。」然後布穀鳥帶

---

① 此處「名」表示「明」的音。

جر جقت خبر زيبر رفت يمن قورة بلقيـ دختر خبرا كه
سلطان قمرة دنيا بيا غ ريكيراق بلقيـ جمنر خبر
كا غا يكيا بلقيـ بردن جرا كه بالا ينفر صدصد با
خبر از جيرا كه ضر بالا كيا خبر صور بر بلقيـ لورجوا كه
بالا كيا رو كه بيا ضا كا ثر بلقيـ سيـ كا كا ديد بر
كات حر رزيبر رفور ضر خبر كا دا كوا ز كا كا جيم
جي و جقت خبر زركا دلت اى ضر ضرا كه للطان
يو ديد خبر كا بر الله قرب اسلام دين يقربر
غرا مثا كيت تمام قن صد صد بر كا يتا بالا
مثا كا كا د سا ريكيا بلقيـ جو زرى و رب خجي
سرق بابا جو ثا كا رو لولا بلقيـ كت سليمان
ق رصور الله رور ضر خبر كيقة تمام قرور بر

著這個信，就去葉門國土，布麗蓋斯女皇

王宮殿裡邊，親交給，布麗蓋斯，這封信。

它看見布麗蓋斯，在龍床上睡覺。布穀鳥把

信從窗戶上，把信送在布麗蓋斯龍床

上，它在外邊觀看。然後布麗蓋斯醒了，她看見，在

她跟前①有一封書信。她打開一看，她吃

怔了。這封信寫的是：「哎！女皇王！

你看見信，趕緊來歸信伊斯倆目的教門，要不

然，我傷你全國。」布穀鳥飛在房檐上，

觀看她的事②情。布麗蓋斯召集文武，一總臣

差，上朝商議，討論。布麗蓋斯說：「蘇萊瑪乃

給我送來一封書信，叫全國歸信，

———————————

① 此處「錢」表示「前」的音。
② 此處「是」表示「事」的音。

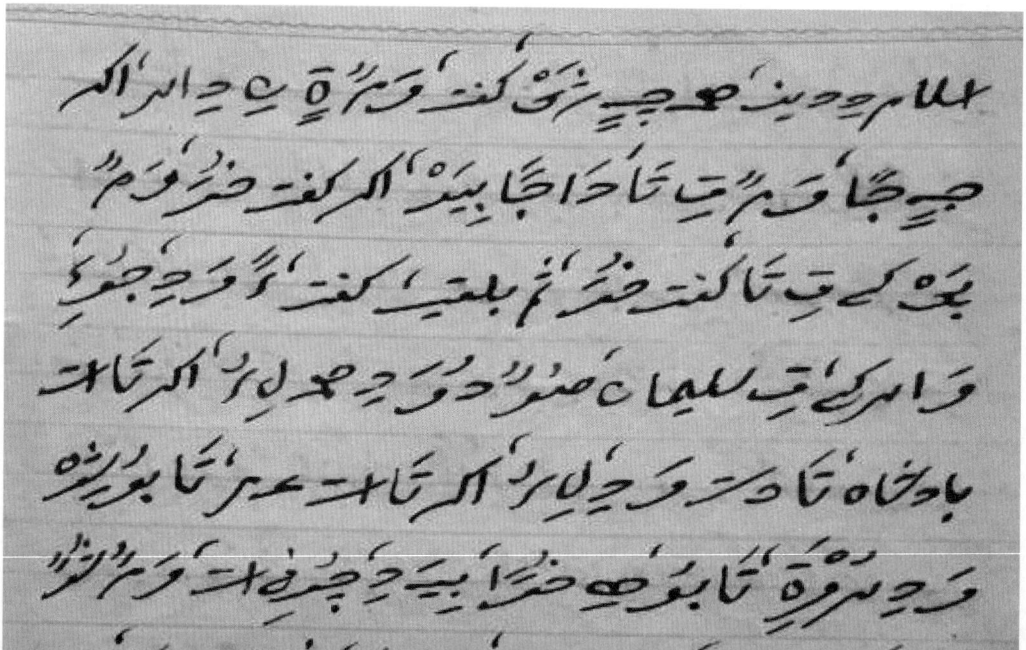

伊斯倆目的教門。」一總臣差，說：「我們聽你的命令，要是

征戰，我們給他打戰表；要是說和①，我們

派人給他說和②。」然後布麗蓋斯，說：「按我的主意，

我命令人，給蘇萊瑪乃送多的一些禮物。要是他是

皇王，他收③我的禮物；要是他是聖人爾來伊黑賽倆目，他不收

我的禮品。他不喜歡別的，除非是，我們順

服他的教門。」一些大臣，說：「好。」然後布麗蓋斯差一

個大臣，他名叫乃孜爾，帶著一些人，給蘇萊瑪乃

送禮品。她的禮物是，五④百童男、五⑤百

童女。叫童男穿上童女的衣服，

叫童女穿上童男的衣服，又把無有

眼的一些珠子裝在包裡邊，叫蘇萊瑪乃，

---

① 河南方言，[shuó huò]。
② 河南方言，[shuó huò]。
③ 此處「手」表示「收」的音。
④ 此處筆誤，「第五[بنجم]」應為「五[خنس]」，已改。
⑤ 此處筆誤，「第五[بنجم]」應為「五[خنس]」，已改。

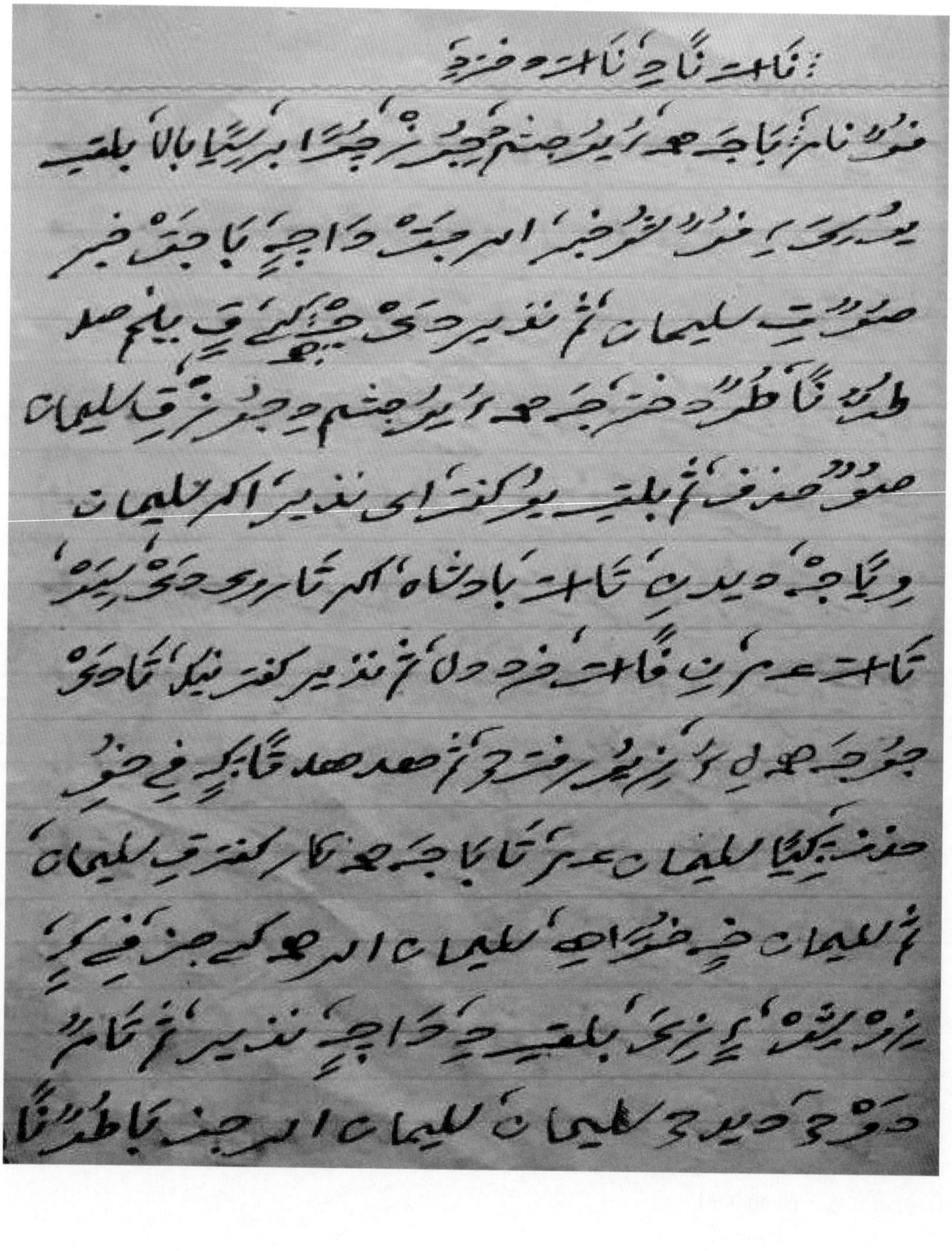

分明①，（哪是男的，哪是女的，）把這一些無有眼的珠子，串在線上。布麗蓋斯

又寫一封書信，命令這個大臣把這個信

送給蘇萊瑪乃。然後乃孜爾帶著一總人，跟五②百

童男、童女，這一些無有眼的珠子，給蘇萊瑪乃

送去。然後布麗蓋斯又說：「哎！乃孜爾！要是蘇萊瑪乃

威嚴著看你，他是皇王；要是他面帶笑，

他是聖人爾來伊黑賽倆目，你凡事③小心。」然後乃孜爾說：「好。」他帶

住這一些禮物，就去了。然後布穀鳥趕緊飛出

去，見蘇萊瑪乃聖人爾來伊黑賽倆目。它把這一總事情說給蘇萊瑪乃。

然後蘇萊瑪乃很歡喜。蘇萊瑪乃命令一總人神、飛禽、

走獸，迎接布麗蓋斯的大臣，乃孜爾。然後他們

到了，見了蘇萊瑪乃。蘇萊瑪乃命令鎮尼把童男、

---

① 此處「名」表示「明」的音。
② 此處筆誤，「第五[جمله]」應為「五[جنح]」，已改。
③ 此處「是」表示「事」的音。

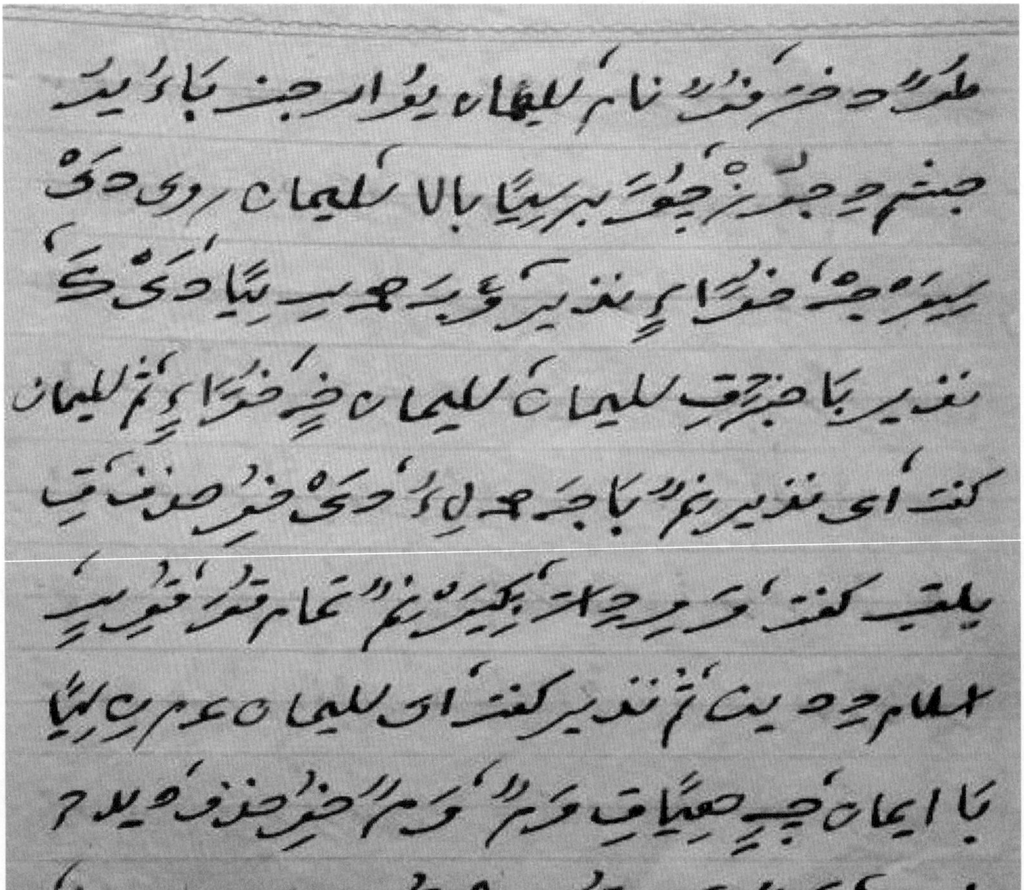

童女分明①，蘇萊瑪乃又命令鎮尼把無有

眼的珠子串在線上。蘇萊瑪乃面帶

笑著，歡迎乃孜爾，預備一些席面待客。

乃孜爾把信帶給蘇萊瑪乃，蘇萊瑪乃很歡迎。然後蘇萊瑪乃

說：「哎！乃孜爾！你們把這一總禮物，帶回去。給

布麗蓋斯說，我為的是，叫你們全國，歸信

伊斯倆目的教門。」然後乃孜爾說：「哎！蘇萊瑪乃聖人爾來伊黑賽倆目！你先

把伊瑪尼，呈現給我們，我們回去見了

布麗蓋斯，我們全國都歸信伊斯倆目的教門。」

然後蘇萊瑪乃把伊瑪尼呈現給乃孜爾跟這一總人。

然後乃孜爾帶著一總人，歸回了。見了布麗蓋斯說

如此②的話。蘇萊瑪乃面帶笑容命令鎮尼，

---

① 此處「名」表示「明」的音。
② 此處「慈」表示「此」的音。

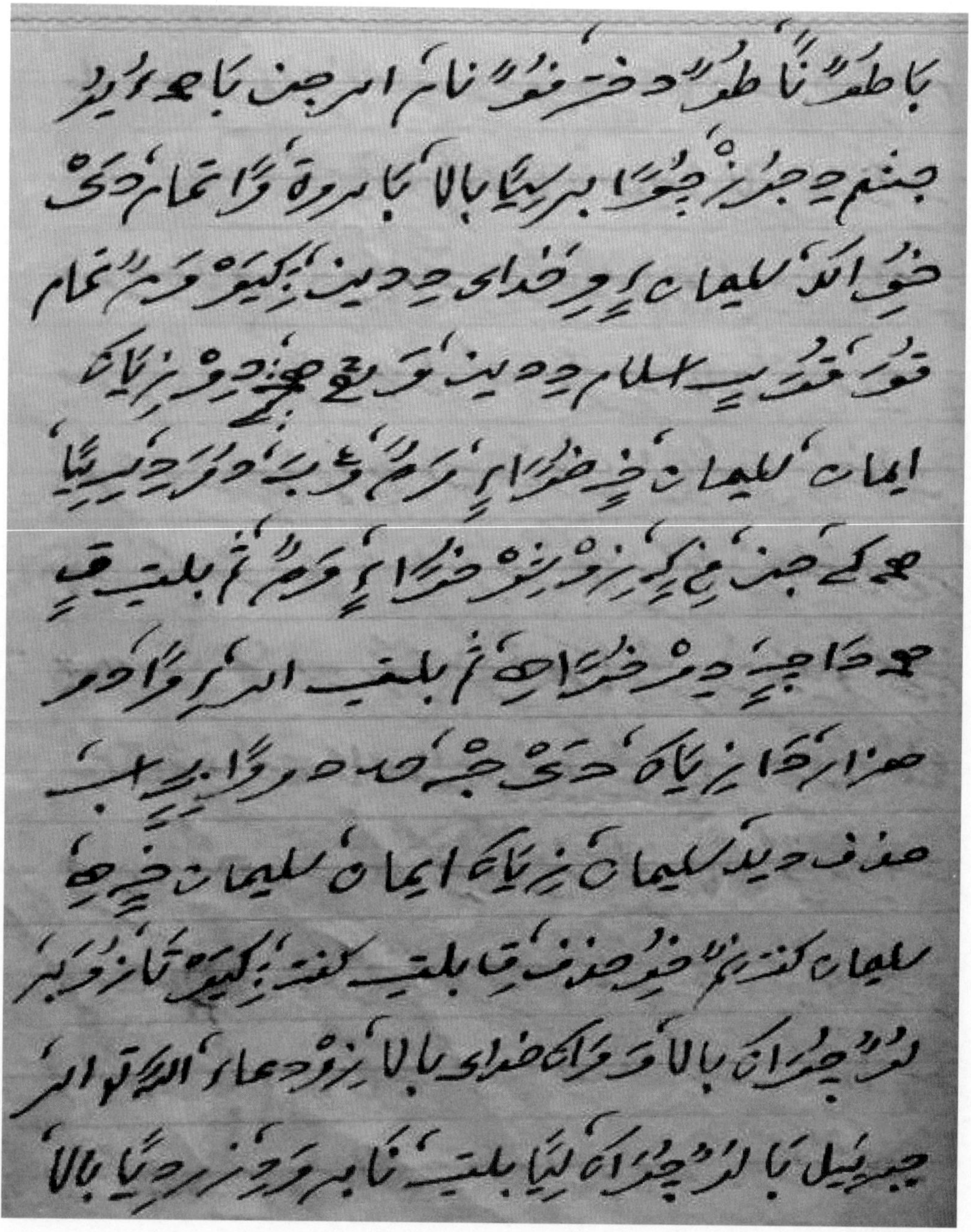

把童男、童女分明①。命令鎮尼把一總無有

眼的珠子串在線上，把禮品完全帶

回來。蘇萊瑪乃因為胡大的教門，叫我們全

國，歸信伊斯倆目的教門，我同著一總人都將②

伊瑪尼。蘇萊瑪乃很歡迎我們，預備多的席面。

一總人神、飛禽、走獸歡迎我們。然後布麗蓋斯跟

一總大臣都很喜。然後布麗蓋斯命令一萬兩

千大將帶著十二萬兵馬，

去看蘇萊瑪乃將③伊瑪尼。蘇萊瑪乃很喜。

蘇萊瑪乃說：「你們回去，給布麗蓋斯說，叫她坐在

龍床上，我往胡大上，做杜阿。安拉乎泰爾倆命令，

哲布熱依裡把龍床連布麗蓋斯，拿在我的金殿上。」

---

① 此處「名」表示「明」的音。
② 河南方言，意思是「歸、進」。
③ 河南方言，意思是「歸、進」。

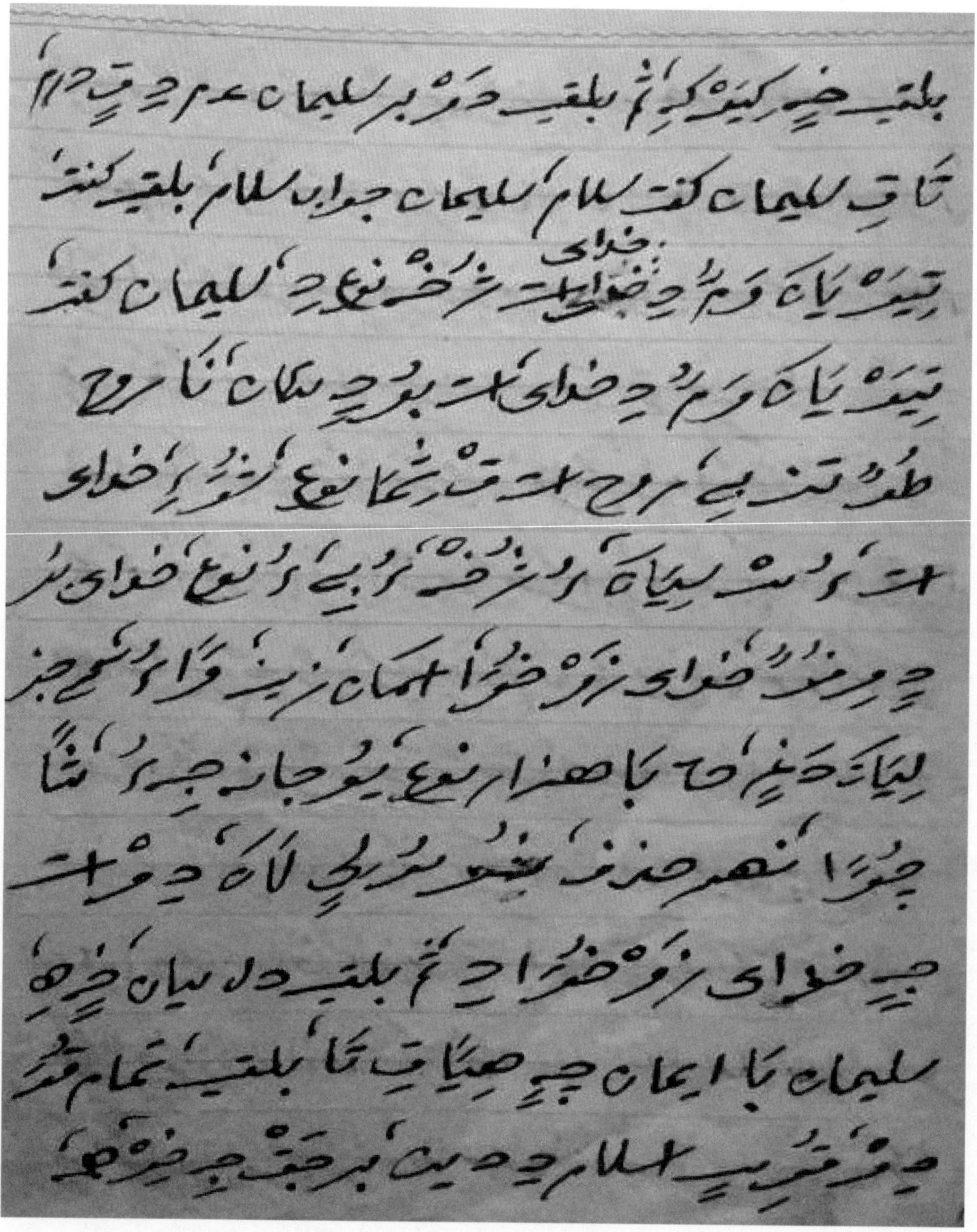
بلقيس جِ کِيه کيا ثم بلقيس دو بر سليمان عم جِ قِيا
تا قِ سليمان کنف سلام سليمان جواب سلام بلقيس کنف
خداى
تيه يا ه ور جِ خدای لت ز خو نوع جِ سليمان کنف
تيه يا ه ور جِ خدای لت بر جِ بکان تا روح
طو تنه بی روح لت قو شما نوع کشو ز خدای
لت ز وش سيا ه ز خو ز بی ز نوع خدای بر
جِ مر خدای زو خو ا ايمان ز نه وا ا شی جز
ليان دنيا حج تا هزار نوع يو جانه جه ز شا
جو ا نهر جذب بشو بر لحِ لا ه دِ مو لت
جِ خدای زو خو ا دِ ثم بلقيس دل ليان خو هه
سليمان تا ايمان جِ حيا قِ تا بلقيس تمام قو
دِ مو قِ بی اسلام جِ دين بر حقت جِ خو هه

第三十八個① 女國王布麗蓋斯的故事

布麗蓋斯很蹺蹊。然後布麗蓋斯到在蘇萊瑪乃聖人爾來伊黑賽倆目的跟前②，

他給蘇萊瑪乃說賽倆目，蘇萊瑪乃回答賽倆目。布麗蓋斯說：

「調養我們的胡大是如何樣的？」蘇萊瑪乃說：

「調養我們的胡大，是不定位份、拿魯哈

同身體比，魯哈是個什麼樣，所以，胡大

是，無似像、無如何、無比、無樣。胡大不

定位份，胡大造化天地萬物，人神

兩等，十八千樣，有命之物，山

川河渠③、樹木琳琅，都是

真主造化的。」然後布麗蓋斯心中，很喜。

蘇萊瑪乃把伊瑪尼呈現給她，全國

都歸信伊斯倆目的教門。在這個之後，一些

---

① 手抄本標題在下頁，根據意思應加到此處，特提前。
② 此處「錢」表示「前」的音。
③ 此處「去」表示「渠」的音。

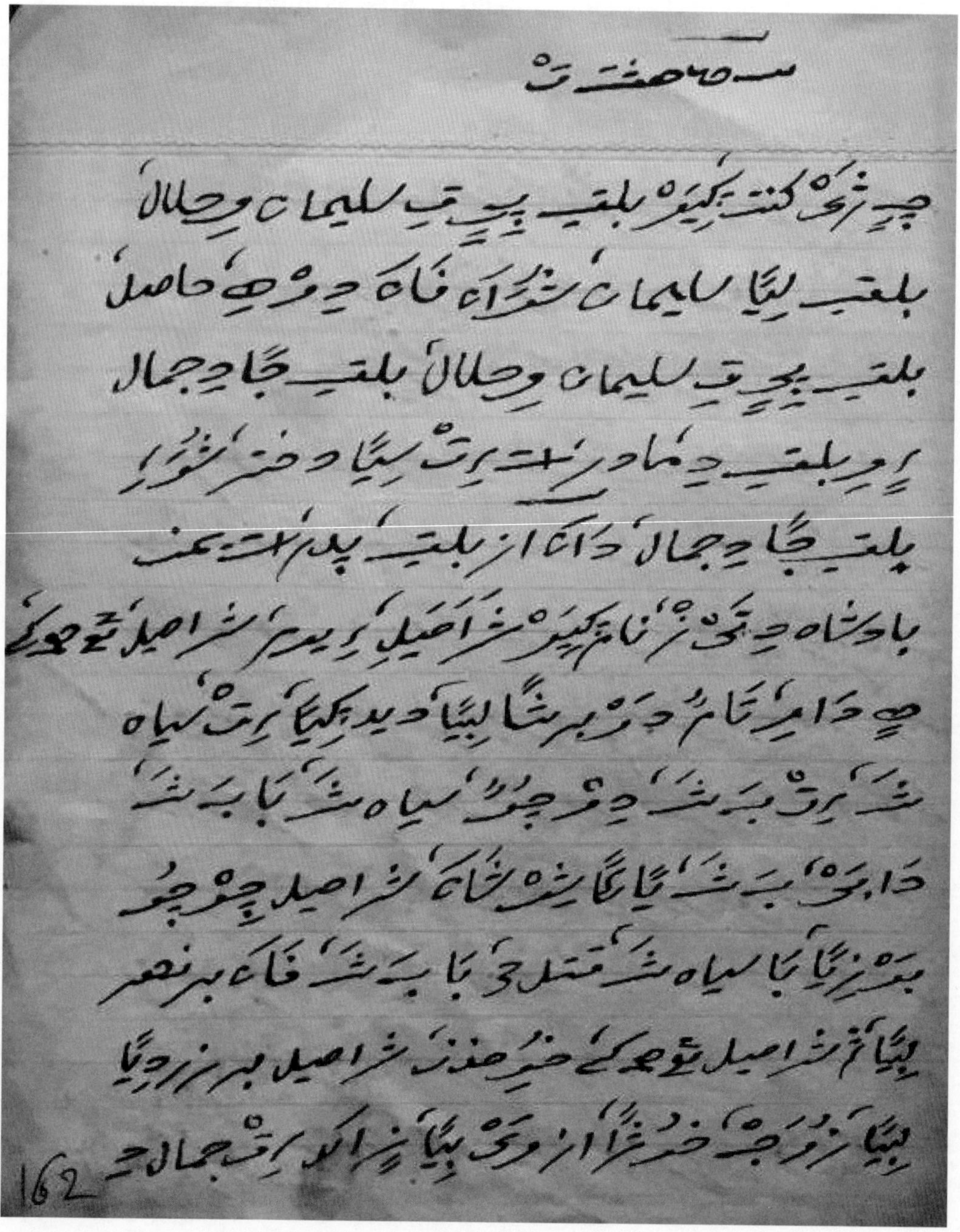

臣差說：「叫布麗蓋斯聘給蘇萊瑪乃為哈倆裡。」

布麗蓋斯連蘇萊瑪乃，雙方都喜。總義：

布麗蓋斯聘給蘇萊瑪乃為哈倆裡，布麗蓋斯長得俊美，

因為布麗蓋斯的母親是一個仙女，所以

布麗蓋斯長得俊美。當時布麗蓋斯父親是葉門

皇王的太子，名叫篩拉隋裡。一日，篩拉隋裡同著一些人，

行打圍。他們到在山裡邊，看見一個黑

蛇、一個白蛇，鬥沖。黑蛇把白蛇

打敗，白蛇眼看受傷。篩拉隋裡抽出

寶劍，把黑蛇殺了，把白蛇放在河

裡邊，然後篩拉隋裡同著一些人回去。篩拉隋裡在金殿

裡邊坐著，忽然從外邊進來一個俊美的

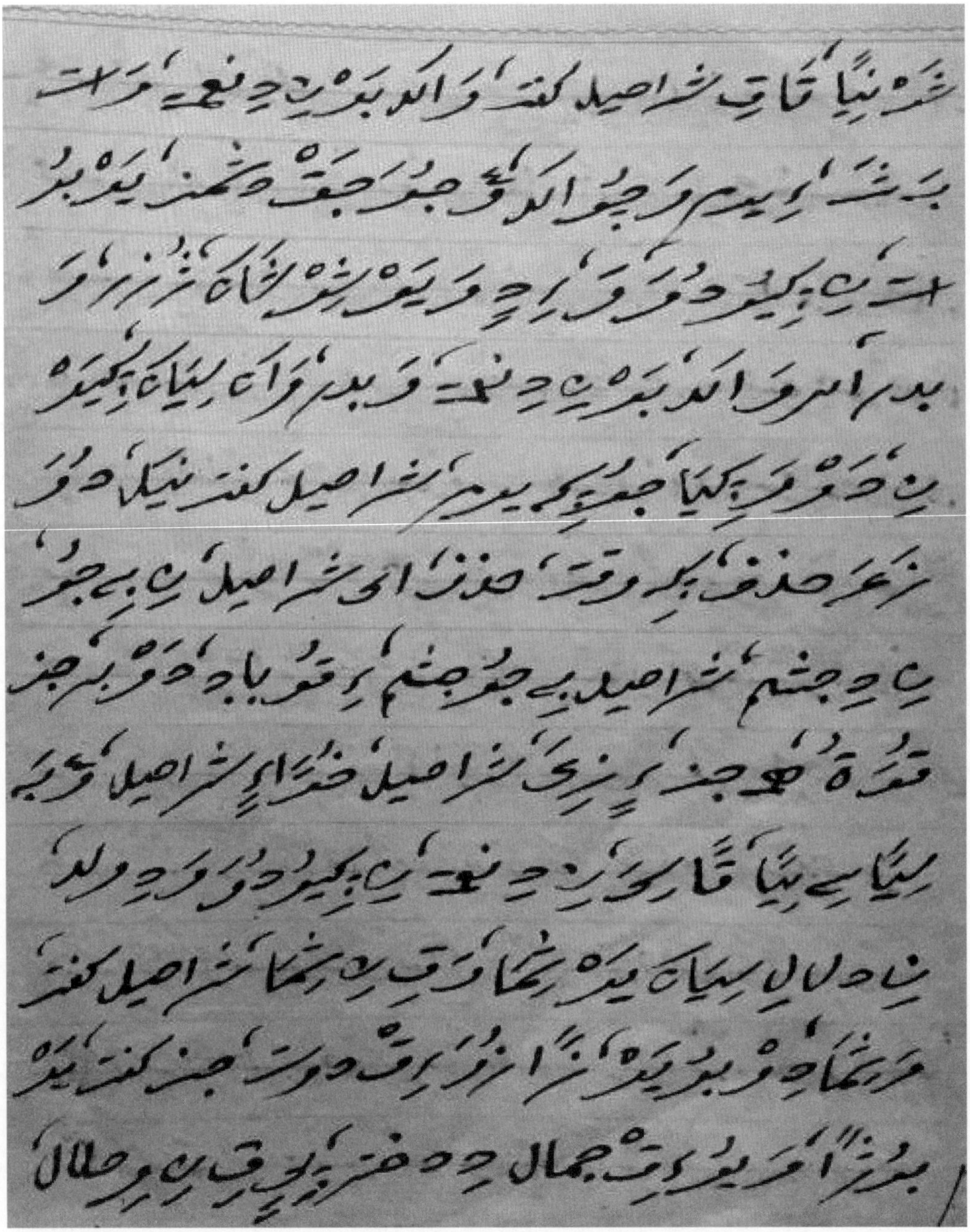

少年，他給篩拉隋裡說：「我來報你的恩，我是

白蛇。一日我出來，遇著這個杜氏蠻，要不

是，你救度我，一定我要受傷。如今①我

父親，命令我來報你的恩，我父親望想叫

你到我家，住幾日。」篩拉隋裡說：「好。多

早去？幾時去？」「哎！篩拉隋裡！你閉住

你的眼睛。」篩拉隋裡閉住眼睛，一股風到在鎮尼

國土，一些鎮尼迎接篩拉隋裡，歡迎篩拉隋裡，預備

仙席面。「感謝你的恩，你救度我的兒子。

你心裡想要什麼，我給你什麼。」篩拉隋裡說：「

我什麼都不要，咱做一個朵斯提。」鎮尼說：「要

不然，我有一個俊美的女兒，聘給你為哈倆裡。」

―――――――――――――

① 此處「金」表示「今」的音。

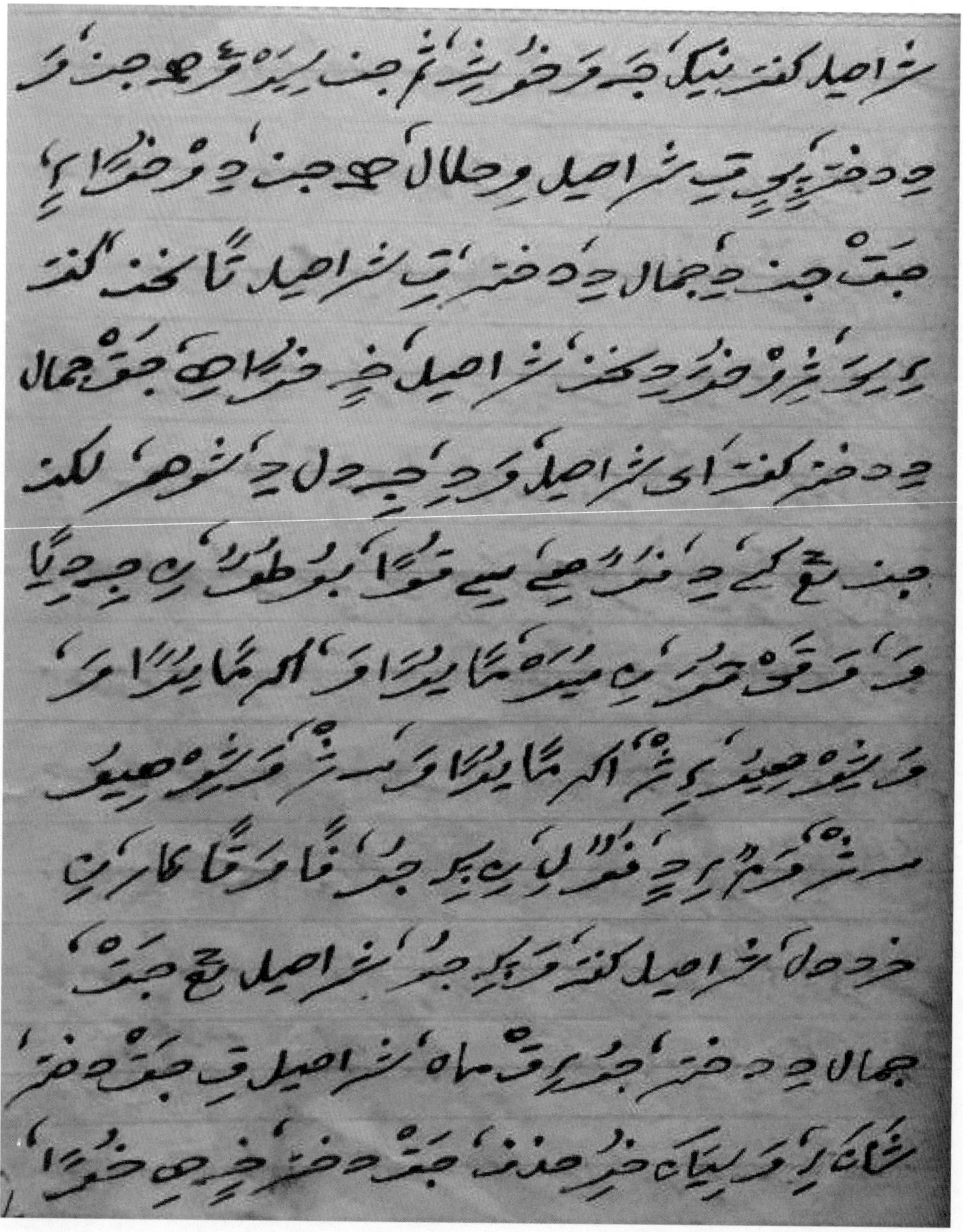

篩拉隋裡說：「好。這我互什①。」然後鎮尼曉諭一總鎮尼：「我

的女兒聘給篩拉隋裡為哈倆裡。」一總鎮尼都歡迎。

這個鎮尼的俊美的女兒，給篩拉隋裡談話，說

一些柔和的話。篩拉隋裡很歡喜，這個俊美

的女人說：「哎！篩拉隋裡！我的知心的丈夫，雖然

鎮尼同著人的風俗習慣不同，你指點

我，我改過。你莫要埋怨我，要是埋怨我，

我受休一次；要是埋怨我三次，我受休

三次，我們一定分離。你記住，凡我幹事情，你

小心。」篩拉隋裡說：「我記住。」篩拉隋裡同著這個

俊美的女人，住一個月，篩拉隋裡給這個女人

商議：「我想回去。」這個女人，很喜歡，

_____

① 河南方言，意思是「喜歡、欣賞」。該詞可能來自波斯語「خوش」。

تمامت مغفرة وكى زنكار جن كفت ورى بيتاك خير حذف

جن كنت اع ورح ه خفر اورتا قور الجير اك بغ حفظ

من ان بيتاك الد برمر بر لوا جير اك بالا بر بر بر يد الله

يع خير خير روكى زوتر بر لوا جير اك خير حذف وبر بر حور

بر جن مكرة نشر اصيل جمال ج خفر وبد ج تاج

بر ماور اع جبر ز و نع كى وو خفر ا ا نشر اصيل

خير خير روكى بر يك ساله جت و خفر زان ج و تة

خفر نام بيتر بلق بر جت خفر زو طعام

تا با بلق تا بر نا بيتا نشر اصيل از وق بيتا خير الك

تما جر تا با بلق تا بر نا بيتا نشر اصيل جا ا د و ل خرج

ر بيتا نشر خ منع جت با خد خفر تا بر نا بيتا تا ج خزر

كنفر و رتو حيق بر نشر اصيل محى بكتا جت خفر

他夫婦二人，見了鎮尼說：「我們想回去。」

鎮尼說：「好。哎！我的女兒，我把龍床陪送

你，你想來，坐在龍床上，即時就來，

你夫婦二人，坐在龍床回去。」一時到

在葉門國土，篩拉隋裡同著俊美的女人，見了他的

父母，一些臣差、一些人都歡迎。篩拉隋裡

夫婦二人，再①一年，這個女人生了一個

女兒，名叫布麗蓋斯。一日這個女人做托阿目，

她把布麗蓋斯拌在火裡邊，篩拉隋裡從外邊回來，

看著，把布麗蓋斯拌在火裡邊。篩拉隋裡打惱怒的

一面，如何樣著把小女兒拌在火裡邊。他的妻子

說：「我受休一次。」篩拉隋裡聽見這個話，

---

① 此處「在」表示「再」的音。

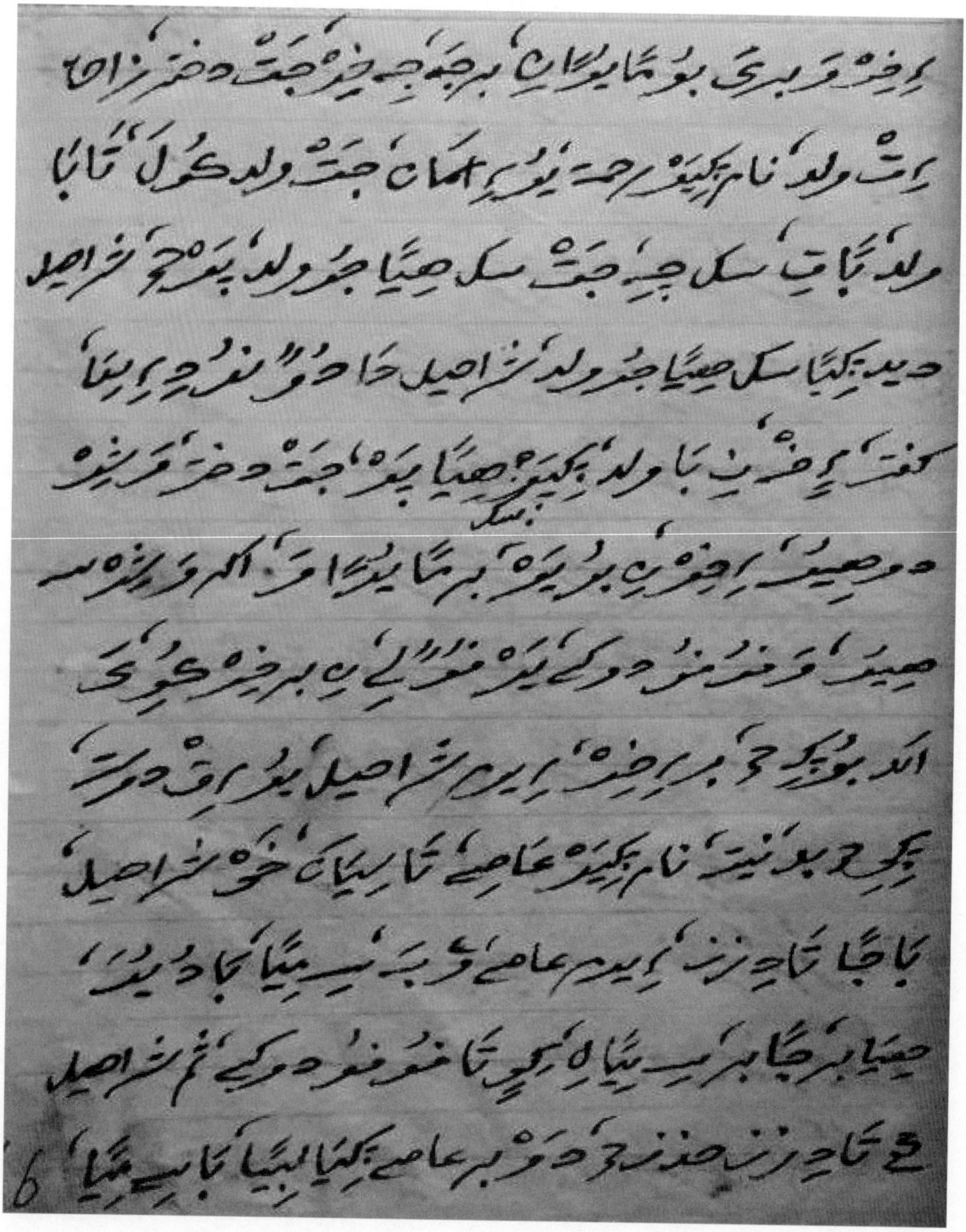
6

以後我再①也不埋怨你。在這之後，這個女人，生

一個兒子，名叫熱哈麥提。有一天，這個兒子哭了，她把

兒子，拌給狗吃，這個狗銜住兒子，跑了。篩拉隋裡

看見狗銜住兒子，篩拉隋裡打怒惱的一面，

說：「因何你把兒子，叫狗銜跑？」這個女人②：「我受

兩休。以後，你不要再③埋怨我，要是我受三

休，我夫婦二人，要分離，你再④後悔也

來不及了。」再⑤一回，一日篩拉隋裡有一個朵斯提

起了歹乜提，名叫阿隋。他想害篩拉隋裡，

霸佔他的妻子。一日阿隋預備席面，把毒藥，

下在、蘸在席面裡，請他夫婦二人。然後篩拉隋裡

同著他的妻子去了，到在阿隋家裡邊。把席面，

---

① 此處「在」表示「再」的音。
② 此處脫「說」字，未補。
③ 此處「在」表示「再」的音。
④ 此處「在」表示「再」的音。
⑤ 此處「在」表示「再」的音。

مرّبه نیک بادیت حصنا برونلبنیا نجیره شراحیل جبره نئر شراحیل

زنر بیر جبه تاجه زن با مرادا حصنا مرادا د طعام

شاج شراحیل داد ونرنج ربغا گفت وحد درنج

ننغ حردقی قرن ربشکار بیر لادود دقی تا شراحیل

گفت با جت بجن تا دیت کنگیا رق مسک جبه جر طعام

زریت مرت دق تاجه زن کنت قد سمیر وحد ق

زرق نگا منغ فندا درکی منغ لا پا تاجر زوضی با

عاص شاب مر زر حو زر بش تانب بمر کگیاج

شراحیل قرر ضغ پیگا تاجه زن جبه جم جا سالا

بریمر تاجه زن ایت جبه جرد خر نر زو رت

جبجر ولد مروض دق پیغه امر دید شراحیل تم

شراحیل گا پیگا تاجه زن ال جر خط شراحیل تاج

預備好。把毒藥，下在碗裡邊，叫篩拉隋裡吃。然後篩拉隋裡

就要吃，他的妻子，把碗打碎，碗打了，托阿目，

灑了。篩拉隋裡打怒惱的一面，說：「我的朵斯提這

樣對待我，你因什麼，無有理對待他？」篩拉隋裡

說罷這個話，他看見一個狗，吃這個托阿目，

即時，毛提了。他的妻子說：「我的三休遇了，我

走。咱夫婦二人，分離。你趕緊走，害怕，

阿隋傷你，我走了。」即時，他妻子不見了。

篩拉隋裡歸回，想他的妻子，直至十年。

一日他的妻子，右手扯著女兒，左手

扯著兒子，面帶笑，來見篩拉隋裡。然後

篩拉隋裡看見，他的妻子來了，很歡喜。他的

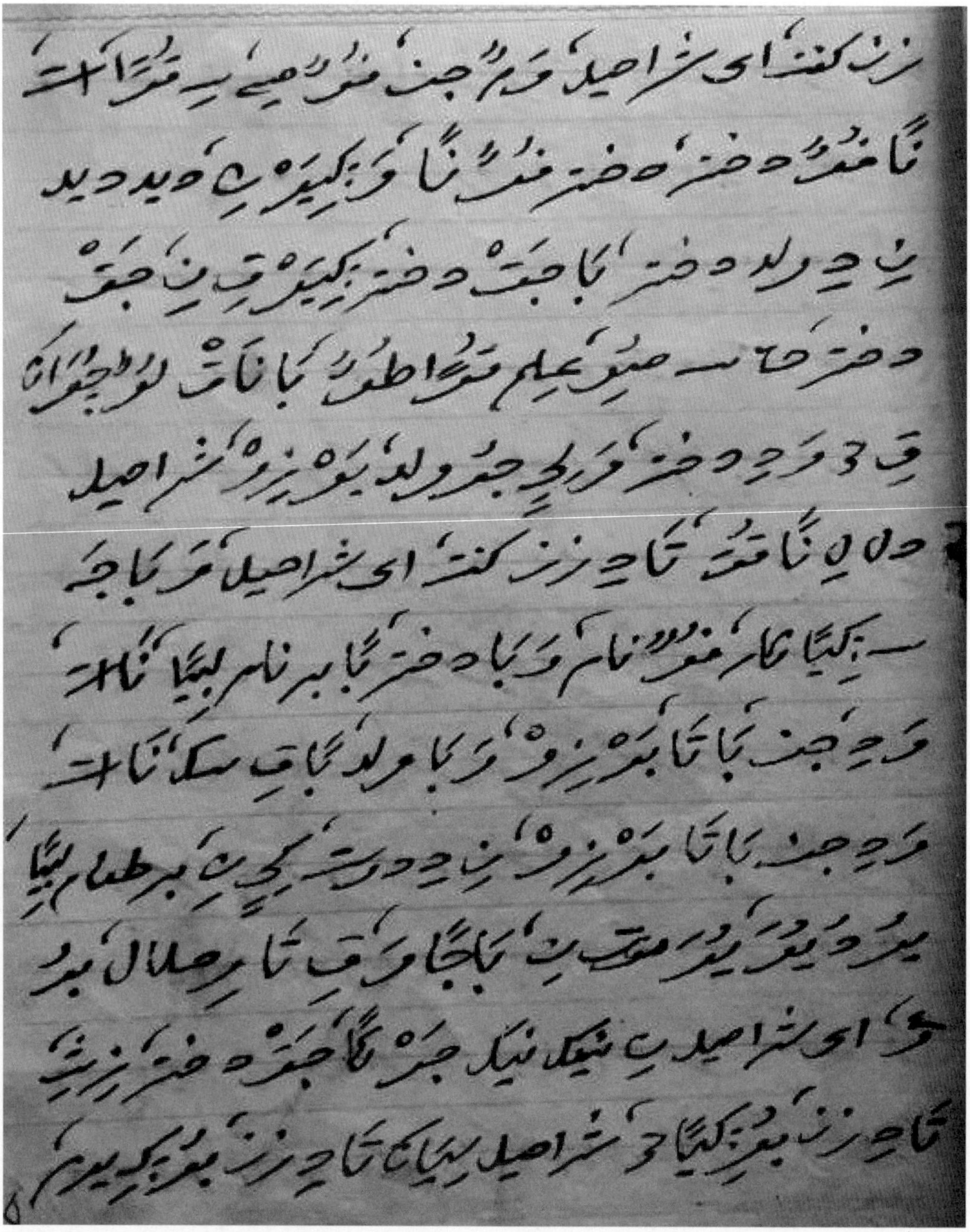

妻子說：「哎！篩拉隋裡！我們鎮尼，風俗習慣，是

男歸女，女歸男，我叫你，看看

你的兒女，把這個女兒，交給你。這個

女兒，十三歲，爾林貫通。把那個龍床

給了我的女兒，我領這個兒子。」不久，篩拉隋裡

心裡難過，他的妻子說：「哎！篩拉隋裡！我把這

三件事情分明①，我把女兒拌在火裡邊，那是，

我的鎮尼，把她抱走；我把兒子拌給狗，那是，

我的鎮尼把他抱走；你的朵斯提請你，在托阿目裡邊

有毒藥，藥死你，霸佔我，給他為哈倆裡不

遇。哎！篩拉隋裡！你好好著看這個女兒。」即時，

他的妻子，不見了。篩拉隋裡想他的妻子，不幾日，

_____

① 此處「名」表示「明」的音。

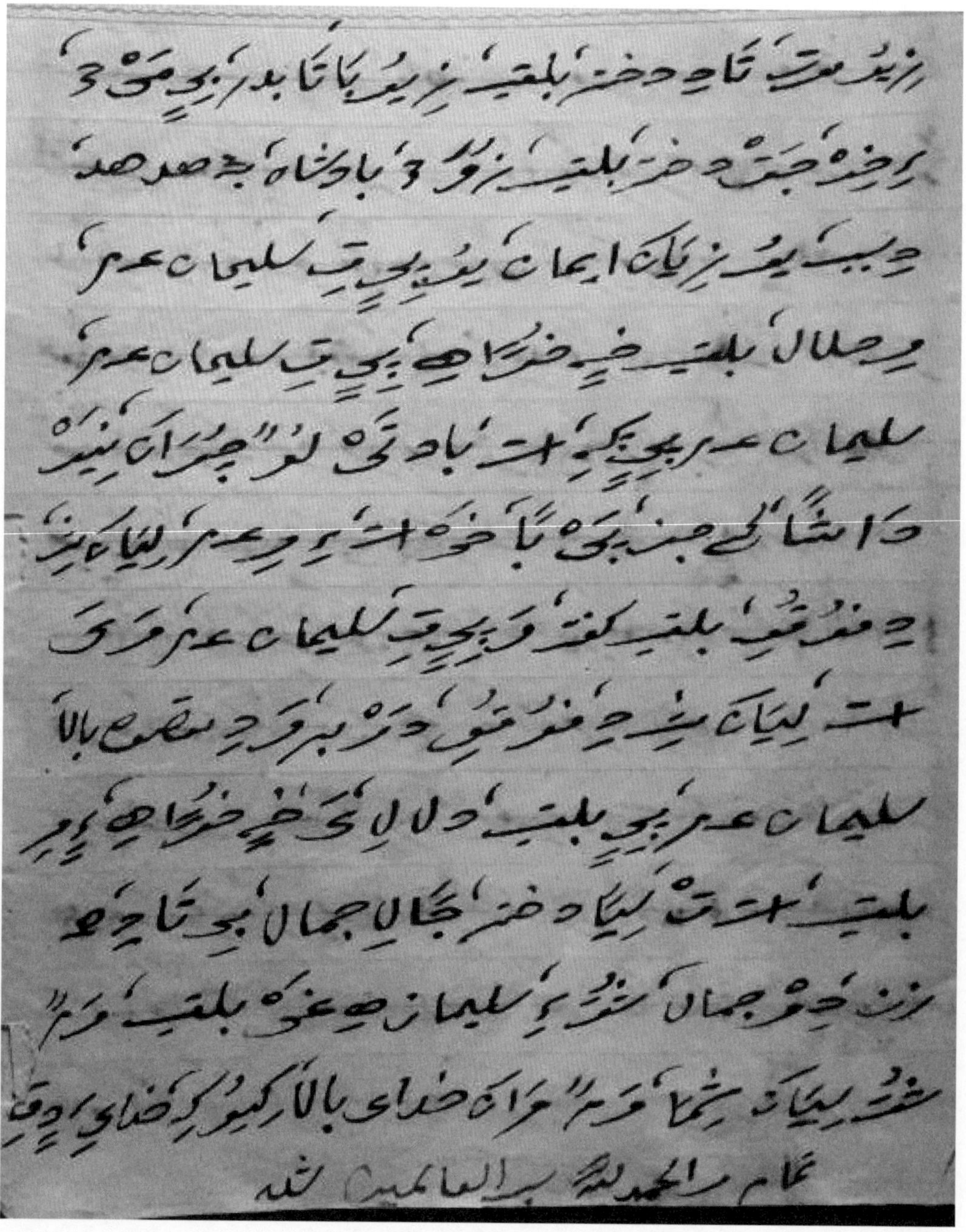

就毛提，他的女兒，布麗蓋斯，就把她父親，殯埋了。

以後，這個女兒，布麗蓋斯做了皇王，憑著布穀鳥

的賽白布，又將①伊瑪尼，又聘給蘇萊瑪乃聖人爾來伊黑賽倆目

為哈倆裡。布麗蓋斯很歡喜，聘給蘇萊瑪乃聖人爾來伊黑賽倆目，

蘇萊瑪乃聖人爾來伊黑賽倆目品級，是鳳②抬龍床鳥

打扇，人神排班，還是，一位聖人爾來伊黑賽倆目，兩世

的富貴。布麗蓋斯說：「我聘給，蘇萊瑪乃聖人爾來伊黑賽倆目，我也

是，兩世的富貴，到在我的麥格蘇代上。」

蘇萊瑪乃聖人爾來伊黑賽倆目，聘布麗蓋斯，心裡也很歡喜，因為

布麗蓋斯是個仙女，站立俊美，比他的一總

妻子都俊美，所以蘇萊瑪乃喜愛布麗蓋斯。我們

所想什麼，我們往胡大上求乞，胡大一定給。

全美了。一切讚頌全歸養育眾世界的主宰。寫成了。

---

① 河南方言，意思是「歸、進」。
② 此處「風」表示「鳳」的音。

جهارﯔ مﯔ وعظ

رمضان ﺟﻪ ماﻩ ﯔ وﺟﻪ صنت قدر ﯕﺑﻪ ﻥ سﯔ ﻥ قرﯔ
كنت بوﯕ وا ﯕ بﯩﯚ بﯘﻥ ﻥ ﺛرﺍﺏ نكان حﯩ خﯩر برﺍﯕ بﯩد كﯔ
اِنّا اَنزَلنَاهُ فِى لَيلَةِ القَدرِ وَمَا اَدرَيكَ مَا
لَيلَةُ القَدرِ لَيلَةُ القَدرِ خَيرٌ مِن اَلفِ شَهرٍ
تَنَزّلُ المَلَائِكَةُ وَالرُّوحُ فِيهَا بِاِذنِ رَبّهِم
مِن كُلِّ اَمرٍ سَلَامٌ هِى حَتّى مَطلَعِ الفَجرِ ۞
اﯕ بﯩﻥ دﻥ اﯓ محمد خ شﯘ ﯗ بر قدر ﯕ سﯔ بﯔ كﯩﻥ رضﺍ
اﯗ نآ اﺣمد ﻥ ﯕ ﯖى ﺟﻪ د ﯕ تقد ﯕ سﯔ ﯕ د تﯔ شنآ
شﯔ قدر ﯕ سﯔ ﯕ بﯩﻥ كﯩﻥ مﯔ ﯕ مﯩﻥ صﺍ رت ماﻩ قدر ﯕ شﯩﻥ دﯔ
مﯩﻥ صﺍ رت ماﻩ ﺟﻪ كﯩﻥ ﺟﻪ جبرﯩﻥ واقع ﺣ ﻝ ما ﯗ مﯩﻥ ﺍ بﯔ
خﯩ ﻝ بﯩﻥ ﺑﻪ تﯩﻥ بﯩﻥ تآ مﯔ حﻥ دﻝى حﯔ صﺍ حﯘ ﻝ هﯕﻝ ﯕ كﯩﻥ ﯔ
حﯩ ﻝ اﯖ وﯕﻥ ﻥ سﻝﺍﻡ رﯖ قﻝ بﯩﻥ برﯔ قﻝ بﯔ ﯖ روﺡ ﯔ كﯔ سﻝﺍ مﯔ

第四十個臥爾茲①　格德爾夜的故事

熱買雜乃的月，二十八，格德爾的晚夕的貴，

說不完，表不盡，賽瓦布，大得很。在阿耶提表說，

$$[\text{إِنَّا أَنْزَلْنَاهُ فِي لَيْلَةِ الْقَدْرِ وَمَا أَدْرَاكَ مَا}]$$

$$\text{لَيْلَةُ الْقَدْرِ لَيْلَةُ الْقَدْرِ خَيْرٌ مِنْ أَلْفِ شَهْرٍ}$$

$$\text{تَنَزَّلُ الْمَلَائِكَةُ وَالرُّوحُ فِيهَا بِإِذْنِ رَبِّهِمْ}$$

$$[\text{مِنْ كُلِّ أَمْرٍ سَلَامٌ هِيَ حَتَّىٰ مَطْلَعِ الْفَجْرِ}]$$（97:1-5）。

阿耶提的麥爾尼是：「哎！穆罕默德！的實，我在格德爾的晚夕，降下

來它。哎！穆罕默德！你可也知道格德爾的晚夕是個什麼

晚夕？格德爾的晚夕強過一千個月，格德爾的晚夕比

一千個月至強。哲布熱依裡與②一些天仙在

它裡邊，憑著調養他們的胡大的口喚降

下來，問安賽倆目，一個給別一個，慶賀說賽倆目。

---

① 按照手抄本編號，此應為第三十九個臥爾茲。未改。
② 此處「遇」表示「與」的音。

تَاجِ جِ نَفَرَدَ صِّياَ جَرَه بُ سِ ت لَيْلَة الْقَدرِ بَ

بكِيَرَدُه وَ حَا صَنَتَ اَرْت لَيْلَة الْقَدرِ بَ ت بَكِيَرَت

حِزْ بُ سِ ت لَيْلَة الْقَدرِ بُ سَ بَكِيَرُ دُه وَ حَا صَنَتَ

خَدْ بُ زُه وَ حَا صَنَتَ دَ ايْ دُه وَ حَا صَفَتَ بَ تَ

قَدرِ حِ شَب بُ بَرِ قَدرِ حِ شَب كَزَال دُه رَ كَت

قَدرِ حِ نِمازَ بُ بَرِ يَك صَد بُ ه تَطوَع بُ وَ

يَك صَد اَرْت مَاه كَزَال نِماز تَّا جِ عَمَل

عِبَاَه بُ خُدَا حِ حَ قِ دَرِ مِ جَرَ دُه رَ كَت

تَقرَاب جِ كَلاَه جِ بِ يَر سِ زُ نِفَرَ بُ رَ خُدَاى

حِ قِ دَرِ مِ جِ بِ يَر صِّياَ فَعَل بُ جِ نَيْك دُرَّ

قَاه رُ نِفَرَ جَبرَئيل نَقَ عَهَ مَكَا سَتَا دُه وَ فَرِ ضِ

حَاصِل قَرِ مِ مَيِنهَ تَرَ نِ راح كَزَال قَدرِ بَ

نِمازَ

它直至黎明的顯照。」三個格德爾的晚夕，三

九，二十七，一個格德爾的晚夕，是九個

字，三個格德爾的晚夕，三九，二十七，

小進，二十八；大進，二十七，是

格德爾的晚夕。在格德爾的晚夕交還兩拜，

格德爾的乃麻子，再①禮一百拜坦脫幹爾，比

一千個月，交還乃麻子幹的爾麥裡

爾巴代提，近主的跟前②，這兩拜，

賽瓦布，至大，至有斤兩③。近主

的跟前④，至有面份，至好。東

方一亮，哲布熱依裡同著一些天仙都歸回。

總義：我們為班代穆民，一定交還格德爾的

---

① 此處「在」表示「再」的音。
② 此處「錢」表示「前」的音。
③ 此處「金亮」表示「斤兩」，指分量、重要性。
④ 此處「錢」表示「前」的音。

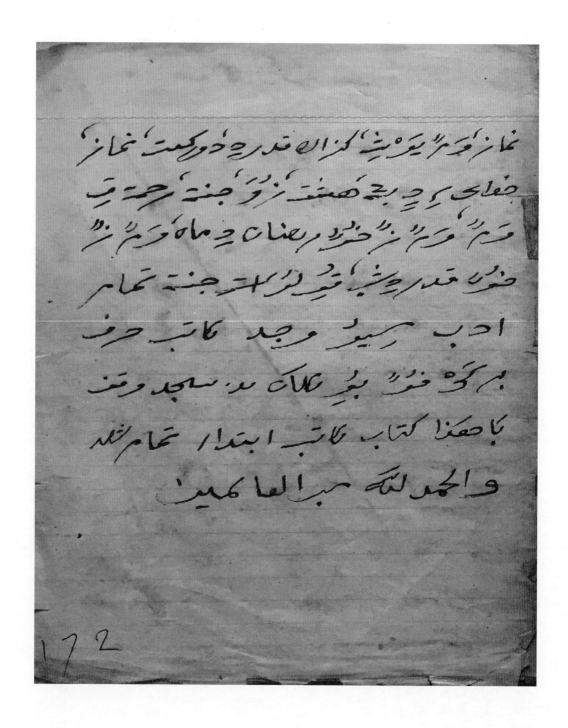

172

乃麻子。我們要是，交還格德爾的兩拜乃麻子。

胡大一定憑著八座天堂慈憫給

我們，我們尊重熱買雜乃的月，我們尊

重格德爾的晚夕，歸落是天堂。全美了。

李①秀喜寫字，

在開封北大住清真寺時，

把這個克塔布寫起。全美了。

一切讚頌全歸養育眾世界的主宰。

_____

① 此處「禮」表示「李」的音。

波斯語、阿拉伯語、經堂語詞彙分類、轉寫及簡明釋義

[آ]	
[آب] 阿布（水）	[آبدست] 阿布代斯（小淨）
[آخرة] 阿黑熱提（後世）	[آدم] 阿丹（人名）
[آسمان] 阿斯瑪尼（天）	[آفريده] 阿夫勒旦（造化、創造）
[آمد] 阿曼德（來）	[آن] 昂（那、那個）
[آيت] 阿耶提（經文）	
[ا]	
[ابتداء] 伊布提達（起、開始）	[ابحيات] 艾布哈牙提（長生不老）
[ابليس] 伊布裡斯（魔鬼	[ابوبكر] 艾布拜克爾（人名）
[ابوشحم] 艾布篩海目（人名）	[احتلام] 伊哈提倆目（夢遺）
[ادب] 艾代布（禮貌）	[إدريس] 伊德里斯（人名）
[ارادت] 伊拉代提（要為）	[أرض] 艾熱兌（地面）
[از] 艾孜（從、自）	[اسب] 阿斯伯（馬）
[است] 艾斯特（是）	[اسرافيل] 伊斯拉菲裡（負責吹響世界末日與人類復活的號角的天仙）
[اسلام] 伊斯倆目（伊斯蘭教）	[اسم] 伊斯目（名字）
[إسماعيل] 伊斯瑪依裡（人名）	[اعمى] 艾爾瑪（瞎子）
[اعوذ] 艾歐祖（求護詞）	[اعوذ بالله] 艾歐祖賓倆希（祈求真主護佑）
[التَحِيَاتُ] 安台黑亞圖（慶賀）	[الحمدلله] 艾裡哈目度領倆希（贊主清淨）
[القدس] 耶路撒冷（地名）	[بيت المقدس] 拜伊圖裡穆甘代思（遠寺）
[اگر] 阿甘熱（要是、如果、雖然）	[اما] 艾瑪（又明）

[أمت] 穩麥提（教生、教眾）	[امر] 艾目熱（命令）
[أول] 艾臥裡（頭一個、第一個）	[إيمان] 伊瑪尼（信仰）
[اين] 印（這、這個）	
[ب]	
[باب] 巴布（門）	[بابا]巴巴（父親、老人家）
[باد] 巴德（風）	[بار] 巴热（次、遭、回）。
[بار خداى] 巴熱胡大（真主啊！）	[باطن] 巴推尼（暗藏的）
[بالا] 巴拉（上）	[بامداد] 邦達（晨禮）
[بخارى] 布哈拉	[بخيل] 拜黑裡（吝嗇）
[بد] 班德（歹）	[بداعت] 比德爾提（新生、異端）
[بنده] 班代（僕人）	[بر] 巴熱（在、在……之上）
[براق] 布拉格（先知登霄時的騎乘之名）	[بركة] 拜熱克提（吉慶）
[بعد] 班阿旦（之後）	[بغداد] 巴格達（地名）
[بلال] 比倆裡（人名）	[بلاء] 白倆（災難）
[بلد] 班萊迪（城市）	[بلقس] 布麗蓋斯（人名）
[بني إسرائيل] 班尼伊斯拉依裡（以色列的子孫）	[بيت] 拜依提（詩句）
[بيمار] 別麻爾（病）	
[پ]	
[پادشاه] 巴德沙（皇王）	[پاك] 泡克（乾淨、潔淨）。
[پاى] 耙（腳）	[پدر] 排旦熱（父）
[پنج] 盤志（五）	[پنجم] 盤志目（第五）
[پير] 皮爾（年老的、老年人）	[پيشين] 撇什尼（晌禮）
[ت]	

[تارى] 塔勒耶（人名）	[تباه] 坦巴黑（壞）
[تراويح] 泰拉威哈（齋月拜功）	[تسبيح] 泰斯比哈（贊詞）
[تسعة] 泰斯（九）	[تسمية] 泰斯米（奉主詞）
[تطوع] 坦脫幹爾（副功拜、自願）	[تقدير] 泰格迪熱（定然）
[تقديس] 泰格底蘇（讚美真主）	[تقوى] 泰格瓦（虔誠、敬畏）
[تكبير] 泰克比熱（大贊詞）	[تمام] 坦瑪曼（全、完）
[تنه] 坦恩（身體）	[توانگر] 坦沃格熱（富裕、富人）
[توحيد] 討黑德（認主獨一）	

[ث]

[ثم] 筍買（然後）	[ثواب] 賽瓦布（回賜）

[ج]

[جامه] 紫曼（衣服）	[جان] 江（生命）
[جبرئيل] 哲布熱依裡（負責向真主的使者傳達真主啟示的經典的天仙）	**[جمع]** 主麻（聚）
[جن] 鎮尼（神、精靈）	[جنازه] 者納茲（殯禮）
[جنت] 哲乃提（天堂）	[جواب] 哲瓦布（回答）

[چ]

[چشم] 車氏目（眼睛）	[چهار] 車哈熱（四）
[چهارم] 車哈熱目（第四）	

[ح]

[حال] 哈裡（時境）	**[حاصل]** 哈蘇裡（總義）
[حامى] 哈米耶（人名）	[حج] 哈志（朝觀）
[حديث] 哈迪斯（聖訓）	[حذف] 哈茲福（去除、去掉）
[حرام] 哈拉目（非法）	**[حرف]** 哈熱夫（文字）

[حركت] 哈熱克提（人名）	[حسن بصرى] 哈桑·拜蘇熱（人名）
[حلال] 哈倆裡（合法、妻子）	[حق] 哈格（責任、義務、正道）
[حكايت] 黑卡耶提（傳述、故事）	[حكم] 侯空（教律）
[حكمت] 黑克麥提（智慧、奧妙）	[حكيم] 哈凱目（智者）
[حمار] 黑麻熱（驢）	[حوا] 好娃（人名）
[حور] 號熱（仙童）	[حياة] 哈亞提（生、活）
[حيوان] 哈瓦尼（動物）	
[خ]	
[خالصا] 哈裡算（虔誠地）	[خالصًالله] 哈裡算領倆希（虔誠因為主）
[خان] 哈納（家）	[خبر] 赫班熱（信、信息）
[خداى] 胡大（真主）	[خديج] 海蒂徹（人名）
[خنزير] 狠宰熱（豬）	[خرد] 胡熱德（小）
[خضر] 黑祖爾（人名）	[خلق] 赫萊格（創造、創建）
[خواب] 赫瓦布（夢）	[خواجه] 華哲（老人、長者）
[خوف] 號夫（害怕）	
[د]	
[داود] 達吾德（人名）	[دختر] 杜合坦熱（女人、女兒）
[دندان] 丹當尼（牙）	[در] 代熱（在）
[دراز] 迪拉孜（長）	[درم] 丹熱目（錢）
[درويش] 代熱維什（貧窮、修士）	[دريا] 丹熱亞（海）
[دزد] 杜孜德（盜賊）	[دست] 代斯提（手）
[دشمن] 杜氏蠻（敵人）	[دعاء] 杜阿（祈禱）
[دل] 迪麗（心）	[دنيا] 頓亞（今世）

[دو] 叨（二）	[دوزخ] 多災海（火獄）
[دوست] 朵斯提（朋友）	[دوم] 叨目（第二）
[ده] 單（十）	[دهان] 得航（口、嘴、關口）
[دهم] 旦胡目（第十）	[دید] 迪德（看、見）
[دیگر] 底格爾（晡禮）	[دین] 迪尼（教門）
[ذ]	
[ذبح] 宰辦哈（宰）	[ذكر] 孜克爾（讚美、頌揚）
[ذوالفقار] 祖裡飛尕熱（阿里之劍）	
[ر]	
[رابعت] 拉比爾（人名）	**[رابى]** 拉比耶（人名）
[راحت] 熱哈特（容易）	[راضى] 拉孜耶（真主喜愛的）
[راه] 拉海（路）	**[ربا]** 累巴（利息）
[رحمة] 熱哈麥提（慈憫）	[رحمن] 熱哈瑪尼（人名）
[رزق] 雷孜給（給養）	**[رسول]** 熱蘇裡（欽差）
[رضوان] 雷孜瓦尼（經管天堂的天仙）	[رفت] 熱凡特（行、走）
[ركعت] 熱可阿提（禮拜）	[ركن] 魯空（要素）
[ركوع] 魯庫阿（鞠躬）	[رمضان] 熱買雜乃（齋月）
[روان] 勒瓦尼（流動）	[روح] 魯哈（靈魂）
[روزه] 若齋（齋戒）	[روزى] 如孜（口糧、生活費）
[روم] 魯姆（羅馬）	[روى] 茹奕（面容、臉）
[ز]	
[زاد] 紫迪（生）	[زبان] 贊巴尼（舌頭）
[زبير] 祖拜爾（人名）	[زبور] 載布林（經典名）
[زبير] 贊比熱（人名）	[زكريا] 宰克忍耶（人名）

[زمان] 贊瑪尼（光陰、光景、時光）	[زمين] 贊米尼（地）
[زن] 贊恩（妻子、女人）	[زنا] 賊納（奸）
[زَنْبُرْ] 贊布熱（地名）	[زهاد] 祖哈代（人名）
[س]	
[سار] 薩熱（人名）	[ساله] 薩蘭（年）
[سائل] 薩伊裡（乞丐、窮人）	[سبب] 賽白布（原因、緣故）
[سبحان الله] 蘇布哈南拉希（贊主清淨）	[سُبْحَانَ انك اللهُم] 蘇布哈乃坎拉混麥（安拉啊！贊你清淨無染！）
[سُبْحَانَ رَبِيَ الأَعْلى] 蘇布哈乃然比葉裡艾爾倆（讚頌養育我的至高無上的主宰清淨無染！）	[سُبْحَانَ رَبِيَ الْعَظيم] 蘇布哈乃然比葉裡爾最米（讚頌養育我的偉大的安拉清淨無染！）
[سپيد] 賽皮迪（白）	[سجود] 賽著德（叩頭）
[سخاوت] 薩哈沃提（慷慨）	[سخن] 蘇罕（話、言）
[س] 薩熱（頭）	[سرخ] 蘇熱合（紅）
[سعير] 賽埃熱（火獄的名字）	[سلام] 賽倆目（平安）
[سلطان] 蘇丹（君主、國王）	[سليمان] 蘇萊瑪乃（人名）
[سكران] 薩克拉尼（川窪的名字）	[سمعة] 賽米爾（聽）
[سَمِعَ اللهُ لِمَنْ حَمِدَهُ] 賽米安拉乎裡麥納哈米代（真主已聽到讚頌他的人）	[سوال] 蘇瓦裡（問題、詢問）
[سورة] 蘇熱（章）	[سوگند] 蘇甘德（發誓）
[سه] 賽（三）	[سيوم] 掃目（第三）
[سياه] 賽亞黑（黑）	
[ش]	
[شام] 沙目（昏禮）	[شب] 時布（晚夕）

[شباب] 舍巴布（青年）	[شده] 數丹（完成的、發生的、變成的）
[شراصيل] 篩拉隋裡（人名）	[ششم] 什朔目（第六）
[شعيب] 舒爾布（人名）	[شفاعة] 舍法阿提（說情、搭救）
[شمس] 舍目思（太陽）	[شوهر] 少海熱（丈夫）
[شهادت] 舍哈代提（作證言）	[شهوت] 舍海沃提（欲望）
[شهيد] 篩黑迪（烈士）	[شيخ] 篩海（長老）
[شيش] 施師（人名）	
[ص]	
[صاف] 算夫（清澈）	[صالح] 薩裡哈（人名）
[صبر] 薩布熱（忍耐）	**[صحابة]** 索哈伯（聖門弟子）
[صد] 薩德（百）	[صدق] 隨德格（真理、誠實、真實）
[صدقه] 索德蓋（施捨、捐助、救濟）	[صراط] 索拉特（道路、複生日只有行善者才能通過的清算之橋）
[صفى مرو] 索法、麥爾臥（麥加朝覲時奔走的兩山名）	**[صورت]** 蘇熱提（形象）
[ط]	
[طالح] 托裡哈（人名）	[طاعت] 托阿提（功課、服從、恭順）
[طبيب] 托比布（醫生）	[طعام] 托阿目（食物）
[طوبا] 圖巴（天堂、天堂的樹）	**[طور سيناء]** 圖熱賽納（西奈山）
[ظ]	
[ظاهر] 紮黑熱（明顯的）	
[ع]	
[عائشة] 阿伊莎（人名）	[عابد] 阿比德（修功辦道的人）

[عالم] 爾林（宗教學者）	[عاصى] 阿隋（人名）
[عبادة] 爾巴代提（功課）	[عبدالله] 阿布都拉希（真主的奴僕、人名）
[عجب] 阿哲布（蹺蹊）	[عدن] 阿德尼（天堂的名字）
[عذاب] 爾雜布（懲罰）	[عراق] 伊拉克（地名）
[عربى] 阿熱比（阿拉伯）	[عرش] 阿熱世（真主的寶座）
[عرفات] 阿拉法特（地名）	[عزرائيل] 爾茲拉依裡（取命天仙）
[عصر] 阿蘇勒（《古蘭經》時光章）	[عصا] 阿薩（拐杖） [عضيان] 爾祖亞尼（火山的名字）
[عقب] 歐格拜（人名）	[عقبت] 歐格拜提（結果）
[عقل] 阿格裡（理智）	[علم] 爾林（知識）
[على] 阿里（人名）	[عليا] 阿里亞（更高）
[ع.م] 聖人爾來伊黑賽倆目	[عمل] 爾麥裡（功修、行為）
[عيد] 爾德（會禮）	[عيسى] 爾薩（人名）
[عين] 阿伊尼（仙女）	
[غ]	
[غسل] 烏蘇裡（大淨）	[غلام] 烏倆目（傭人）
[ف]	
[فاتحة] 法提哈（開端章）	[فاطمة] 法圖麥（人名）
[فايد] 法伊德（效果、益處）	[فجر] 法直熱（黎明）
[فردوس] 菲熱道斯（天堂）	[فريضة] 凡熱則（主命）
[فقير] 凡給熱（窮、貧）	
[ق]	
[قاضى] 噶最（法官）	[قاف] 嘎夫（山名）

[قال الله تعالى] 嘎蘭拉乎泰爾倆（真主說）	[قبر] 格布熱（墳墓）
[قتل] 格特裡（殺）	[قدر] 格德爾（高貴之夜、定奪）
[قدرة] 古德熱提（大能）	[قرآن] 古熱阿尼（《古蘭經》）
[قصر] 格薩熱（拘住、圍住）	[قف] 給夫（住）
[قلم] 幹蘭（筆）	[قمر] 格麥熱（月亮）
[قوم] 高目（民眾）	[قيامت] 給亞麥提（後世、複生）
[ک]	
[کار] 卡熱（事情）	[کافر] 卡非爾（外教人）
[کامل] 卡米里（完全、完美）	[کبب] 凱比布（人名）
[کتاب] 克塔布（經典）	
[کتب] 凱台白（書寫）	[کذب] 凱孜布（謊言）
[کرام] 凱拉目（慷慨、仁慈）	[کردم] 克熱丹目（交還）
[کرسی] 庫熱西（《古蘭經》黃牛章第255節）	
[کس] 坎斯（人）	[کعبة] 克爾白（天房）
[کفن] 克凡（裹屍白布）	[کلام] 凱倆目（言語、語言）
[کلان] 凱蘭（大）	[کلب] 坎裡布（狗）
[کنیزک] 坎尼贊克（丫鬟、婢女）	[کوسفد] 庫蘇非德（羊）
[کوفی] 庫法（地名）	[کینه] 凱乃提（人名）
[گ]	
[گاو] 尕吾（牛）	[گفت] 高夫特（說）
[گناه] 古那海（罪）	[گور] 古熱（墳坑）
[گوشت] 高氏特（肉）	
[ل]	

[لعنت] 賴爾乃提（詛咒）	[لكن] 萊肯乃（雖然）
[لوح] 勞號（木板、書寫板）	[لوح محفظ] 勞號曼號夫足（仙牌）
[م]	
[مادر] 瑪旦熱（母）	[مار] 麻熱（蟒）
[مال] 瑪裡（財）	[مالك] 馬立克（掌管火獄的天仙）
[ماه] 麻海（月）	[ماهى] 麻黑（魚）
[مبارك] 穆巴拉克（吉慶）	**[متعلم]** 穆泰爾林（學者）
[مجاز] 麥縈孜（假、虛假）	[محمّد] 穆罕默德（人名）
[مخلصا] 穆合裡算（虔誠、真誠）	**[مدرس]** 麥德熱賽（學堂）
[مدينة] 麥迪那（地名）	[مرت] 麥熱提（情願）
[مرتب] 麥熱特班（品級）	[مرسلين] 穆熱賽裡南（欽差）
[مروة] 穆熱臥提（禮品、寬宏大量）	[مسجد] 麥斯志德（清真寺）
[مسئلة] 麥賽來（問題）	[مصر] 密蘇爾（埃及）
[معراج] 米阿拉只（登霄）	[معرفت] 麥阿勒凡提（招認、認識）
[معنى] 麥爾尼（意思、意義）	[مقرب] 穆格熱布（臨近真主的天仙）
[مقصد] 麥格蘇代（目的、願望、原因）	**[مكان]** 麥卡尼（位份、住所）
[مكة] 滿克（麥加）	[ملعون] 麥裡歐尼（受詛咒的人、惡魔）
[ملك] 穆裡克（《古蘭經》國權章名）	[ملك الموت] 麥萊庫裡毛提（取命天仙）
[منافق] 穆納菲格（偽信者）	[منبر] 敏拜爾（演講台）
[منكر] 蒙凱熱（負責在墳坑中拷問亡人的天仙）	[موت] 毛提（無常、死亡）
[مؤمن] 穆民（信士）	**[ميان]** 米樣（中間）

[ميت] 埋體（亡人）	[ميكائيل] 米卡依裡（負責觀察宇宙動態，管理物質給養的天仙）
[ن]	
[نار] 納熱（火）	[نام] 納目（名字）
[نان] 饟（饃、餅、饟）	[ناور] 納薇熱（人名）
[نبى عم] 聖人爾來伊黑賽倆目	[نذير] 乃孜爾（人名）
[نعمة] 尼阿麥提（恩、恩典）	[نَعُوذُبِالله] 乃歐祖賓倆希（我們憑著真主求護佑）
[نفس] 奈福斯（人、本身、私欲）	[نكاح] 尼卡哈（婚姻、結婚）
[نكاه] 尼卡（看守）	**[نكر]** 乃凱熱（負責在墳坑中拷問亡人的天仙）
[نماز] 乃麻子（禮拜）	[نور] 努爾（光亮）
[نوعة] 塯阿（樣、種）	[نه] 諾（九）
[نهر] 乃哈熱（河流）	[نهم] 諾和目（第九）
[نيت] 乜提（舉意）	[نيك] 尼克（好）
[و]	
[واديان] 瓦迪亞尼（地名）	[واقع] 臥給阿（遇到、發生、出現）
[وجد] 沃志德（喜悅）	[وصى] 沃隋耶（囑託）
[وعظ] 臥爾茲（勸解、教誨、演講）	[وقت] 沃格提（時候）
[ولد] 沃來子（兒子）	
[ه]	
[هارون] 哈魯乃（人名）	**[هدهد]** 胡德胡德（布穀鳥）
[هزار] 漢雜熱（千）	[هشت] 罕世特（八）
[هشتم] 罕世吐目（第八）	[هفت] 哈夫特（七）
[هفتم] 哈夫特目（第七）	[همه] 罕曼（全部、一些）

[هندستان] 印度斯坦（地名）	
[ى]	
[يار] 亞熱（朋友、夥伴）	[يالا] 亞倆（是或不是）
[يحيى] 葉哈亞（人名）	[يشع] 由舍爾（人名）
[يقين] 耶給尼（定信）	[يک] 耶克（一）
[يمن] 耶曼（葉門）	[يوم] 遙目（日）
[يونانى] 尤納尼（希臘）	[يهود] 耶胡迪（以色列、耶胡迪）

河南方言詞彙轉寫及簡明釋義

[a]	
[ءَ دَ] 俺的（àn dē,我的）	
[b]	
[بَ قُوَاءَ] 別光問（bài guáang wèn，不要總是問）	[بُو شْغٍ] 不勝（bù shěng，不如）
[c]	
[چِ کٍ] 深坑（chén kéng）	
[d]	
[دِيوْ جَ ءٍ قْ] 掉這一個（dǐao zhěi yì gě，剩下這一個）	[دَا باب لَ] 打門嘞（lei）
[دُوَا در] 端在（duán zài，就在）	
[h]	
[خِ دُوَ] 狠咄（hén duó，呵斥）	[خُو شِ] 虎視（hū shǐ，喜歡、欣賞）
[k]	
[کَ آمد] 揩來（kié lǎi，抓來、逮住）	[كَ جُوَ] 看著（zhuò）
[j]	

[زِيَان إِيمان] 將（jíang，歸、進）伊瑪尼	
[m]	
[مِي قْ حمار] 覓（mí，租、雇）個驢	[مُيوْ] 沒有（mú yòu）
[x]	
[سِيَّا دَ] 先得（xián déi，先要）	
[y]	
[يَا شْ] 顏色（shěi）	[يوّ ء] 容（yòng）易
[t]	
[تَي جْ] 躺（tīng）著	
[z]	
[ج درم] 致錢（zhǐ qiàn，掙錢）	
[زَا گِيَا کِ] 咋見起（zā jiàn qí，何以見得）	[زوْ طعام] 做（zǒu）飯
[جُوَان نًا] 莊灘（zhuáng tán，村莊）	[ج گِ] 爭競（zhéng jíng，爭吵）

國家圖書館出版品預行編目資料

勸善故事——中國化漢阿波多語料文獻轉寫、翻譯與校注/ 馬強Ma Qiang、 楊敘Yang Xu整理

初版. -- 臺北市：蘭臺出版社, 2023.11

面；　公分. -- (漢阿波多語料文獻整理與研究系列；2)

ISBN 978-626-97527-2-0(平裝)

1.CST: 勸善 2.CST: 漢語 3.CST: 阿拉伯語 4.CST: 波斯語

192.91　　　　　　　112012741

漢阿波多語料文獻整理與研究第一輯2

勸善故事——中國化漢阿波多語料文獻轉寫、翻譯與校注

作　　　者：馬強Ma Qiang、楊敘Yang Xu整理

主　　　編：盧瑞容

編　　　輯：楊容容

美　　　編：塗宇樵

封面設計：塗宇樵

校　　　對：楊容容、沈彥伶、古佳雯

出 版 者：蘭臺出版社

發　　　行：蘭臺出版社

地　　　址：台北市中正區重慶南路1段121號8樓之14

電　　　話：(02)2331-1675或(02)2331-1691

傳　　　真：(02)2382-6225

E—MAIL：books5w@gmail.com或books5w@yahoo.com.tw

網路書店：http://5w.com.tw/
　　　　　　https://www.pcstore.com.tw/yesbooks/
　　　　　　https://shopee.tw/books5w
　　　　　　博客來網路書店、博客思網路書店
　　　　　　三民書局、金石堂書店

經　　　銷：聯合發行股份有限公司

電　　　話：(02) 2917-8022　　傳　真：(02) 2915-7212

劃撥戶名：蘭臺出版社 帳號：18995335

香港代理：香港聯合零售有限公司

電　　　話：(852)2150-2100　　傳真：(852)2356-0735

出版日期：2023年11月 初版

定　　　價：新臺幣1200元整（平裝）

ISBN：978-626-97527-2-0